Carol Orsborn

Alles klar bei Sonnenuntergang

Carol Orsborn

Alles klar bei Sonnenuntergang

Der *Solved-by-Sunset-Prozeß*:
Wie Sie jedes Problem
im Laufe eines Tages
kreativ lösen können

BAUER
Verlag Hermann Bauer
Freiburg im Breisgau

Die Deutsche Bibliothek – CIP-Einheitsaufnahme

Orsborn, Carol:
Alles klar bei Sonnenuntergang: der Solved-by-Sunset-Prozess: wie Sie jedes Problem im Laufe eines Tages kreativ lösen können / Carol Orsborn.
[Aus dem Amerikan. von Anne Follmann]. –
1. Aufl. – Freiburg im Breisgau : Bauer, 1997
Einheitssacht.: Solved by sunset <dt.>
ISBN 3-7626-0548-3

Die amerikanische Originalausgabe erschien 1995 bei Harmony Books / Crown Publishers, New York, unter dem Titel *Solved by Sunset. The Right Brain Way to Resolve Whatever's Bothering You in One Day or Less.*

Aus dem Amerikanischen von Anne Follmann

1. Auflage 1997
ISBN 3-7626-0548-3

Lektorat: Dr. Sonja Klug, Rheinbach
Einband: Grafik Design Annette Pfaff, Freiburg im Breisgau
Satz: Fotosetzerei G. Scheydecker, Freiburg im Breisgau
Druck und Bindung: Wiener Verlag GmbH, Himberg
Printed in Austria

Widmung

In Liebe widme ich dieses Buch meinem Ehemann Dan, dem besten Weggefährten, den man sich im Leben wünschen kann;

meinem Sohn Grant, der mit seiner raschen Auffassungsgabe meine besten Ideen noch vor mir und viel besser versteht;

meiner Tochter Jody für ihren überschwenglichen Geist, der mich zu oft dazu verführt hat, mit ihr zu spielen, anstatt dieses Buch zu schreiben – aber dennoch habe ich es geschafft.

Danksagung

Mit von Herzen kommender Dankbarkeit und aufrichtigem Respekt für:

Patti Breitman, meiner Agentin und Freundin, in großer Zuneigung;

Shaye Areheart, meiner visionären Herausgeberin;

Dean Joseph Hough, Professor David Buttrick,
Dr. Pat Rettew und meinen Kommilitonen an der Theologischen Fakultät der Vanderbilt Universität;

Dr. Lloyd und Mae Matzkin dafür, daß sie mich immer lieben.

Inhalt

Wie der *Solved by Sunset-Prozeß* funktioniert

Es gibt einen Grund dafür, warum das Problem, das Sie heute abend bis Sonnenuntergang lösen möchten, gerade zum jetzigen Zeitpunkt besonders ins Blickfeld Ihrer Aufmerksamkeit gerückt ist. Sie haben sich bereits mit diesem Thema abgemüht, und es ist möglich, daß es Ihnen einige Schmerzen bereitet. Es ist jedoch ein gutes Zeichen, daß Sie jetzt im Moment nach diesem Buch gegriffen haben. Damit haben Sie zum Ausdruck gebracht, daß Sie bereit sind, die ganze Wahrheit über die Situation, in der Sie sich gerade befinden, auszusprechen, sich mit alten Herangehensweisen an Probleme zu konfrontieren, diese zu transformieren und zu transzendieren. Sie möchten diese alten Problemlösungswege in einem neuen Licht sehen, damit Sie sie ein für allemal überwinden können.

Daß dieser Prozeß bei Ihnen Erfolg haben kann, weiß ich. Ich weiß auch, daß Ihre Probleme zufriedenstellend gelöst werden können, denn dieses Universum ist durch Ordnung gekennzeichnet. Es unterstützt Ihre Entwicklung bedingungslos – egal, welche Einstellung Sie zu Ihrer eigenen Person oder Ihrer Situation gerade haben mögen.

Wenn Sie den *Solved by Sunset-Prozeß* auf Ihre jetzige Frage anwenden, dann werden Sie sich genau zum richtigen Zeitpunkt am richtigen Ort befinden, um eine neue Phase der Entschlossenheit und des Wachstums in Ihrem Leben zu beginnen. Sie werden nicht nur größere Klarheit und Einsicht erfahren, wie Sie Ihr Problem am besten lösen können, sondern als Folge davon auch spirituelles Wachstum erleben.

Der *Solved by Sunset-Prozeß* ist ein Prozeß, durch den Sie sich selbst leiten. Es wäre ideal, wenn Sie sich einen Tag in Ihrem geschäftigen Leben freinehmen könnten, um allein für sich dieses Buch zu lesen und die darin beschriebenen Schritte, die Sie zur Lösung führen werden, zu unternehmen. Sie können Ihren Tag, wenn die geographische Lage und die Jahreszeit es zulassen, wahrscheinlich um sieben oder acht Uhr morgens beginnen und ihn immer noch rechtzeitig bei Sonnenuntergang beenden.

Oder Sie können das Buch zunächst durchlesen und dann den handlichen Leitfaden am Ende zu einem späteren Zeitpunkt verwenden, wenn Sie genügend Zeit haben, um die verschiedenen Übungen zu machen.

Unabhängig von Ihrer Vorgehensweise sollten Sie sich jedoch in jedem Fall vor Augen halten, daß Ihre Zeit mit diesen Seiten eine persönliche Rückzugsphase für Sie ist. Wenn es Ihnen möglich ist, dann können Sie ein ganz besonderes Erlebnis daraus machen, indem Sie sich zur Erholung und Entspannung an einen Ort zurückziehen, ohne Ihre Zeit im voraus zu verplanen. Sie können entweder allein oder in einer Gruppe arbeiten, sofern Sie mit der Absicht, den *Solved by Sunset-Prozeß* gemeinsam durchzuführen, zusammengekommen ist.

Die einzigen Handwerkszeuge, die Sie dabei auf jeden Fall brauchen werden, sind Stift und Papier. Im Laufe des Tages werden Sie auch immer wieder Gelegenheit haben, andere Quellen wie Ihre Lieblingsmusik und »Orakel-Werkzeuge« zu Hilfe zu nehmen (wie z. B. die Rider Waite-Tarotkarten, falls Sie sie bereits besitzen oder sie gerne kaufen möchten). Ein Kamin und eine Kerze könnten ebenfalls von Nutzen sein.

Das einzige, was Sie brauchen, um sich geistig auf diesen Prozeß vorzubereiten, sind ein Problem oder eine Frage, die Sie beschäftigt, und der brennende Wunsch, diese bis Sonnenuntergang zu lösen.

Einführung

Vor drei Jahren hat mein Mann Dan ernsthaft den Vorschlag geäußert, mit unserer Familie von San Francisco nach Nashville zu ziehen – eine Entscheidung, die unser ganzes Leben veränderte. Die Frage an sich war jedoch nicht neu. Viele Male bereits, nämlich vor vier Jahren, vor zehn Jahren und vor 15 Jahren, hatte Dan diesen Vorschlag gemacht und ihn durchaus ernst gemeint. Wir hatten jedoch gute Gründe, Kalifornien nicht zu verlassen – wir hatten unsere Firma, unsere Familie, unsere Freunde, ja unser ganzes *Leben* dort. Aber Nashville winkte meinem Mann mit Arbeitsmöglichkeiten in der Musikindustrie, und das brannte ihm auf der Seele – und auch mich ließ er damit nicht in Ruhe.

Jedesmal, wenn das Thema zur Sprache kam, überlegten wir eingehend und stellten das Für und Wider gegenüber. Wir schrieben Listen, wägten die Chancen ab, sprachen ausgiebig mit Freunden und baten Experten um Rat. So oft wir konnten, nahmen wir in unserem geschäftigen Leben die Gelegenheit wahr, uns über die verschiedenen Möglichkeiten den Kopf zu zerbrechen; wir durchdachten Alternativen, analysierten und theoretisierten. Mit anderen Worten, wir beanspruchten denselben rationalen Prozeß der linken Gehirnhälfte, den wir erfolgreich auf viele Fragen angewandt hatten, die sonst in unserem Leben aufgetaucht waren: von der Auswahl eines Dachdeckers bis hin zur Umbenennung unseres Unternehmens. Wir waren daran gewöhnt, die Kontrolle zu haben: Informationen zu sammeln, die Möglichkeiten abzuwägen und die entscheidenden Handlungen auszuführen. Wenn wir jedoch auf die Frage Nashville kamen, dann steckten wir fest.

Um ehrlich zu sein, dieses Thema war nicht das einzige, das unserem hartnäckigen Bemühen, es in den Griff zu bekommen, widerstanden hatte. Es gab einige ungelöste Probleme, deren Stimmen sich direkt unter der Oberfläche unseres geschäftigen Lebens bemerkbar machten, wie lästige Haustiere aus den geistigen Welten, die an der Käfigtür unserer Denkprozesse kratzten; sie waren noch nicht stark genug, um den Riegel aufzubrechen, aber bereits zu laut, um ignoriert zu werden. Einige von ihnen waren kleiner dimensioniert – wie die alltäglichen Sorgen um die Familie, den Beruf, die Liebe und das Leben; Fragen, die mit Beharrlichkeit mehr Raum und Zeit in Anspruch nehmen als ihnen, wie man tief drinnen weiß, wirklich gebührt. Andere Fragen waren von größerer Bedeutung – Wahlmöglichkeiten, die durch die turbulenten Veränderungen eines hochaktiven Lebens an die Oberfläche geschwemmt wurden: z. B. Entscheidungen, die in Zusammenhang mit den unterschiedlichen Lebensphasen standen oder die durch Umstände außerhalb unseres Einflusses notwendig wurden. Jeder Aspekt unseres Lebens ist ständig in Bewegung, und jede Veränderung wirft neue Fragen auf. Wenn ich dies tue, wird das ein Fortschritt oder ein Rückschritt sein? Lohnt es sich, das Risiko einzugehen? Bleiben oder gehen? Ja oder nein?

Das ist alles gut und schön, wenn Ihre normalen Problemlösungsstrategien die Last aushalten können. Aber was passiert in den Zeiten, in denen Sie Ihre gesamte Energie für die Frage, die Sie gerade beschäftigt, aktiviert haben und dennoch unsicher, defensiv und ängstlich bleiben? Ob Ihr Leben Sie mit Herausforderungen, Krisen und Problemen, die nach einer Lösung drängen, bedenkt oder nicht, danach werden Sie nicht gefragt. Sie wissen, daß Sie, wenn Sie nichts tun, vom Strom des Lebens zu einem beliebigen Zeitpunkt an einen beliebigen Ort getragen werden. Wenn Sie jedoch bereit sind zu handeln, dann haben Sie die Möglichkeit, bei der Veränderung mitzuwirken, anstatt ihr ausgeliefert zu sein. Die von Ihnen getroffene Entscheidung, egal, wie Sie zu ihr gelangt sind, wird das Gefährt sein, das Sie in Ihrem Leben voranbringt. *Würde es Ihnen nicht gefallen, für jedes Problem, das Sie gerade plagt, eine befriedigende und friedliche Lösung zu finden?*

Und so kam es, daß wir vor drei Jahren die Frage, ob wir nach Nashville, Tennessee, übersiedeln sollten oder nicht, noch einmal aufgriffen. Anders war diesmal jedoch, daß wir inzwischen einen neuen Prozeß entwickelt hatten, um an diese Frage heranzugehen – eine Strategie, mit der wir die ganzen Verwicklungen und Sackgassen unserer linken Gehirnhälfte umschiffen konnten. Diese hatten uns nämlich fast

20 Jahre lang im dunkeln tappen lassen. Es war ein Prozeß, der die Verheißung eines Durchbruchs, spontaner Erkenntnisse und eines erweiterten Horizonts in sich barg. Dabei würde dann nicht nur das Problem gelöst, das im Moment unsere Aufmerksamkeit in Anspruch nahm, sondern der Ansatz hatte das Potential, die Struktur unseres geistigen und spirituellen Bewußtseins neu zu ordnen.

Nachdem wir diese entscheidende Lebensfrage viele Jahre lang durchgearbeitet hatten, wußten wir eines Tages, daß uns jetzt endlich die Mittel zur Verfügung standen, um sie bis zum Ende desselben Tages zu lösen. Und jetzt, drei Jahre später, bin ich erfreut und gespannt darauf, Ihnen diesen Prozeß beizubringen. Schon Tausenden von Menschen überall in unserem Land habe ich diese Technik vermittelt, und viele berichteten von ähnlichen Durchbrüchen, die sie durch die Anwendung dieser Methode auf brennende Fragen erlebten.

Bevor ich anfange, muß ich noch erwähnen, daß dieser Prozeß auf drei Hauptannahmen basiert, die ich Sie bitte zu akzeptieren. Ich werde sie Ihnen gleich vorstellen.

So, jetzt sollten wir einen tiefen Atemzug nehmen und uns darauf vorbereiten, tief in den Kern des Glaubenssystems hineinzuspringen, auf dessen Grundlage der *Solved by Sunset-Prozeß* basiert. An dieser Stelle, wie auch des öfteren im weiteren Verlauf dieses Buches, haben mich die Worte des Philosophen William James inspiriert. Seine klassischen Arbeiten über die Natur des Menschen waren wegbereitend für die Erforschung geistiger und spiritueller Zustände, die Phänomene wie Mystik, Bekehrung und persönliche religiöse Erfahrungen begleiten. Um die Jahrhundertwende schrieb James von seiner Überzeugung, »daß es eine unsichtbare Ordnung gibt und daß unser höchstes Gut darin liegt, uns auf harmonische Weise an sie anzupassen.«

Während James bei einem Vortrag an der Universität von Edinburgh primär von seiner eigenen jüdisch-christlichen Tradition berichtete, sind seine Darlegungen durchaus auch auf die östliche Philosophie und die indische Mystik übertragbar. Das *I Ging*, das 3000 Jahre alte Buch chinesischer Weisheiten, das mein letztes Werk *Wie würde es Konfuzius anstellen, eine Gehaltserhöhung zu bekommen?* inspiriert hat, lehrt uns, daß es einen verborgenen Archetyp der Ordnung gibt, der als Tao bekannt ist und nach dem sich der »edle« Mensch ausrichtet.

»Natürliche Ereignisse unterliegen gleichermaßen dem Gesetz«, erklärt Richard Wilhelm in seinem Kommentar zum *I Ging*:

> »Durch Nachdenken über die göttliche Bedeutung, die dem Wirken des Universums zugrunde liegt, werden dem Menschen, der dazu aufgerufen ist, andere zu beeinflussen, die Mittel an die Hand gegeben, um ähnliche Wirkungen zu erzeugen ... Dadurch sind sie imstande, die geheimnisvollen und göttlichen Gesetze des Lebens zu verstehen und diese Gesetze durch tiefste innere Konzentration in ihrer Person zum Ausdruck zu bringen.«

In der ostindischen Folklore-Tradition gibt es eine wunderbare Geschichte, die diesen Gedanken treffend darstellt. Ein Regenmacher wurde in ein Dorf eingeladen, in dem Dürre herrschte. Bei seiner Ankunft fragte er, ob er sein Quartier in einer Hütte am Rande des Dorfes nehmen könne. Er würde mehrere Wochen lang fasten und meditieren müssen, bis er auf das Ritual des Regenmachens vorbereitet sei. Nach der Hälfte der anberaumten Zeit zogen am Himmel Wolken auf, und es fing an zu regnen. Die Dorfbewohner liefen zur Hütte des Regenmachers, um dieses Ereignis mit ihm zu feiern. Doch er war genauso überrascht wie sie.

Er sagte, daß er sich unwohl gefühlt habe und außer sich gewesen sei. Deshalb habe er sich zurückgezogen, um sein Gleichgewicht und seine Lebenskraft wiederzuerlangen. Die Zeremonie hatte er noch nicht ausgeführt und dennoch war allein aufgrund der Tatsache, daß er die Dinge für sich zu klären versucht hatte, der Regen gekommen.

Jeder von uns kann jederzeit in ein solches Erlebnis hineinstolpern. Vor einigen Wochen rief mich z. B. Ray an, ein Geschäftsmann aus einer Kleinstadt in Georgia, der einst den führenden Waschsalon der Stadt besaß. Ein langjähriger Konkurrent hatte ihm angeboten, ihn weit unter Wert aufzukaufen. Als er ablehnte, eröffnete der Konkurrent einen größeren und besseren Waschsalon ganz in seiner Nähe. Als Ray mich anrief, war er verbittert und deprimiert. Sein Waschsalon warf keine Profite mehr ab. Seinen Konkurrenten sah er als Feind an, und er bat mich in dieser Angelegenheit um Rat.

Während er sprach, krampfte sich mein Magen zusammen. Ich erkannte, daß mir in meinen Eingeweiden die Härte widerfuhr, die Ray von der Übereinstimmung mit der unsichtbaren Ordnung weggebracht hatte. Nachdem wir die Angelegenheit eine Zeitlang diskutiert hatten, gab Ray zu, daß er sein Gewerbe immer gehaßt und bereits seit einigen Jahren darüber nachgedacht hatte, wieder auszusteigen. Jedoch die Vorstellung, seinen Konkurrenten »gewinnen« zu lassen, konnte er einfach nicht ertragen. So sehr er sich auch bemühte, er konnte keinen potentiellen Käufer für seinen Waschsalon finden. Ich schlug ihm vor, seinen Konkurrenten geistig und emotional loszulassen, wobei er jeden negativen Gedanken an ihn durch einen positiven ersetzen und sich dann schnell erfüllenderen Dingen zuwenden sollte. Das wäre die Voraussetzung, damit sich die Energie wieder durch Ray hindurch und um ihn herum bewegen würde.

Wir verabredeten einen Termin, um in der nächsten Woche noch einmal über die Sache zu sprechen. Ganz pünktlich kam Rays Anruf. Er teilte mir allerdings mit, daß er lediglich unsere Verabredung absagen wolle. Hatte ich ihn beleidigt, als ich ihm sagte, daß er sich um sich selbst kümmern solle, anstatt ihm beizubringen, wie er seinen Konkurrenten schlagen könne?

Ganz im Gegenteil, versicherte mir Ray schnell. Sobald er den Hörer nach unserem letzten Gespräch aufgelegt hatte, war ihm bewußt geworden, wie sehr er unabsichtlich von seinem eigenen Lebensweg abgekommen war. Er gelobte, seinen Fehler zu korrigieren. Am nächsten Tag traf er zufällig einen Freund, den er schon seit längerer Zeit nicht mehr gesehen hatte und der sich nach seinem Waschsalon erkundigte. Es schien, als ob dieser Freund schon immer gerne einen Waschsalon betrieben hätte und Ray fragen wollte, ob er nicht Lust hätte, ihm seinen zu verkaufen.

Abraham Maslow, der als der Vater der humanistischen Psychologie verehrt wird, behauptet, daß es keine Ausnahme, sondern unser natürlicher Zustand sei, diese Art von Durchbruch zu erleben. Einen solchen Zustand bezeichnet er als »Gipfelerfahrung«, was sich definieren läßt als ein »Moment, der seinen Wert und seine Rechtfertigung aus sich selbst heraus gewinnt, ein Moment, in dem ein Individuum die größten Werte seiner Existenz erkennt.« Diese Wertvorstellungen umfassen Ganzheit, Vervollkommnung, Gerechtigkeit, Lebendigkeit, Reichtum,

Einfachheit, Güte, Einzigartigkeit, Mühelosigkeit, Verspieltheit, Wahrheit und Selbstgenügsamkeit.

»Die emotionale Reaktion bei der ›Gipfelerfahrung‹ hat einen besonderen Beigeschmack von Erstaunen, Respekt, Ehrfurcht, Demut und Hingabe vor der Erfahrung als vor etwas Großartigem«, schreibt Maslow.

Zu dieser Schlußfolgerung kam er durch seine Untersuchungen von Menschen, die nicht geistig krank, sondern gesund waren und die er als »selbstverwirklicht« bezeichnet. Seine Forschungsergebnisse zeigen u. a. folgendes: Was uns von der Erfahrung unseres Verbundenseins mit dem Universum abhält, ist zufällig und kann überwunden werden. Ungesunde Lebenshaltung, Starrheit und Unwissenheit sind korrigierbare Probleme, die transzendiert werden können.

Ich schlage Ihnen daher vor, diese Ergebnisse als unsere Arbeitsannahmen zu verwenden:

Annahme Nr. 1: Es gibt eine unsichtbare Ordnung im Universum.
Annahme Nr. 2: Unser höchstes Gut liegt in unserer harmonischen Anpassung an diese unsichtbare Ordnung.
Annahme Nr. 3: Was immer uns davon abhält, unsere Übereinstimmung mit dem Universum zu erfahren, ist zufällig und kann überwunden werden.

In der chinesischen Philosophie sind diese Annahmen zum Teil in der Vorstellung vom Tao, dem vereinigenden Prinzip, wiedergegeben, das Ordnung in das Chaos, Bedeutung in die Leere und Harmonie in die Disharmonie bringt. Innere Bewußtheit, die durch die Intuition der rechten Gehirnhälfte zugänglich ist, – wenn sie nicht durch entfremdende Charaktereigenschaften wie Ungeduld und Gier versperrt ist –, verbindet den Menschen mit universellen Wahrheiten, die aus dem Bauch heraus erkannt werden können. Bei dem von mir entwickelten System wird eine Umgebung geschaffen, in der sich der Prozeß der harmonischen Anpassung an die unsichtbare Ordnung *mit höchster Wahrscheinlichkeit* entfalten wird. (Die Umgebung zu erschaffen, ist das Beste, was wir tun können, denn in Kürze werden Sie erfahren, daß die Wiederherstellung unserer Verbindung mit dieser unsichtbaren Ordnung nichts ist, das Sie herbeiführen können – es ist etwas, das Sie nur geschehen lassen können. Aber glücklicherweise ist das schon genug.)

Auf den nachfolgenden Seiten werden Sie feststellen, daß ein Großteil der neueren Forschungen auf dem Gebiet der Gehirnfunktionen – besonders hinsichtlich der neurologischen Aufgaben der rechten und linken Gehirnhemisphären – bestätigt, was das *I Ging* bereits vor 3000 Jahren gelehrt hat, was William James bereits zur Jahrhundertwende gesagt hat, worauf zeitgenössische Historiker und Theologen als zukünftigen Trend hinweisen und was Psychologen und spirituelle Sucher heute in die Tat umsetzen.

Diese harmonische Anpassung bedeutet nicht weniger als eine neue Art und Weise, die Welt wahrzunehmen. Sie ist ein Wandel, der sich sowohl auf der persönlichen als auch auf der kulturellen und gesellschaftlichen Ebene vollzieht. Um das Umfeld zu schaffen, von dem aus der Prozeß der Problemlösung, den ich Ihnen hier vorstelle, beginnen kann, sollten wir uns zunächst die derzeitigen historischen und kulturellen Veränderungen ansehen.

Professor David Buttrick von der Theologischen Fakultät der Vanderbilt Universität erklärt, »daß wir uns inmitten eines kulturellen Zusammenbruchs befinden, der dem Untergang des Griechisch-Römischen Reiches nicht unähnlich ist.« Das Zeitalter der Aufklärung, das durch »objektive Vernunft, Individualität und Unternehmergeist« gekennzeichnet war, wird von den Gelehrten unserer Zeit als gescheitert angesehen. Was bleibt, ist eine intellektuelle und spirituelle Leere.

Die Leere entsteht durch das Zerplatzen der Illusion, die Natur und das Schicksal könnten durch geistigen Scharfsinn und rationale Analyse kontrolliert werden. Diese Illusion wurde durch die überschwengliche Freude darüber genährt, daß die wissenschaftlichen Errungenschaften im 19. Jahrhundert es uns ermöglicht haben, einen noch nie dagewesenen Einfluß auf äußere Phänomene auszuüben. Die Wissenschaft hat uns gelehrt, wie wir mit elektrischem Licht die Dunkelheit vertreiben und Bakterien mit Hilfe von Antibiotika bezwingen können. Der Beginn des Lebens ist mit Hilfe einer mikroskopisch kleinen Kamera auf Video festgehalten worden, die filmt, wie der Samen sich im Körper einer Frau seinen Weg nach oben erkämpft – ein Ereignis, das am selben Abend in den Spätnachrichten gezeigt wird; Skelette, die in uralten

Gletschern gefunden werden, ergänzen die Lücken hinsichtlich der Abstammung der Spezies Mensch; und Mondgestein trägt zum besseren Verständnis des Wesens des Kosmos bei. Wir sind dazu verführt worden, uns als Herrscher des Universums anzusehen; dabei tauschen wir unser Bedürfnis zu glauben und zu vertrauen gegen wissenschaftlichen Fortschritt und wissenschaftliche Erkenntnisse als angebliche Alternativen ein, um mit dem Unbekannten Frieden zu schließen.

All diese wissenschaftlichen Erkenntnisse wirken sich so aus, daß die Funktion unserer rationalen linken Gehirnhälfte – eine Metapher für den Teil unseres Verstandes, der hauptsächlich für Sprache, Logik und Zeit zuständig ist – eine höhere Einschätzung erfährt als die Fähigkeiten unserer rechten Gehirnhälfte – des Teils, der auf spirituelle, intuitive und räumliche Orientierung hin ausgerichtet ist. Wir verlassen uns in hohem Maße auf das Rationale, was uns zu der falschen Annahme verleitet, daß wir uns selbst, unser Leben und die Situationen, die uns begegnen, vollständig kontrollieren können. Man hat uns glauben gemacht, daß wir all unsere Probleme lösen können, wenn wir nur härter arbeiten, schärfer denken und unsere Logik perfektionieren. Wenn etwas schiefgeht, wie es zwangsläufig passieren wird, dann wissen wir nur, wie wir noch mehr von dem tun können, was bereits nicht funktioniert hat: ein Zustand, der letztlich zu einer Streßspirale und zu Ausgebranntsein führt und schließlich auch zur Spaltung und Erschöpfung unserer eigenen Person und unserer Institutionen.

Die östliche Philosophie dagegen lehrt das Konzept des Gleichgewichts: Geistige, körperliche und spirituelle Gesundheit hängt vom dynamischen Zusammenspiel der Gegensätze ab, von Geben *und* Nehmen, Aktivität *und* Ruhe, Rationalität *und* Vertrauen usw. Jeder Mensch birgt gegensätzliche Kräfte in sich – so wie es auch unsere Kultur insgesamt tut. In der Tat kann jedes Wesen von dem reinen Ausdruck einer dieser Kräfte jederzeit profitieren.

Aber insgesamt gesehen entsteht langfristig aus der dynamischen Spannung zwischen den Gegensätzen die wirkliche Kraft. Das *I Ging* lehrt, daß es in jedem von uns einen Ort gibt, an dem sich die Kräfte des Handelns und des Empfangens, der Willenskraft und der Hingabe in einem angemessenen Gleichgewicht befinden, wodurch man dann wirkliche Kraft erfährt. Die alten Chinesen stellten sich diesen Prozeß als einen Topf mit Wasser vor, der auf einer offenen Feuerstelle kocht. Wenn das Feuer zu schwach ist, wird das Wasser nicht kochen. Wenn es zu heiß ist, wird das Wasser verkochen. Nur wenn die Kräfte im richtigen Gleichgewicht sind, wird das Wasser in der Lage sein, die ihm zugedachte Arbeit auszuführen.

Das einzige, was wir auf dem Gebiet der Problemlösung getan haben, ist, den letzten Tropfen Saft aus den Denksystemen unserer linken Gehirnhälfte herauszuquetschen. 15 Jahre lang haben Dan und ich auf seinen Wunsch, nach Nashville zu ziehen, folgendermaßen reagiert: Wir haben die Sache durchdacht, Listen erstellt, die Möglichkeiten abgewogen, mit Freunden ausgiebig darüber gesprochen und uns den Kopf über alle Eventualitäten zerbrochen. Erst vor drei Jahren stellten wir die ganze Angelegenheit in einen vollkommen neuen Kontext – etwas, das wir nie zuvor gemacht hatten. Wir wollten damit nicht nur vermeiden, unsere armen, ausgelaugten rationalen Ansätze weiterhin überzustrapazieren, sondern tatsächlich den Stromkreis unserer Gedanken unterbrechen.

In der Leere kann dieser Wandel von einem Moment zum nächsten stattfinden, vielleicht nicht auf der gesellschaftlichen Ebene, aber sicherlich auf der persönlichen: Er findet auf dem inneren Terrain des individuellen Bewußtseins statt, dort, wo Sie Ihre Probleme und Fragen tatsächlich erfahren und wo Durchbrüche möglich sind. Merkwürdigerweise finden wir Beschreibungen über dieses innere Erleben sowohl in den ältesten als auch in den neuesten Erkenntnissen über die menschliche Natur. Wenn wir auf vergangene Jahrhunderte zurückblicken, dann gab es bereits vor dem Zeitalter der Aufklärung und der Ausbreitung des Rationalismus in der Religionsgeschichte eine Vorstellung, in der sich der Geist dieses inneren Erlebens, der als »Inspiration« bezeichnet wird, widerspiegelte.

Religiöse Gelehrte definieren Inspiration in *The Encyclopedia of Religion* (*Enzyklopädie der Religionen*) als »spiritueller Einfluß, der spontan auftritt und eine Person befähigt, auf eine Weise zu denken, zu sprechen oder zu handeln, die die üblichen menschlichen Fähigkeiten überschreitet.«

Archimedes hatte ein solches Erlebnis, nachdem er beim Ausarbeiten von Prinzipien zur spezifischen Schwerkraft die Möglichkeiten seiner linken Gehirnhälfte ausgeschöpft hatte. Er gönnte sich eine Pause und nahm ein Bad. Als er in die Wanne stieg, bemerkte er, daß der Wasserspiegel anstieg. Dieses Schlüsselerlebnis brachte ihm den Durchbruch, nach dem er gesucht hatte. Wie die Geschichte erzählt wird, soll er wie ein Blitz aus der Badewanne gesprungen und splitternackt durch die Straßen des antiken Griechenland gelaufen sein und dabei laut »Heureka!« (Ich hab's gefunden!) gerufen haben.

Verwirrt und verärgert über den Bruch mit seinem Mentor Sigmund Freud, zog sich C. G. Jung zu seiner Familie nach Hause zurück, um sich von seiner Enttäuschung zu kurieren. Dort fand er sich auf dem Boden sitzend bei Kinderspielen wieder. Schon bald nahm er seine Kindheitsphantasien mit in den Garten und baute die Dörfer, Städte und Forts aus Stein auf, die er sich als kleiner Junge in seiner Phantasie vorgestellt hatte. Ganz unerwartet wurde er so von den Eingebungen überrascht, die heute die Grundlage der Jungschen Psychologie darstellen.

Es scheint eine Verbindung zwischen Durchbrüchen und dem Loslassen des individuellen Willens zu geben. Wenn Sie aufhören, Dinge herbeizuführen, die äußere Realität kontrollieren und manipulieren zu wollen, dann schaffen Sie Raum, um empfangen zu können. Man kann es als Inspiration oder Kreativität bezeichnen, als Problemlösung oder als Wunder: Durch das Loslassen alter Denkweisen wächst die Wahrscheinlichkeit, daß Kräfte außerhalb Ihres Vorstellungsvermögens an Ihrem Erfolg mitwirken.

Das chinesische Zeichen für das Tao – die Darstellung eines Fußes, der von einem Kopf geführt wird – zeigt das Wesentliche dieser zwischen den Kräften herrschenden Beziehung. Der Fuß symbolisiert die rationalen, intellektuellen Fähigkeiten, die in Zusammenhang mit den Funktionen der linken Gehirnhälfte stehen. Der Kopf stellt Intuition und innere Weisheit dar, rezeptive Fähigkeiten, die in der rechten Gehirnhälfte zu Hause sind. Das Tao umfaßt beide Qualitäten in gesundem Gleichgewicht zueinander. Fortschritte, das ist hier wichtig anzumerken, hängen davon ab, ob der Kopf den Fuß führen kann: Wir müssen unsere Intuition und unser inneres Wissen auch über unsere rationalen, intellektuellen Fähigkeiten hinaus schätzen lernen.

Jahrelang war diese irrationale Kategorie von Sprache in erster Linie die Domäne von Heiligen, Gurus und Mystikern. Glücklicherweise haben Psychologen und Neurologen in den siebziger Jahren angefangen, das Phänomen ernst zu nehmen. Der Naturwissenschaftler Robert Fischer, der die Aktivität des sympathischen Nervensystems beschrieb, würdigte den ekstatischen, mystischen Zustand, der mit dem Durchbruchs-Phänomen assoziiert wird, als «ergotroper Erregungszustand«. Der Beitrag, den die Naturwissenschaften zu unserem Verständnis des Problemlösungsprozesses leisten, wird im ersten Kapitel dieses Buches untersucht.

Dort, wo Naturwissenschaften, Psychologie und Spiritualität zusammentreffen, beginnt der *Solved by Sunset-Prozeß*. Er führt Sie zu einem neuen Verständnis hinsichtlich der Rolle, die Probleme in Ihrem Leben spielen, hinsichtlich dessen, was es bedeutet, Ihre Angelegenheiten zu »erledigen«, und wie es sich anfühlt, die radikale Veränderung hin zu einer neuen Seinsform vorzunehmen. Wenn Sie das Problem, das Sie im Moment in Gedanken am meisten beschäftigt, als ein Vehikel der Transformation benutzen, dann werden Sie Zugang zu den unsichtbaren Kräften finden, die in Ihrem Leben wirksam sind. Sie werden sich mit spirituellen Themen auseinandersetzen, die Ihre Einstellung zu Erfolg, Zielsetzung und Opfersein im Gegensatz zu Eigenverantwortlichkeit, Vertrauen, Akzeptanz, Hingabe und vieles mehr betreffen. Dieser Prozeß ist in der Tat so wichtig und bedeutungsvoll für Ihr gesamtes Leben, daß ich vorschlage, Sie beginnen damit, das Problem, mit dem Sie sich heute konfrontiert sehen, als Vehikel für spirituelles Wachstum und Transformation in allen Lebensbereichen anzusehen. Dabei werden Sie höchstwahrscheinlich als Nebenprodukt auch die Antwort auf Ihre spezifische Frage erhalten.

Mein Ziel in diesem Buch ist nicht nur, daß Sie Ihr Problem bis Sonnenuntergang gelöst haben, sondern mein Bestreben geht dahin, es Ihnen zu ermöglichen, sich an die unsichtbare Ordnung harmonisch anzupassen. Sie können sich diese unsichtbare Ordnung als universelle Lebenskraft vorstellen, als Tao, als Ihr Höheres Selbst oder als Gott. Egal, wie Sie sich auf die unsichtbare Ordnung beziehen, Sie sind ein Verbindungsglied in einer Kette, die ihre Wurzeln und ihr Schicksal im Mysterium hat. In dieser besonderen Zeit und an diesem besonderen Ort sind Sie mit einer heiligen Aufgabe betraut worden: sich selbst mit der vitalen Energie des Göttlichen in Einklang zu bringen. Das ist Ihr natürlicher Zustand, ein Zustand, der mühelos auftaucht, wenn Sie die Illusionen und Ängste aus dem Wege räumen, die die Kanäle blockieren, und zulassen, daß sich Ihre Vitalität klar und entschieden manifestiert.

Welche Entscheidung haben Dan und ich nun getroffen? Nachdem wir zum 100.000. Male das Für und Wider, die Vor- und Nachteile des Umzugs bzw. Nicht-Umzugs diskutiert hatten, entschlossen wir uns, einen Tag freizunehmen und den Prozeß, den ich Ihnen in diesem Buch vorstelle, anzuwenden. Kurz gesagt, wir kamen überein, zu einem unserer Lieblingsgasthäuser auf dem Lande zu fahren.

Auf dem Weg dorthin fuhren wir eine besonders öde Landstraße entlang. Wir passierten ein Straßenschild. Wir fuhren an einer Krähe vorbei. Und dann, aus keinem ersichtlichen Grund, hatte ich die Antwort, auf die wir seit 15 Jahren warteten.

»Warum sollten wir es mit Nashville nicht mal probieren?«

Warum sollten Sie es mit dem *Solved by Sunset-Prozeß* nicht mal probieren?

Carol Orsborn

Nashville, Tennessee
Januar 1995

Es ist das Unendliche, nach dem wir hungern,
und wir reiten erfreut auf jeder kleinen Welle,
die uns ihm näherzubringen verspricht.

Havelock Ellis

1. Stunde

Definieren Sie Ihre Ziele

Eins
Die Lehre von den Wundern

Baron Wen Chi, eine Zeitgenosse von Konfuzius, sagte,
daß er immer dreimal nachdenke, bevor er handele.
Als Konfuzius das hörte, entgegnete er: »Zweimal zu denken,
ist durchaus genug.«

Wie wäre es, wenn Sie das, was Sie am meisten quält, heute abend bei Sonnenuntergang gelöst hätten? Glauben Sie, daß dazu ein Wunder geschehen müßte?

Nehmen Sie sich einen Tag in Ihrem geschäftigen Leben – den heutigen Tag – frei, und ich werde Ihnen einiges über Wunder sagen.

Was ist ein Wunder? Ein Wunder ist ein Ereignis, das unerwartet auf Sie zukommt und all Ihre Erwartungen und Erfahrungen übertrifft. Es ist rational nicht erklärbar. Es ist nicht vorhersagbar. Es liegt außerhalb Ihrer Kontrolle.

Wie Sie ein Wunder geschehen lassen können, kann ich Ihnen nicht beibringen – ich kann Ihnen jedoch beibringen, wie Sie die Umstände erschaffen, in denen sich Wunder am ehesten ereignen. Um das zu tun, müssen Sie Ihre übliche Art und Weise, mit Problemen umzugehen, loslassen und das Vertrauen aufbringen, einen vollkommen neuen Ansatz auszuprobieren. Dieser neue Ansatz ist der aus Techniken, Übungen und Werkzeugen bestehende *Solved by Sunset-Prozeß*, mit dessen Hilfe Sie bis Sonnenuntergang ein Problem lösen können. Diesen Prozeß können Sie in Ihrem eigenen Tempo, zu einem von Ihnen gewählten Zeitpunkt und auf Ihre eigene Art und Weise anwenden. Viele Leute, die die in diesem Buch beschriebenen Prozesse durchlaufen haben, erlebten Durchbrüche, erweiterten ihren Horizont und fanden eine Lösung, was zu Veränderungen auf der äußeren *und* inneren Ebene führte. Einige erreichten diesen Durchbruch am Ende und als Höhepunkt eines arbeitsreichen Tages; andere wiederum erlebten, daß ihnen Antworten einfach durch das Lesen des Buches zuflossen – noch bevor sie überhaupt angefangen hatten, die auf diesen Seiten beschriebenen Prozesse durchzuführen. Diesen Leuten werden spontane Lösungen dadurch zuteil, daß sie klare Ziele definieren, daß sie ihren persönlichen Willen loslassen und sich dafür öffnen, von unsichtbaren Kräften inspiriert zu werden. Mit anderen Worten, sie lassen zu, daß ihre Emotionen, ihre Psyche und ihr Geist mit den ungeschriebenen Gesetzen des Universums in Einklang treten.

Diese Idee ist durchaus nicht neu. Bereits um die Jahrhundertwende gab es eine Schule von Gelehrten – Naturwissenschaftlern, Psychologen, Theologen und Philosophen, deren Theorie noch heute unser Verständnis solcher Phänomene nachhaltig beeinflußt. Ihr Konzept von der Rolle der Inspiration bei der Bewältigung von Problemen und dem Auffinden von Lösungen weist geradezu erschreckende Ähnlichkeit mit der Art auf, wie heutige Wissenschaftler die am kreativen Problemlösungsprozeß beteiligten neurologischen Systeme beschreiben.

Der Philosoph William James schrieb 1902 in seinem klassischen Werk *Die Vielfalt religiöser Erfahrung* folgendes:

> »Ein Geist ist ein System von Vorstellungen mit jeweils einer impulsiven und einer hemmenden Tendenz, die sich wechselseitig untereinander behindern oder verstärken. Die Gesamtmenge der Vorstellungen ändert sich im Laufe der Erfahrung dadurch, daß etwas fortgenommen oder hinzugefügt wird, und die Tendenzen ändern sich mit zunehmendem Alter des Organismus. ... Aber eine neue Wahrnehmung, ein plötzlicher emotionaler Schock oder eine Gelegenheit, die die organische Veränderung offenbar macht, wird das ganze Bauwerk zum Einsturz bringen.«

Bei allen plötzlich auftretenden Durchbrüchen von Inspiration, Einsicht und Lösung sieht Professor E. D. Starbuck, ein Zeitgenosse von James, eine Ähnlichkeit mit dem plötzlichen Auftauchen einer Eisbergspitze: Neue Gedanken, Ideen und Informationen, die in unser Bewußtsein vordringen, haben sich nach und nach auf einer *unbewußten* Ebene angesammelt, bis sie dann genügend Stärke entwickelt haben, um in unseren Alltagsverstand einzubrechen. Diesen Moment der Klarheit erleben wir als Durchbruch. Plötzlich haben wir eine Einsicht, und unsere Perspektive erweitert sich so, daß wir unsere Probleme lösen können.

Das *I Ging*, das uralte chinesische »Buch der Wandlungen«, von dem sich der Philosoph Konfuzius inspirieren ließ, brachte vor 3000 Jahren diese Vorstellung mit Hilfe poetischer Worte zum Ausdruck. Dem *I Ging* zufolge ist Lebenserfahrung wie Wasser, das hinter einer Staumauer zusammenläuft. Von der anderen Seite der Staumauer aus hat man den Eindruck, als ob absolut nichts geschehen würde. In Wirklichkeit bedarf es jedoch nur eines letzten Tropfens, damit das angesammelte Wasser den höchsten Punkt übersteigt und zu einem reißenden Strom wird, der mühelos zur nächsten Station seiner Reise fließt.

Anhand dieses Beispiels soll gezeigt werden, wieviele Menschen, die das Modell des *Solved by Sunset-Prozesses* zur Problemlösung angewandt haben, an diesem Tag plötzlich einen Durchbruch erlebt haben. Im großen und ganzen waren es leistungsstarke Menschen, für die es schwierig ist, sich in ihrem geschäftigen Leben die Zeit für die innere Arbeit zu nehmen, die in diesem Buch empfohlen wird; daher waren sie, wenn man es so ausdrücken darf, für eine grundlegende Umstrukturierung ihrer Gedankenprozesse längst überfällig. Während sich der alltägliche routinierte Verstand eifrig für die Erledigung ihrer beruflichen Anforderungen einsetzte, hat zur gleichen Zeit ihr Unterbewußtsein getreulich Informationen, neue Beweise, Erfahrungen und Ideen aufgenommen. Diese Leute haben vielleicht schon eine ganze Reihe spiritueller und psychologischer Bücher gelesen und bereits vorher viele Erfahrungen gesammelt, wie sie auf andere Weise an ihre Probleme herangehen können, spüren aber trotzdem immer noch Widerstände.

Kein bißchen dieser wertvollen Arbeit ist jedoch verschwendet. Das einzige, was ihnen noch fehlt, ist jener letzte Tropfen. Wenn Sie sich einen Tag in Ihrem ausgefüllten Leben frei nehmen, um die Prozesse in diesem Buch durchzuführen, dann schaffen Sie *selbst* die Gelegenheit, die Ihnen möglicherweise zum Durchbruch verhilft.

Dabei werden nicht einfach nur neue Informationen in ein bereits überfrachtetes System eingespeist – ein System, das aller Wahrscheinlichkeit nach ein lineares Modell ist, in dem ein Zuwachs an Informationen zu einer breiter angelegten Organisationsstruktur führt. Es ist eher so, daß der letzte Tropfen, der zum Durchbruch führt, bewirkt, daß eine massive und organische Neuordnung des Systems zu einer völlig neuen Sichtweise der Wirklichkeit führt.

An ein solches Erlebnis der Neustrukturierung erinnere ich mich aus der Zeit, als Dan und ich unsere PR-Agentur in San Francisco hatten. Nach vielen Jahren produktiver Zusammenarbeit mit einem bestimmten Kunden – einem führenden Hotel – warf uns der Marktingleiter vor, daß uns die Ideen ausgegangen seien. Das war zu der Zeit, als sich der Iran und der Irak im Krieg befanden und die Geschäfte schlecht liefen. Das war jedoch nicht nur bei unserem Kunden der Fall, sondern allen Reise- und Freizeitunternehmen in San Francisco erging es ähnlich. Wir waren der Meinung, daß die Anschuldigung ungerecht und unbegründet sei. Darin wurde im Grunde genommen nur ein Trend sichtbar, der sich schon seit einiger Zeit abgezeichnet hatte. Unter der wirtschaftlichen Belastung des Krieges spürten wir nicht nur, daß die Beziehung zu unserem Kunden stärker unter Druck geriet, sondern konnten ebenso beobachten, daß die Beziehungen der Hotelangestellten untereinander von wachsendem Mißtrauen gekennzeichnet waren.

Wir versuchten, das bei unserem Kunden zur Sprache zu bringen, aber er verwies uns statt dessen an unser Zeichenbrett, an dem wir neue Ideen entwickeln sollten. Als Rückzugsort wählten wir ein Hotel, in dem wir mit unseren Angestellten ein Wochenende verbrachten, und dort taten wir alles Erdenkliche, um den Durchbruch zu erreichen, mit dem wir diesen Kunden hätten halten können. Wir studierten die Werbestrategien der Konkurrenz sowie klassische Marketingstrategien. Gegen Ende des Tages, als ich schon ausgelaugt, leer und erschöpft war, verließ ich das Gebäude, um durch die schönen Hotelanlagen zu spazieren. Ziellos ließ ich meinen Geist herumschweifen, bewunderte die Landschaft und ließ mein Problem in den Hintergrund treten. Nach einiger Zeit, als ich mir vage bewußt wurde, daß die untergehende Sonne bereits die Zeit für unser letztes Brainstorming ankündigte, ging ich zum Hotel zurück. Sofort verspürte ich eine schreckliche Angst.

Aber dann kam mir unerwartet ganz dicht auf diese negative Gefühlsaufwallung der klärende Gedanke, daß ich den ganzen Tag – und, um genau zu sein, auch viele der letzten Wochen und Monate – damit zugebracht hatte, das falsche Problem zu lösen. Meine Gedanken gruppierten sich daraufhin spontan um einen neuen Mittelpunkt herum, um den eine Erinnerung von vor einigen Jahren auftauchte. Damals war in der führenden PR-Fachzeitschrift ein begeisterter Artikel über unsere Agentur erschienen, in dem der uns zuerkannte »Silver Anvil« (*Silberne Amboß*), die höchste Auszeichnung unserer Branche, besprochen wurde. Ich erinnere mich daran, daß ich den Artikel nahm, ihn zusammenknüllte und in den Papierkorb warf. Er bedeutete mir nichts. Etwas in meinem Leben war falsch gelaufen, aber ich konnte nicht genau sagen, was es war. Wenn ich mich in unseren Büros und unserem Zuhause umsah, hatte ich genügend Beweise für unseren Erfolg. Aber mir kam es so vor, als ob nur immer noch mehr Raum gefüllt werden müsse. Da war eine gähnende, gierige Leere, die von mir forderte, daß ich meine Lebensenergie nicht in mein, sondern in *ihr* Wohl hineinsteckte.

Als ich schließlich immer noch zögernd auf dem Gartenweg verweilte, der mich zu meinen Angestellten zurückbringen sollte, fiel mir plötzlich etwas ein, das unser Firmenberater Len Gross vor einiger Zeit gesagt hatte. Len war ein »alter Hase« in der Werbebranche, der sich jetzt im Ruhestand befand und den ich oft um Rat fragte, wenn ich nicht mehr wußte, wie ich Ordnung in mein Leben bringen sollte. An dem Tag, an dem ich den Artikel zusammenknüllte, trafen wir uns zu einem Beratungsgespräch. Ich hatte mich über die eine oder andere unglückliche Wende in meinem Leben beklagt. »Das Leben ist ungerecht«, höre ich mich in meiner Erinnerung klagen, in der Hoffnung, daß mich Len wie üblich mit seinen inspirierenden Worten unterstützen würde, so wie er uns in der Vergangenheit bei allen auftauchenden Problemen – von der Buchhaltung bis hin zu Entschädigungen für Angestellte – geholfen hatte. Begierig wartete ich auf seinen weisen Ratschlag.

Er drehte sich mir zu, richtete seine weisen, freundlichen Augen auf mich und sagte: »So?«

So? Was er damals meinte, hatte ich nicht wirklich verstanden. Aber das Wort saß. Die ungerechte Behandlung, die wir vom Marketingleiter des Hotels erfuhren, war jetzt anscheinend das letzte Puzzlestück, um Lens Botschaft endlich zu verstehen. Wenn Lens Einschätzung richtig sein sollte, dann könnte ich – egal, wie sehr ich mich auch für diesen Kunden anstrengen, egal, wie schnell ich rennen würde, wie intelligent ich mein Gehirn antreiben würde – nie genug tun, um die Sicherheit zu haben, diese Situation meistern zu können. Das Leben *ist* ungerecht. Und wenn das stimmt, dann hätte ich folglich auch die Freiheit, sämtliche alten Geschäftskontakte, durch die ich mein Unternehmen am Laufen gehalten hatte, zu lösen. Vielleicht ging es hier gar nicht darum, warum wir nicht die richtige, kreative Lösung für dieses Hotel finden konnten, sondern darum, warum wir weiter in einer Situation ausharrten, die so schädlich für unsere Seele war. Meine Gedankengänge zentrierten sich um diese neue Idee, diesen neuen Mittelpunkt herum. Diese Art von Durchbruch hatte ich nicht erwartet, aber es war die Lösung, die dieser Situation angemessen war. Am nächsten Tag gaben wir den Auftrag zurück.

Mein Wunsch war es immer gewesen, daß wir für unsere Agentur das Beste taten. Bei der alten Denkweise stand die Idee im Vordergrund, auf die Wünsche unserer Kunden einzugehen, um so auf äußerst effiziente Weise dieses Ziel erreichen zu können. Der neue Mittelpunkt bestand aus dem wesentlich produktiveren Gedanken: »Wie können wir uns und unsere Vitalität nähren, damit wir in Situationen, in denen wir nicht respektiert werden und die unzumutbar sind, unsere Energie nicht verpulvern?«

Frühere wie auch zeitgenössische Psychologen weisen darauf hin, daß sich die kognitiven Strukturen von Menschen graduell und qualitativ voneinander unterscheiden – genau so, wie sie sich auch von einer Entwicklungsstufe zur nächsten unterscheiden. Wachstum bzw. die Erfahrung, sich auf die Erfüllung seines Potentials zuzubewegen, bezeichnet den Prozeß, bei dem die weniger angemessenen kognitiven Strukturen durch solche ersetzt werden, die ein höheres Maß an Flexibilität und Anpassungsfähigkeit bieten. Wenn Sie, mit anderen Worten, vor einem Problem wie der Frage oder Situation, die Sie heute beschäftigt, stehen, dann ist diese Art von Wachstum gefordert.

Ein Problem (und vor allem das Problem, das Sie heute gerne lösen würden,) ist also im Grunde genommen ein Tor, durch das Sie an die äußeren Grenzen treten, um somit die innere Funktionsweise Ihres kognitiven Systems zu erfahren, – also genau den Ort, an dem Wachstum und Transformation stattfinden können. Vielleicht fühlen Sie sich dazu gedrängt, eine Entscheidung hinsichtlich Ihrer beruflichen Situation, Ihres Unternehmens oder einer Beziehung zu treffen. Vielleicht sind Sie plötzlich in eine schwierige Situation geraten, oder Sie wollen sich aus freien Stücken an ein Problem heranwagen, das schon seit einiger Zeit auf Sie wartet. Vielleicht ist da ein allgemeines Gefühl vorhanden, daß etwas nicht ganz stimmt, oder Sie müssen eine notwendige Entscheidung treffen, und zwar bald. Zu einem späteren Zeitpunkt werden Sie die Möglichkeit haben, genau zu definieren, wie Ihr Zugang zu den tiefer verborgenen Winkeln Ihres Bewußtseins aussieht. Bevor wir jedoch fortfahren, möchte ich noch folgende Warnung aussprechen: In unserer Kultur erfordert die innere Arbeit, die notwendig ist, damit Sie Ihr Problem bis Sonnenuntergang lösen können, weitaus mehr Mut und Engagement, als viele Menschen bereit sind zu investieren. Sie glauben mir nicht? Dann versuchen Sie doch einmal, sich folgendes auszumalen:

Stellen Sie sich vor, daß Ihnen ganz viele verschiedene Dinge gleichzeitig abverlangt werden. (Das sollte nicht allzu schwer sein.) Sie haben Abgabetermine, die Sie einhalten müssen. Ihre Kinder oder Ihre Haustiere schreien nach Aufmerksamkeit. Ihre bessere Hälfte fühlt sich vernachlässigt. Das Haus ist in großer Unordnung. Sie fühlen sich völlig erschöpft und ausgebrannt. Und jetzt haben Sie einen einzigen Tag zur Verfügung, nämlich *diesen* Tag. Was werden Sie tun? Szenario Nr. 1: Sie legen dieses Buch zur Seite und arbeiten von Sonnenaufgang bis Sonnenuntergang wie verrückt; Sie versuchen, alle Aufgaben zu erledigen, jeden glücklich zu machen und hoffen, daß Sie damit endgültig alles im Griff haben werden. Szenario Nr. 2: Sie suchen sich einen ruhigen Ort in Ihrem Haus oder, und das ist eigentlich besser, einen Ort außerhalb Ihres Hauses, an dem Sie die Tür hinter sich zumachen und das Telefon abstellen können, und hier tun Sie die innere Arbeit, die für diese Prozesse notwendig ist. Welches Szenario erfordert mehr Mut und mehr Engagement – Nummer 1 oder Nummer 2? Sie sollten heute die Situation angehen, die Sie mehr Mut kostet.

Ich möchte hier nichts vorgeben. Ich nehme an, daß Sie selbst erkennen, daß das zweite Szenario, bei dem Sie sich einen ruhigen Tag für sich selbst reservieren, Sie zu der eigentlich von Ihnen angestrebten Lösung hinführen wird. Ansonsten wäre es nur ein weiterer Tag, an dem Sie wieder einmal Ihr chaotisches Leben, das eigentlich nach Transformation ruft, mit Heftpflaster zudecken. Denn im Grunde genommen geht es darum, daß Sie das Gefüge Ihres Seins von Grund auf neu ordnen.

Ich glaube jedoch auch, daß es Zeiten in unserem Leben gibt, in denen handlungsbetonte Vorgehensweisen wie »Ich schaffe das, ich kann meine Position verteidigen, ich kann tun, was von mir gefordert wird« im Vordergrund stehen. Wenn Sie z. B. versuchen, Ihre Abschlußprüfung mit »sehr gut« zu bestehen, dann sollten Sie an dem Tag vor Ihrer Prüfung nicht versuchen, Ihre unbewußten kognitiven Strukturen zu erforschen. Wir alle werden mit Situationen in unserem Leben konfrontiert, denen wir uns gewachsen zeigen müssen. Problematisch wird das erst, wenn wir uns der Situation gewachsen gezeigt haben, dann aber vergessen, wieder auf den Boden zu kommen. Wir gewöhnen uns daran, unsere Gefühle und Ängste zu übergehen, uns intensiver und länger darum zu bemühen, die Dinge im Griff zu haben, sie zu managen und noch mehr zu leisten. Handelt es sich hierbei um eine Situation nach dem Motto »Augen zu und durch«? Wenn Sie die Antwort wirklich nicht kennen, dann sollten Sie sich diese Frage zu Ihrer Aufgabe machen, die Sie bis Sonnenuntergang lösen wollen: die Notwendigkeit zu klären, ob das Problem, mit dem Sie heute konfrontiert sind, am besten durch rationale, handlungsorientierte Strategien bewältigt werden kann, so wie Sie es in der Vergangenheit getan haben, oder aber mit Hilfe des riskanteren neuen Ansatzes, durch den ich Sie leiten werde. Aber die Antwort kennen Sie wahrscheinlich schon. Warum sollten Sie so, wie es für Sie schon nicht mehr funktioniert hat, weitermachen? Es ist an der Zeit, etwas Neues auszuprobieren.

Sind Sie bereit, Ihre Zeit zu »verschwenden«, anscheinend weit hinter Ihrem Potential zurückzubleiben, auseinanderzubrechen, sich vor Ihrer Verantwortung zu drücken und andere zu enttäuschen – einen einzigen Tag lang?

Können Sie mir noch folgen? Gut. Denn jetzt, nachdem ich Ihnen gesagt habe, wie schwierig es ist, werden Sie etwas erfahren, das noch entmutigender ist.

Wenn Sie wirklich Ihre Probleme lösen wollen, haben Sie keine andere Wahl, als weiterzugehen. William James drückt das folgendermaßen aus: »Es gibt höher und tiefer gesteckte Grenzen für die Möglichkeiten in jedem einzelnen Leben.« Nur wenn wir bereit sind, »die obere Grenze zu berühren und in unserem höchsten Energiezentrum zu leben«, können wir darauf hoffen, das spirituelle Potential unseres Lebens zu erfüllen. Suchen Sie den höchstmöglichen Mittelpunkt – die differenzierteste Anordnung Ihres kognitiven Systems im Hinblick auf die Person, die Sie im Moment sind –, und Sie werden sich als ganzer Mensch fühlen. Wenn Sie sich mit weniger zufriedengeben, dann verliert das Leben seine Vitalität, Ihre Emotionen schwemmen Sie weg, und Ihre Probleme werden überdimensional groß. Sie müssen bereit sein, dem Lebensspiel von einem Ort aus nachzugehen, an dem die Erfüllung Ihres spirituellen Potentials möglich ist, andernfalls wird das Leben flach und hoffnungslos. Wenn Sie jedoch einen Schritt hin zur Entwicklung Ihres Charakters und Ihrer Seele tun, dann werden Ihnen alle Türen offenstehen.

Zwei
Das Karussell der Gedanken durchbrechen

Durch Gelassenheit und Ruhe findet ihr Rettung,
im Stillsein und im Vertrauen liegt eure Kraft.

Jesaja 30,15

Sie sind ein einzigartiges, komplexes und dynamisches Wesen. Ihr Innenleben ist genauso faszinierend wie Ihre äußeren Umstände.

Diejenigen von uns, die sich vollständig auf den äußeren Erfolg konzentrieren, haben dafür sehr oft die Zeit und den Raum geopfert, die notwendig sind, um die riesigen inneren Ressourcen kennenzulernen. Mein erster Lehrer, bei dem ich Unterricht im Schreiben nahm, pflegte zu sagen: »Sie sind wie eine Terrine mit Gemüsesuppe. Weil Sie aufgehört haben umzurühren, sind die ganzen leckeren Dinge auf den Boden der Terrine abgesunken.« Die Übungen, die ich heute mit Ihnen teilen werde, gleichen einem großartigen, riesigen Löffel. Tauchen Sie ihn ein, und schauen Sie, was an die Oberfläche kommt. Sowohl Ihre Inspiration als auch Ihr Widerstand sind tief unten am Grund der Terrine zu finden. Nehmen wir einmal an, Sie lieben Karotten und hassen Zwiebeln. Wenn Sie nicht bereit sind, die gelegentlich auftauchenden Zwiebeln zu erdulden, dann werden Sie auch keine Karotten bekommen. Sie müssen so an Ihr Leben herangehen, wie Sie an eine Terrine mit Suppe herangehen. Sie müssen bereit sein, alles auszulöffeln.

Am besten gehen Sie an die Prozesse, in die ich Sie einführe, ohne vorgefaßte Erwartungen darüber heran, wie Sie Ihre innere Welt erleben werden. Wenn Sie jetzt sofort meinen Anweisungen folgen, ungeachtet der Ergebnisse, die Sie während der verschiedenen Stufen dieses Prozesses erzielen werden, dann tun Sie genau das, was in Ihrem

Leben ansteht. Während dieses Prozesses können Sie sich in jedem Augenblick einer neuen Energie bewußt werden, einer plötzlich erweiterten Wahrnehmung, eines erneuerten Empfindens für Sinn und Zweck; ebenso können Sie auch intellektuelle, spirituelle und emotionale Durchbrüche erleben. Doch denken Sie daran, daß vieles von dem, durch das Sie geführt werden, kein Material ist, mit dem es sich leicht arbeiten läßt. Wenn Sie sich zu irgendeinem Zeitpunkt erschöpft oder frustriert fühlen, dann sollten Sie das Material zur Seite legen und es zu einem späteren Zeitpunkt wieder zur Hand nehmen. Machen Sie einen Spaziergang, oder nehmen Sie ein heißes Bad. Wenn Sie auf diese Weise die Gefühle nicht allein auflösen können, dann haben Sie die Möglichkeit, sich Rat bei einem Freund, einem Lehrer, einem spirituellen oder psychologischen Berater zu suchen, der bereit ist, Sie beim Finden einer Lösung zu unterstützen. Wenn Sie auf Unangenehmes wie Erinnerungen, Erkenntnisse in bezug auf sich selbst oder Ihre Situation stoßen, dann halten Sie sich folgendes vor Augen: Damit Sie vollkommen erfolgreich sein können, müssen Sie zunächst einmal vollkommen lebendig sein.

Um vollkommen lebendig zu sein, müssen Sie Fähigkeiten entwikkeln, die Sie in der Vergangenheit nicht ausreichend genutzt haben. Diese unterbewerteten Persönlichkeitsaspekte enthalten das Potential, mit dem Sie Ihre Denkprozesse umgehen können. Sie gestatten es Ihrer inneren Weisheit, spontan in Ihr Bewußtsein zu treten. Um welche mächtige Fähigkeit geht es hier? Um *die Fähigkeit, sich zu entspannen.*

Denken Sie einmal einen Moment über Ihr Leben nach. Denken Sie darüber nach, wie sehr Sie sich antreiben und unter Druck setzen. In den Kampfkünsten ist ein Schlag, der nur aus dieser auf Eigenwillen beruhenden Energie erwächst, schwach und ungelenk sowie leicht abzuwehren. Wenn Sie sich einen Film mit Bruce Lee ansehen, dann achten Sie darauf, wie geschmeidig und flexibel er ist. In den Kampfkünsten liegt das Geheimnis der Kraft nicht darin, die ganze Zeit über stark zu sein. Vielmehr hält der Meister seinen Arm die ganze Zeit über locker, und zwar von dem Zeitpunkt an, wo er seine Flanke verläßt und sich dann nach oben und nach vorne bewegt. Nur im allerletzten Moment, nämlich dann, wenn er zum Schlag ansetzt, wird die Kraft in einem letzten energetischen Ausbruch konzentriert. In diesem Gegensatz von Entspannung und Anspannung zeigt der Schlag seine größte Wirkung.

Diese Technik erlernte ich vor einigen Jahren, als ich mich auf meinen braunen Gürtel in Karate vorbereitete. Dabei erkannte ich, daß mein ganzes Leben aus Anspannung bestand: Alles beruhte auf Stärke, Antreiben, Drängen und Kraft. Was mir fehlte, war Entspannung, war Loslassen. Zu diesem Zeitpunkt gab es in meinem Leben keinerlei Dynamik. In mir lagen viel mehr Möglichkeiten und viel mehr Kraft verborgen, als ich bisher angezapft hatte. Wenn Sie sich einen körperlichen Schlag vorstellen, dann können Sie verstehen, wie das gemeint ist. Wieviel mehr Möglichkeiten würden sich für Sie auftun, wenn Sie sich das Prinzip der *entspannten* Kraft auf Ihren Verstand angewandt vorstellten?

Das Prinzip des dynamischen Gegensatzes ist in den Kampfkünsten bereits mehrere tausend Jahre alt. Neuere neurophysiologische Theorien und Forschungsergebnisse haben gezeigt, daß das Gehirn aus zwei gegensätzlichen Sphären besteht, die dynamisch unterschiedliche Hemisphären der Hirnrinde sind. Als Ergänzung zu dem, was ich an früherer Stelle schrieb, möchte ich anmerken, daß Wissenschaftler die Theorie aufgestellt haben, daß Ihre linke Gehirnhälfte für Logik, Sprache und lineares Denken zuständig ist. In diesem Teil Ihres Gehirns werden Informationen verarbeitet. Wenn Sie sich Gedanken darüber machen, wie Sie Ihr Problem lösen können, dann benutzen Sie die linke Hälfte Ihres Gehirns. In der Phase der Vorbereitung auf Ihren kreativen Prozeß, in der Sie Listen erstellen, Informationen sammeln und hart daran arbeiten, um eine Lösung zu finden, setzen Sie die linke Hälfte Ihres Gehirns ein.

So wie es das Beispiel mit dem Schlag zeigt – bloße Stärke ohne Entspannung bleibt ohne Wirkung –, eignet sich die Strategie der linken Gehirnhälfte ohne den Einsatz der rechten nicht für den kreativen Prozeß der Problemlösung. Doch glücklicherweise gibt es eine zweite Phase, die als Inkubationsphase bezeichnet wird. Forscher, die die Theorie über die Unterschiede in den spezifischen Wirkungsweisen der Hemisphären auf die Kreativität angewandt haben, stellten die Theorie auf, daß während dieser zweiten Phase die linke Hälfte in den Hintergrund tritt. Dadurch wird der weniger dominanten rechten Gehirnhälfte ermöglicht, die kognitiven Strukturen neu zu organisieren. Aufgrund dieser Reorganisation kommt es, wie bereits vorher festgestellt, zu Durchbrüchen und einer erweiterten Perspektive. Und diese Inkubationsphase bildet die Grundlage für den *Solved by Sunset-Prozeß*.

Daß bei dem Prozeß der Problembewältigung Entspannung ein wichtiger Schritt sein kann, läßt sich an einem Beispiel aus Ihrem Leben aufzeigen. Denken Sie an eine Situation, in der Sie einen wichtigen Gegenstand verlegt hatten. Sie haben versucht, sich daran zu erinnern, wo Sie ihn hingelegt haben. Dabei sind Sie in Gedanken alle Möglichkeiten durchgegangen. Sie haben Ihren Tag mehrere Male zurücklaufen lassen. Habe ich ihn dorthin gelegt oder vielleicht an jenen Ort? Als Sie sich schließlich nicht mehr erinnern konnten, haben Sie die Suche aufgegeben. Und dann haben andere Dinge Sie abgelenkt. Schließlich, nach einigen Minuten oder Stunden, als Sie vor dem Kamin saßen oder Geschirr spülten, ist es Ihnen plötzlich wieder eingefallen. Natürlich, er ist in meiner Jackentasche!

Bei dem Prozeß, den ich Sie in Kürze durchzuführen bitte, wird die Dominanz der linken Gehirnhälfte künstlich unterbrochen. Damit soll die Dynamik der Entspannung, die ich Ihnen bereits vorgestellt habe, ins Spiel gebracht werden. Ich möchte Sie, wenn es Ihnen irgendwie möglich ist, darum bitten, eine Stunde lang zu meditieren. Die Meditation ist eine Praxis, bei der die napoleonischen Befehle der linken Gehirnhälfte unterbrochen werden, damit an ihre Stelle die gesegnete Entspannung des Nichts treten kann. Sie sollten meditieren. Meditation ist äußerst wirkungsvoll. Sie sollten, so wie viele Mönche es tun, jeden Morgen um vier Uhr aufstehen und mehrere Stunden lang auf eine leere Wand starren. Das sollten Sie viele Jahre lang tun und gut darin werden. Die Zeit und der Aufwand lohnen sich.

Wenn Sie jedoch wie ich schon bei dem Problem, das Sie heute gerne lösen würden, ganz unten angekommen sind und irgendwie vergessen haben, sich in intensiver Meditationspraxis zu üben, dann gibt es etwas anderes, das Sie tun können. In der Zen-Tradition ist ein alternativer Prozeß entwickelt worden, mit dessen Hilfe Sie Ihre normalen kognitiven Funktionen außer Kraft setzen können – dabei arbeiten Sie jedoch *mit* Ihren maßgeblichen Denkprozessen anstatt *gegen* diese. Ich möchte nicht, daß Sie gegen Ihr natürliches Bestreben ankämpfen und versuchen, an nichts zu denken, sondern ich möchte, daß Sie an alles denken. Ich möchte, daß Sie sich an Ihrem Problem satt essen. Tauchen Sie mit Ihrem Verstand so tief wie möglich in die Sache ein. Der Prozeß heißt »Definieren Sie Ihre Ziele«. Legen Sie bitte stapelweise Papier und Schreibzeug bereit. Suchen Sie sich einen Platz, an dem Sie sich zehn Minuten lang wohlfühlen können. Stellen Sie das Telefon ab, und schließen Sie die Tür hinter sich. Im nächsten Abschnitt werden Sie erfahren, wie Sie beginnen können.

✸ Übung: Definieren Sie Ihre Ziele

Was haben Sie sich für heute vorgenommen? Welches Problem oder welche Frage liegt Ihnen am Herzen, und was hoffen Sie wirklich zu erreichen? Ich möchte, daß Sie während der nächsten zehn Minuten ohne Unterbrechung schreiben. Dabei sollten Sie den Stift nur aus der Hand legen, um die Seite umzublättern. Schreiben Sie so schnell Sie nur können. Schreiben Sie alles auf, was Ihnen in den Sinn kommt. Sie sollten Ihre Gedanken nicht führen, sondern ihnen folgen. Sie könnten z. B. damit anfangen, herausfinden zu wollen, wie Sie Ihren Chef am besten um eine Gehaltserhöhung bitten können; dann wandern Ihre Gedanken zur morgigen Einkaufsliste und enden damit, wie sehr Sie sich um den gesundheitlichen Zustand Ihrer Mutter sorgen.

Wenn Sie beim Schreiben nicht weiterkommen, dann schreiben Sie »ich komme nicht weiter, ich komme immer noch nicht weiter, es stinkt mir, daß ich nicht weiterkomme«, oder was Ihnen in den Sinn kommt. Wenn Sie glauben, daß dieser Prozeß blöd ist, dann schreiben Sie »Das ist blöd, ich hasse das, ich sollte mit dieser Zeit etwas Sinnvolleres anfangen«. Wenn Sie wirklich nicht weiterkommen oder merken, daß Sie Ihren eigensinnigen, zielorientierten, rationalen Verstand nicht ausschalten können, dann nehmen Sie den Stift in Ihre weniger dominante Hand. Schreiben Sie darüber, wie schwierig es ist, mit Ihrer anderen Hand zu schreiben. Schreiben Sie diesen Gedanken auf, dann den nächsten und den übernächsten. Korrigieren Sie Ihre Fehler nicht. Schreiben Sie während der gesamten zehn Minuten weiterhin so schnell, wie Sie nur können und ohne Unterbrechung.

Durch diesen Prozeß können Sie Ihre bewußten nach außen orientierten Wünsche mit tieferliegendem Material in Verbindung bringen, das dann natürlich und mühelos auftauchen kann, wenn Sie beginnen, Ihre rationalen Gedanken und Prozesse in den Hintergrund treten zu lassen.

Widerstehen Sie dem Drang, vorhersagen zu wollen, wohin Sie dieser Prozeß führen wird.

Und jetzt: Fangen Sie an.

Drei
Tore, die nach innen führen

Karotten oder Zwiebeln? Sie rühren und rühren und rühren weiter in Ihrer Suppe. Ist durch diesen Prozeß die Lösung für Ihr Problem mühelos an die Oberfläche Ihres Bewußtseins gestiegen? Manchmal passiert das. Ich erinnere mich daran, daß ich einmal einen Workshop geleitet habe, in dem ein älterer Witwer daran arbeiten wollte, die Angst, die ihn von der Verwirklichung seines Lebenstraums abhielt, zu überwinden: Er wollte sein Haus verkaufen, ein Boot kaufen und den Rest seines Lebens auf den Kanälen und Flüssen Europas verbringen. Während dieses ersten Prozesses bemerkte ich, wie Tränen über seine Wangen liefen. Nach Ablauf der zehn Minuten kam er nach vorne, um mit den anderen seine Erfahrung zu teilen. Er hatte zunächst aufgeschrieben, wie gerne er nach Europa fahren würde, aber nicht lange darauf tauchte plötzlich der Gedanke an seine Freundin auf, mit der er schon mehrere Jahre lang eine Beziehung hatte. Als er diesem Gedanken nachging, fing er an, darüber zu schreiben, wie sehr sie ihm fehlen würde, wenn er auf seine große Abenteuerreise ginge. Da sie im Rollstuhl saß, konnte sie ihn nicht bei seinem sehnlichsten Wunsch begleiten. Dann plötzlich sah er, wie sein Stift die Worte schrieb »Ich liebe sie. Ich möchte den Rest meines Lebens mit ihr verbringen. Ich möchte sie heiraten. Das ist mein eigentlicher Wunschtraum«.

Auch Sie wollten eine Karotte. Das weiß ich. Aber statt dessen haben Sie eine Zwiebel bekommen? Etwas, das Sie sich im Moment lieber nicht ansehen wollen, das aber trotzdem ein Tor zu den inneren Funktionsweisen Ihrer kognitiven Strukturen ist? Sie dachten, Ihr Problem würde darin bestehen herauszufinden, ob Sie sich einen neuen Jeep oder einen gebrauchten Mercedes kaufen sollen – statt dessen haben Sie sich Gedanken darüber gemacht, ob der Gesichtsausdruck, den Ihr Chef neulich aufgesetzt hat (den Sie, wie Ihnen jetzt bewußt wird, gar nicht richtig wahrgenommen hatten), bedeutet, daß Ihr Job auf der Abschußliste steht.

Oder vielleicht ist sogar etwas noch Schlimmeres passiert, Sie haben nämlich gar keine Überraschungen erlebt – Ihr rationaler Verstand hat die Kontrolle nicht aufgegeben und Sie dazu gebracht, zum x-ten Mal altes, abgegriffenes Material durchzuarbeiten, oder aber er hat Ihnen einen Streich gespielt und verhindert, daß Ihre rechte Gehirnhälfte herauskommen konnte, um zu spielen? Bei der in unserer Gesellschaft vorherrschenden negativen Einstellung gegenüber dem frei herumwandernden Geist wäre das zwar enttäuschend, aber durchaus nicht überraschend. Diesem Grad an Freiheit mißtraut unsere Kultur. Sie stempelt sie als »Phantasie« oder »Tagträumerei« ab und wertet sie als unproduktiv und undiszipliniert ab.

Diese Verachtung ist verständlich, wenn man sich die Komplexität und Konzentration vergegenwärtigt, die bei vielen Arbeitsvorgängen – beim Bedienen von Maschinen in einer Fabrik ebenso wie bei einem chirurgischen Eingriff – heute von uns verlangt werden. Es wird erwartet, daß wir bewußt, präsent und wach sind. Doch es gibt noch etwas anderes, das uns noch weitaus stärker von unserer Fähigkeit abhält, unsere bewußten Gedanken loszulassen, um unsere Intuition und Kreativität frei zu erforschen: die calvinistische Ethik. Die Rationalität und auf Effizienz ausgerichtete wissenschaftliche Methode, die einen so großen Teil unseres Arbeitslebens bestimmt, reicht, wenn sie noch durch die calvinistische Lehre verstärkt wird, aus, um die Stimmung vieler von uns im Alltag zu dämpfen. Die calvinistische Lehre behauptet, daß der Geist, wäre er sich selbst überlassen, in seinen von Natur aus abartigen Neigungen schwelgen, Gott leugnen und in Verworfenheit absinken würde. Calvins Lösung bestand darin, uns von Müßiggang, Tagträumereien und Verspieltheit weit fernzuhalten. Im Zuge der Aufklärung sind wir dazu gebracht worden, uns mit Hilfe der Wissenschaft uneingeschränkt der Beherrschung der äußeren Welt zu verschreiben.

Diese ethischen Ideale sind noch heute am Arbeitsplatz wirksam. Dort werden lange streßreiche Arbeitstage als Zeichen ernsthaften Engagements geschätzt. Hier liegt die Erklärung dafür, daß Ihr Chef, sollte er Sie dabei erwischen, wie Sie während der Arbeitszeit aus dem

Fenster schauen, annimmt, Sie hätten wahrscheinlich nicht genug zu tun. Mitarbeiter, die zu einer vernünftigen Zeit nach Hause gehen, die ihre Mittagspause einhalten und ihre Urlaubstage nehmen, erregen Verdacht. Wenn Sie Ihren 24-Stunden-Computer ausschalten, sich weigern, nach einem vollen Arbeitstag an Ihr Funktelefon zu gehen, dann könnten Sie bei einer Beförderung leicht übergangen werden.

Es ist daher kein Wunder, daß es angesichts dieses gesellschaftlichen Vorurteils so lange gedauert hat, bis Sie bereit waren, der Denkweise Ihrer rechten Gehirnhälfte eine Chance zu geben. Dieses Buch wird Ihnen hoffentlich die Sicherheit geben, daß Sie, anstatt Produktivität abzubauen und zielloser Schwelgerei zu verfallen – ein Gleichgewicht zwischen diesen Sphären finden können, das dazu beiträgt, Ihre Funktionstüchtigkeit im Alltag zu verbessern und darüber hinaus ebenfalls Ihre gesamte Lebenskraft zu erhöhen.

Denken Sie daran, daß selbst Ihre Widerstände und Unvollkommenheiten ein Tor in den *Solved by Sunset-Prozeß* sein können. Da Sie Ihr Bestes in diese erste Übung eingebracht haben und es nicht genug zu sein schien, könnte es z. B. sein, daß Sie sich im Augenblick frustriert fühlen. Haben Sie Ihr Problem noch nicht gelöst? Sind Sie noch nicht über Ihr tieferes Material gestolpert? Doch auch diese Erkenntnis ist ein Ansatzpunkt, denn oft zeigt uns der Schmerz den sichersten Weg hinein.

Einmal bin ich in eine Vereinigungskirche gegangen, um einer Freundin, der gerade unerwartet gekündigt worden war, ein Paket zu überreichen. Sie tat mir schrecklich leid, als meine Augen zufällig zu einer Tafel wanderten, auf der die sieben wahrsten Worte, die ich jemals gelesen hatte, gekritzelt waren:

»Ein gebrochenes Herz ist ein offenes Herz.«

Wir brauchen diese Art von Erinnerungshilfe. Sie ist ein willkommenes Gegenmittel zu dem fehlgeleiteten Heroismus der letzten Jahrzehnte. Das positive Denken, die Bewußtseinsbewegung und die Motivationsliteratur (von denen vieles weit enger mit der calvinistischen Lehre verbunden ist, als wir je gedacht hätten) haben auch eine dunkle Seite. Es ist ein Trugschluß, daß wir jemals gut genug, klug genug oder spirituell genug sein können, um unser Leben so werden zu lassen, wie wir es zu jedem beliebigen Zeitpunkt haben wollen. Man hat uns beigebracht, Verantwortung für unsere Gesundheit und unsere Schaffenskraft zu übernehmen sowie auch für die Fähigkeit, Krankheiten zu heilen. Meditieren Sie ausreichend, essen Sie viele biologische Lebensmittel, nehmen Sie an genügend Workshops teil, »definieren Sie Ihre Ziele« klar genug, folgen Sie Ihrem Herzen mit ausreichender Leidenschaft – und Ihre Träume werden in Erfüllung gehen.

Aber wenn wir glauben, daß wir durch unsere Handlungen das, was uns passiert, kontrollieren können, dann sind wir in unserer linken Gehirnhälfte des *»tu-alles / laß-es-Wirklichkeit-werden«* gefangen. Wir werden zu einer Gesellschaft von Superleistungsmenschen, die glauben, daß wir, wenn wir uns nur genug anstrengen, das Schicksal ein für allemal so wenden können, wie wir es haben wollen. Für diejenigen von uns mit dem größten Erfolg ist die Verführung am größten. Denn scheinbar können wir alles haben, wenn wir nur ein wenig mehr geben, uns nur ein wenig mehr anstrengen, es nur ein bißchen besser machen.

Aber ich bin hier, um Ihnen zu sagen, daß Unruhe, Unsicherheit und Schmerz es Ihnen ermöglichen, zu Ihren inneren Ressourcen vorzudringen, dorthin, wo Sie das wirkliche Erfolgserlebnis finden können, für das Sie so hart gearbeitet haben. Doch diesmal sollten Sie nicht versuchen, den Schmerz schnell mit einem Heftpflaster zuzukleben, Sie sollten ihn vielmehr in sich spüren, um in Ruhe die Komplexität und Unvollkommenheit auszuhalten. Fühlen Sie sich nicht gedrängt, sich nach oberflächlichen Lösungen umzuschauen.

Am Rande Ihres Horizontes warten in diesem Augenblick unglaubliche Möglichkeiten auf Sie, die Sie jedoch nicht wahrnehmen können. Warum nicht? Ihre gesamte Energie ist darauf konzentriert, Sie auf dem Kurs zu halten und durch die Hindernisse, die sich Ihnen in den Weg stellen, hindurchzumanövrieren, um das angestrebte Ziel zu erreichen. Doch der Ehrgeiz, der Sie antreibt, hat lediglich, wie die Scheuklappen bei einem Esel, Ihr Gesichtsfeld eingeengt, und dadurch sind Sie gezwungen, immer weiter denselben ausgetretenen Pfaden zu folgen.

John Adams, einer der Gründungsväter der Vereinigten Staaten von Amerika, gab folgenden Rat: »Der Geist muß entspannt sein.« Sie müssen Ihre Zügel lockern – wenn Sie es während des eigentlichen Prozesses nicht tun konnten, dann tun Sie es jetzt. Wen interessiert es, wie Ihnen die Übung beim ersten Mal gelungen ist? Hören Sie auf, Ihre

Ergebnisse zu beurteilen. Lassen Sie Ihre Gedanken und Erfahrungen sich an der Wahrheit erfreuen, daß nicht Sie diesen Prozeß, diese Antwort, dieses Leben bestimmen. Sie können Einfluß darauf nehmen, wie Ihr Leben verlaufen soll, und Sie können auch etwas ausrichten, das ist sicher. Aber können Sie Ihr Leben kontrollieren?

Lassen Sie los, und dann können alte Ängste, alte Anhaftungen und Fragen darüber, wer und was Sie sind, wie Sie aufgenommen und was Sie erreichen werden, an die Oberfläche treten. Werden Sie Ihr Problem wirklich bis Sonnenuntergang lösen? Lebenswichtige Fragen scheinen auf dem Spiel zu stehen. Es kann durchaus sein, daß Sie fragen werden: *Was ist mit der glücklichen Person, die ich einst war, passiert? Grabe ich zu tief? Warum lasse ich mich wegen all dem so verrückt machen, warum regt es mich so sehr auf? Kriege ich den Dreh zu etwas Wundervollem – oder drehe ich einfach nur durch? Kann ich solche verworrenen Gefühle haben und trotzdem funktionieren?*

Eine Zeitlang verspüren Sie vielleicht große Angst. Sie fühlen sich ständig verletzt. Es mag Ihnen so erscheinen, als ob Sie die Fähigkeit, sich selbst zu schützen, verloren hätten. Wenn Sie sich öffnen, dann lassen Sie Ihren ganzen Schmerz hinein und heraus – aber Sie scheinen sich nicht vorwärts bewegen zu können. Sie fühlen sich wie damals als Teenager, als Ihre Gefühle mit Ihnen durchgingen; so war es, bevor Sie Ihre Fassade errichtet haben, Ihre Schutzmauer, die Ihnen so lange so gut gedient hat. Durch die Kraft Ihres eigenen Wachstums zerbricht diese Mauer jetzt, und das ist sehr schmerzhaft.

Und dennoch, inmitten der Dunkelheit gibt es eine kleine innere Stimme, die Sie daran erinnert, daß das Leben keine erlernte Fertigkeit ist, die es zu meistern gilt, sondern *ein Abenteuer, das gelebt werden muß*. Einmal hörte ich, wie Scott Peck sagte, der Grad der seelischen und spirituellen Gesundheit lasse sich daran ablesen, wieviele Krisen Sie in Ihrem Leben unterbringen können. Sie sind für eine derartig bedeutungsvolle Transformation bereit – wenn Sie die Fähigkeit entwickeln, dieses große Risiko auf sich zu nehmen. Daß Sie gerade das heutige Problem gewählt haben, ist ein Beweis dafür, daß sich Ihr Appetit auf Veränderung bereits entwickelt hat. Graben Sie tief in neuen Schichten von Kraft, in einer Kraft, die nur auftaucht, wenn Sie bereit sind, sich mit Ihrer Angst zu konfrontieren und weiterzugehen, egal, was passiert. Ein sicheres Anzeichen dafür, daß Sie auf Ihrer Reise vorangekommen sind, ist die Erkenntnis, daß Sie lieber den Schmerz der Bewußtheit auf sich nehmen wollen als auf Ihr authentisches Erleben zu verzichten.

Was Kreativität wirklich ist, zeigt sich in einer Offenheit für einen weiter gesteckten Bereich von Lebenserfahrungen, wobei Sie gleichzeitig mit Ihren kognitiven Strukturen in Kontakt sind und diese transformieren. In *Religion and the Individual* (*Religion und das Individuum*) schreiben Batson, Schoenrade und Ventis folgendes:

> »Bei der Kreativität werden die kognitiven Strukturen, die das Individuum zum Denken nutzt, verändert. Diese kognitive Umstrukturierung führt zur Erschaffung einer neuen Realität für das Individuum.«

Jetzt ist Ihre Zeit gekommen, um auf essentiell kreative Weise an Ihr Problem heranzugehen. Sie können es sich nicht leisten, darauf zu warten, daß Ihnen die richtigen Lebensumstände das Erfolgserlebnis bringen, nach dem Sie suchen. Zunächst müssen Sie bereit sein, den Preis dafür, was es bedeutet, vollkommen lebendig zu sein, zu bezahlen, indem Sie sich einer größeren Bandbreite von Lebenserfahrungen öffnen.

Donald Marrs gehört zu denen, die bereit waren, den Preis dafür zu zahlen. Damals, als er seiner inneren Stimme folgte, war er Vizepräsident und Creative Director der Leo Burnett Company, einer der größten Werbeagenturen der Welt. Er gab die Sicherheit seiner Karriere in der Werbebranche auf und ging seinem Traum, beim Film zu arbeiten, nach. Er zog von Chicago nach Hollywood, und um diesen Umzug zu finanzieren, verkaufte er sein Haus. Seine Frau, die mit den Menschen in ihrer Umgebung tief verbunden war, hegte gegenüber der Veränderung Ihres Mannes, der sich bereits in seiner zweiten Lebenshälfte befand, gemischte Gefühle. Ihre Gefühle waren so gespalten, daß Ihre Ehe schließlich geschieden wurde. Doch wie sich herausstellte, war Hollywood auch nicht das Paradies, das Donald sich vorgestellt hatte. Als seine Ersparnisse aufgebraucht waren, war er schließlich vom Wohlwollen seiner neuen Freunde abhängig. Er fragte sich, ob seine Pechsträhne jemals enden würde. Donalds Geschichte ist keine schöne Geschichte, denn in seinem ehrlichen und überzeugenden Buch *Executive in Passage* (*Metamorphose eines Managers*) enthüllt er, daß der Wachstumsprozeß nicht immer so nett und sauber abläuft, wie wir es uns wünschen. Doch Donald wählte immer wieder den Weg, der ihm Wachstum versprach. Nach zahlreichen durch Versuch und Irrtum gekennzeichneten Erfahrungen traf er schließlich eine Frau, die ihn liebte und den chaotischen Prozeß, den er durchlief, anerkennen konnte. Zum guten Schluß schaffte es Donald, sich ein neues Leben aufzubauen; nicht das glanzvolle Leben in Hollywood, das er sich vorgestellt hatte, sondern ein Leben, das viel mehr Befriedigung bot als das Leben und die Arbeit, die er hinter sich gelassen hatte.

In seinem Buch beschreibt Donald, was er brauchte, um zu seinem Leben eine neue Beziehung aufbauen zu können:

> »Es war, als ob die Natur gesagt hätte: ›Du möchtest also dein Leben ändern? Nun, die Gesetze der letzten Realität lassen das zu, aber du mußt bereit sein, dich eine Zeitlang auf unerforschtem Territorium zu bewegen. Wenn du aus dem Alten heraustrittst, dann löschst du die ehernen Gesetze, die dich einst regierten, und wirst eine Zeitlang ohne erkennbare Richtung sein. Hier also eine Warnung für dich: Von dem Zeitpunkt an, an dem du die alten Gesetze auslöschst und bevor du die neuen entdecken wirst, wirst du Leere erfahren ... Dann wirst du nur noch den inneren Stern haben, der dich führt. Aber wenn du beharrlich bist und bereit, dich jeder Herausforderung zu stellen, dann wirst du entdecken, daß du, wenn du die Herausforderungen überwindest und die Ängste einschmilzt, die alten Regeln durch die Weisheit ersetzen wirst, die du brauchst, um das Leben, nach dem du gesucht hast, aufzubauen.‹«

Wie oft sind Sie bereit, dem Diktat Ihres Herzens zu folgen? Wahrscheinlich tun Sie es nur so lange, wie Sie den Zeitraum, der zwischen der von Ihnen initiierten Handlung und dem daraus folgenden Resultat liegt, als angenehm empfinden. Wenn Sie so handeln, dann sind Sie, was das Diktat Ihres Herzens angeht, wie das Fähnchen im Winde. Sie loben Gott, das Universum und Ihre eigene Güte –, aber nur so lange, wie die Dinge nach Plan ablaufen. Aber sobald Sie den kleinsten Schritt machen, um authentisch zu handeln, und Sie das, was Sie wollen, nicht sofort bekommen, dann sind Sie der erste, der aussteigt. *Oh,* sagen Sie, *ich glaube, daß es doch nicht funktioniert, wenn ich auf meine innere Stimme höre. Kennen Sie irgendwelche guten, sicheren, langweiligen Prozesse, zu denen ich zurückkehren kann, ähnlich denjenigen, die ich hinter mir gelassen habe? Solche, die zeitweilige Erleichterung bieten, aber die Kernthemen im wesentlichen unberührt lassen?*

Vor einiger Zeit bin ich durchs Land gereist, um mein letztes Buch vorzustellen. Es lief alles ganz gut, ich hielt Vorträge und gab Interviews. Aber als ich nach Los Angeles kam, klappte es nicht mehr so wie vorher. Einige der größeren Radiosendungen, in denen ich gehofft hatte, auftreten zu können, wurden nicht ausgestrahlt, und auch die Tageszeitungen hatten kein Interesse. Meine ganzen Hoffnungen hatte ich daher auf den Termin gesetzt, den mein Agent bei einer der Fernseh-Talk-Shows im Morgenprogramm für mich bekommen hatte. Als ich in dem grünen Raum hinter der Bühne saß, liefen meine Gedanken ständig zwischen dem Teller mit Berlinern vor mir, meiner eigenen inneren Vorbereitung für die Botschaft, die ich übermitteln wollte, und den Nachrichten, die jetzt auf einem Fernsehbildschirm in einer Ecke des kleinen kalten Raums ausgestrahlt wurden, hin und her.

Als mich schließlich die Produktionsassistentin in die gleißenden Lichter des Studios brachte, war ich froh, ihr auf die Bühne folgen zu können. Schnell setzte man mich auf den Stuhl neben dem Gastgeber, man steckte mir das Mikrophon ans Revers, und die Einführung wurde abgespielt. Der Talkmaster wandte sich mir zu und sagte: »In Ihrem Buch geben Sie ein Beispiel für eine Meditationstechnik, die man direkt am Schreibtisch bei der Arbeit ausführen kann. Können Sie mir das beibringen?«

»Natürlich. Ich möchte, daß Sie sich irgendwo im Raum einen entfernt gelegenen Punkt suchen und Ihren Blick weich werden lassen. So ist es gut. Atmen Sie jetzt langsam ein und ...«

Bevor ich ihn anweisen konnte, wieder auszuatmen, sprang er in wilder Aufregung auf, die Kameras rasten durch das Studio, das Mikrophon wurde mir vom Revers gerissen. Was hatte ich getan? Hatte mein Gastgeber einen Herzinfarkt erlitten?

Wie sich herausstellte, war irgendwo in Los Angeles ein Pferd in einen Graben gefallen. Der Radiosender hatte es geschafft, mit einer Minikamera als erster vor Ort zu sein. Ein gefallenes Pferd war mir zuvorgekommen.

Ich brauche hier nicht zu erwähnen, daß ich wütend war. Ich konnte das Gefühl nicht loswerden, daß ich, wäre ich bloß wirkungsvoller und mein Name bekannter gewesen, das Thema flotter, hätte ich bloß irgend etwas gehabt, dann hätte meine Sache gegen das Pferd standhalten können. Was fehlte, um meine Botschaft einprägsamer als ein Pferd in einem Graben darzustellen? Diese Frage wollte ich vor meinem nächsten Interview gelöst haben.

Eigentlich wollte ich sie bis Sonnenuntergang gelöst haben. Als ich die Ereignisse des Morgens immer wieder durchging, erkannte ich, daß die Routineprozesse meiner linken Gehirnhälfte ergebnislos alte Themen wiederkäuten. Also berief ich mich auf eine Seite aus einem meiner Bücher, beschloß, mein Problem beiseite zu legen und zur Abwechslung mal in meiner rechten Gehirnhälfte zu schwelgen.

Kurz gesagt, ich entschloß mich dazu, mir und meinem deprimierten Selbst einen schönen Abend in Disneyland zu gönnen und mir dort eine durch die Werbung sehr bekannte Klang- und Lichtdarbietung anzusehen. Es dauerte nicht lange, und ich saß am Ufer der Abenteuerland-Lagune. Von der dramatischen Szenerie einer klassischen, filmisch inszenierten Schlacht zwischen Gut und Böse, die auf riesengroße, über meinem Kopf heraufziehende Nebelwolken – angestrahlt durch Feuerglühen und Laserstrahlen – projiziert war, wurde meine Depression besiegt. So demütig hatte ich mich vor dem ehrfurchteinflößenden Potential des Universums zu erstaunen und zu überraschen seit jener Zeit nicht mehr gefühlt, als ich mir als kleines Kind zum ersten Mal ein Feuerwerk angesehen hatte. Der Vorfall mit dem gefallenen Pferd schien lange her zu sein und weit weg – und, um die Wahrheit zu sagen, er kam mir sogar ein wenig komisch vor. Ich ertappte mich dabei, daß ich mich in bezug auf mich selbst und die Situation besser fühlte.

Aber dann überkam mich auf unerklärliche Weise ein Gefühl von Traurigkeit: Ist so viel notwendig, diese vielen Milliarden Dollar an Technologie und der geniale Kopf von Walt Disney, um in Erstaunen versetzt und manipuliert zu werden? Um mir die Botschaft zu übermitteln, daß im Universum größere Kräfte am Werke sind als meine eigenen kläglichen Versuche, die Dinge, die mir widerfahren, zu manipulieren und zu kontrollieren? In den beiden Begegnungen – einmal mit meinem Schmerz und das andere Mal mit meiner Ehrfurcht – gab es etwas, das mich an die bescheidene Rolle erinnerte, die ich im Gefüge des Ganzen spielte. An jenem Morgen war es ein Pferd, das in einen Graben gefallen war. Jetzt war es eine Leinwand im Nebel. Erfahrungen klopfen ständig an unsere Tür und bitten uns darum, die arrogante Illusion von Macht beiseite zu schieben, damit das wirkliche Abenteuer stattfinden kann.

Eine klassische Geschichte aus der Yoga-Tradition verdeutlicht diesen Punkt. Eine indische Mystikerin ging von Haus zu Haus und bat um Unterkunft und Nahrung. Doch niemand im Dorf öffnete dieser Fremden die Tür. Schließlich ging sie hungrig und frierend in die Berge außerhalb des Dorfes, um dort die Nacht zu verbringen. Zitternd kuschelte sie sich im Schutz eines Baumes auf ein Stück Erde. In der kältesten Stunde vor Sonnenaufgang wachte sie plötzlich auf – der Vollmond badete ihr Gesicht in seinem Lichtstrahl. Der Baum war aufgeblüht, und herrliche weiße Blüten wandten sich dem Mondlicht zu. Die Mystikerin weinte vor Freude und Dankbarkeit und segnete die Dorfbewohner dafür, daß sie sie abgewiesen hatten. Wenn sie nicht gewesen wären, wäre ihr das Erlebnis ihres Lebens nie zuteil geworden; nämlich die Öffnung ihres Herzens für den Reichtum des Universums, wodurch sie hinter die Geschäftigkeit ihrer Bemühungen blicken und einen seltenen Hauch des Geheimnisvollen erhaschen konnte.

Wenn der Reichtum Ihres inneren Lebens so herausfordernd und faszinierend wie der Ihrer äußeren Umgebung wird, dann werden Sie entdecken, daß die Anhaftung an Ihre Probleme – die Vorstellung, daß Ihre Lösungen auf eine bestimmte Weise zu Ihnen kommen müssen – verblassen wird. Das heißt nicht, daß Sie leichte Antworten in schönen Verpackungen nicht schätzen sollten und sie nicht auch gelegentlich bekommen werden. Aber ob sie nach Ihrem Zeitplan und auf Bestellung kommen werden, das wird nicht länger das Kriterium sein, anhand dessen Sie Ihren Erfolg messen werden. Natürlich wird es Herausforderungen für Sie geben – bestimmt werden Sie Momente des Bedauerns und des Unwohlseins erleben. Aber wenn Sie diese als Tore betrachten, dann fangen Sie an, die Lösungen zu bekommen, die mit der Erkenntnis kommen, daß das Leben selbst ein Prozeß und kein Ziel ist. Haben Sie die Erfahrung von Erfülltsein bis zu dem Punkt aufgeschoben, an dem alles stimmt? Wenn Sie herumhängen und auf die Lösung, die Sie glücklich machen soll, warten, dann wird die Erfüllung, die Sie suchen, sich Ihnen weiterhin entziehen. Es wird immer noch etwas anderes geben, das Sie zuerst erreichen müssen.

Sie können Ihre Zielgerichtetheit jetzt sofort loslassen und sie durch die tiefere Erkenntnis ersetzen, daß der authentische Drang, dem »Weg nach innen« zu folgen, immer ein Gefühl von Richtigkeit in sich birgt. Dieses ist wahrer und zuverlässiger als jede Illusion von Erfolg, die Sie jemals durch Haben, Tun, Machen und Kontrollieren zu erreichen hofften. Wenn Sie wirklich wollen, daß Ihre Lösungen die Erfüllung bringen, nach der Sie sich sehnen, dann müssen Sie sich zuerst vom Prozeß Ihres Lebens erfüllen lassen – egal, wie Ihre Umstände zum jeweiligen Zeitpunkt auch aussehen mögen. Mit genügend Disziplin und Übung können Sie lernen, sich ungeachtet der äußeren Wirklichkeit so zu fühlen, als ob Sie Ihr Ziel bereits erreicht hätten. Wenn Ihnen dann Gutes widerfährt, dann ist dies nicht länger das Kriterium zur Erfüllung, sondern eher ein Nebenprodukt – etwas, das Ihnen auf dem Weg passiert, während Sie Ihr Leben leben.

Alte Denkansätze lehren, daß man seine Gefühle überwinden müsse, um das Ziel zu erreichen und seine Probleme zu lösen. Die innere Welt wurde abgewertet, Erfolg wurde durch äußere Leistungen definiert. Bei diesem alten Denkansatz waren Logik, Wille und rohe Gewalt die primären Werkzeuge zur Lösungsfindung. Kurzfristig schien es oft so, als ob man das Problem gelöst und für die gegenwärtige Frage eine Antwort gefunden habe – auf lange Sicht erwies sich der Erfolg jedoch ziemlich häufig als Illusion. Das liegt daran, daß das Leben ein sich ständig wandelnder Prozeß ist und keine statische Errungenschaft.

Wer seine Probleme dadurch lösen will, daß er die Außenwelt dazu bringt, sich seinen Vorstellungen anzupassen, ist dazu verdammt, die meiste Zeit seines Lebens darüber frustriert zu sein, die Probleme nicht ein für allemal in den Griff bekommen zu können.

Mit Hilfe des neuen Ansatzes, den ich Ihnen hier vorstelle, werden Sie lernen, bei der Problemlösung über Logik, Wille und Kraft hinauszugehen, um eine größere Welt von Möglichkeiten zu erfassen. Bei dieser Denkweise wird Ihnen beigebracht, das Bestreben der linken Gehirnhälfte zu beherrschen und zu kontrollieren und die Bereitschaft der rechten Gehirnhälfte, sich dem Lebensprozeß vollständig hinzugeben, miteinander in Einklang zu bringen. Sie lernen, auf innere spirituelle Ressourcen – wie Vertrauen, Akzeptanz, Geduld, Kreativität und Inspiration – zurückzugreifen, um das Erfolgserlebnis, von dem Sie einst dachten, daß es nur durch eine äußere Lösung möglich wäre, zu bekommen.

Merkwürdigerweise erweitert sich Ihre Sichtweise, wenn Sie bei der Problemlösung Ihre alte Herangehensweise loslassen. Sie gewinnen Zugang zu Kreativität und Intuition, wodurch Sie dann Durchbrüche erfahren werden. Fragen, die Sie sich jahrelang gestellt haben, verlieren auf magische Weise ihren Stachel. Von der Sorge angstbesetzter Handlungsunfähigkeit hinsichtlich Ihrer Probleme können Sie sich weg- und zu der Gewißheit hinbewegen, mit dem Lösungsprozeß, der das gesuchte Erfolgserlebnis bereithält, tief verbunden zu sein.

2. Stunde

Freier Fall mit Netz

Vier
Füttern Sie Ihre Dämonen

Siehe, er wird mich umbringen, und ich habe nichts zu hoffen; doch will ich meine Wege vor ihm verantworten.

Hiob

Die Erfahrung von Schmerz bedeutet unserem heutigen Weltverständnis zufolge, daß wir gescheitert sind. In unserer Gesellschaft bemüht man sich intensiv darum, Unbehagen zu vermeiden. Mit Medikamenten, rezeptfrei über den Ladentisch verkauft, werden mehrere Milliarden Mark an Profit erzielt. Die Verkaufszahlen für Prozac, ein Medikament gegen Depressionen, sind immer ganz oben. Eine Person, die negative Emotionen hat, wird als »gestört« angesehen. Ein Mensch, der Schmerzen hat, fragt sich, was er falsch gemacht hat.

Im *Solved by Sunset-Prozeß* wird die Erfahrung von Schmerz nicht als Scheitern angesehen, sondern als Vehikel, um Sie zu Ihrem nächsthöheren Zentrum zu bringen. Nehmen wir uns einen Augenblick Zeit, um die drei Annahmen, auf denen das Buch aufbaut, aufzufrischen:

Annahme Nr. 1: Es gibt eine unsichtbare Ordnung im Universum.
Annahme Nr. 2: Ihr höchstes Gut liegt in Ihrer harmonischen Anpassung an diese unsichtbare Ordnung.
Annahme Nr. 3: Was immer Sie davon abhält, Ihre Übereinstimmung mit dem Universum zu erfahren, ist zufällig und kann überwunden werden.

An dieser Stelle wollen wir unsere Aufmerksamkeit dem Prozeß des Überwindens zuwenden. In den vorangehenden Kapiteln haben wir gesehen, daß die moderne Wissenschaft bereits seit den psychologischen und philosophischen Studien der Jahrhundertwende die Frage untersucht, wie wir unsere Fähigkeiten erweitern, um unsere Probleme lösen zu können. Über diesen Prozeß schrieb William James, daß er möglicherweise Schmerzen mit sich bringe:

> »Die normale Entwicklung des Charakters besteht hauptsächlich in der Ausrichtung und Vereinheitlichung des inneren Selbst. Die höheren und niedrigeren Gefühle, die nützlichen und die irrigen Antriebe heben damit an, daß sie in uns ein vergleichsweises Chaos bilden – sie müssen dabei enden, daß sie ein stabiles System voneinander richtig untergeordneten Funktionen bilden. Die Periode der Ordnungssuche und des Kampfes wird leicht durch Unglücklichsein charakterisiert.«

Spirituelle Lehrer verschiedener Jahrhunderte, unterschiedlicher Glaubensausrichtungen und Perspektiven sehen Schmerz (wie James) nicht als etwas Schlechtes an, das vermieden werden sollte, sondern als notwendigen und wichtigen Wachstumsschritt hin zur vollen spirituellen Reife. Diese spirituell ausgerichtete Interpretation des Schmerzes hat viele Namen. Einige bezeichnen ihn »die Leere«. Der Heilige Johannes vom Kreuz, der im 15. Jahrhundert lebte, nannte ihn »die dunkle Nacht der Seele«. Egal, wie Sie ihn nennen, man erlebt ihn als Phase, die zwischen dem, was war, und dem, was werden wird, kommt. In der Dunkelheit dieser Phase gibt es keine Grenzen und keine Wegmarkierungen. Wenn Sie mittendrin sind, fühlen Sie sich so, als ob kein Ende in Sicht sei. Doch glücklicherweise gibt es viele »Überlebende«, die durch die Leere gereist und lebendiger, integrierter und stärker mit den Möglichkeiten des Lebens verbunden herausgekommen sind; und das nicht trotz dieser Erfahrung, sondern gerade wegen ihr. Denn die Leere ist wohl der wirkungsvollste Ort für eine Neuordnung der kognitiven Strukturen, weil man dort am wenigsten von den Strukturen umgeben ist, die einst den festumschriebenen Sinn des eigenen Lebens eingrenzten.

Die Art und Weise, mit der wir früher Probleme gelöst haben, funktioniert in der Leere nicht mehr. Doch auch diese Dysfunktion kann in der dunklen Nacht, obgleich sie den Schmerz verstärkt, zu Wachstum führen. William James lehrt uns, daß die Befreiung von den eigenen Problemen häufig »ein alltäglicheres Glück« zur Folge hat. Der spirituelle Zustand, so sagt er, ist für diejenigen möglich, die den Mut haben, die Leere zu durchqueren, die keine oberflächliche Lösung oder Ausflucht suchen, *sondern mehr Leben.*

Die Erfahrung, auf die sich James bezieht, klingt in den Schriften der jüdischen Mystiker wieder, die einen Menschen, der bereit ist, sich solchermaßen einzulassen, einen *Zaddik*, einen rechtschaffenen Führer, nennen. Nach den Worten des großen chassidischen Lehrers Rabbi Nachman ist ein wirklicher Zaddik ein konstant sündenfreier Büßer, der um Vergebung bittet, weil er noch keine größere spirituelle Reife erlangt hat als die, die er im Augenblick besitzt. Der Zustand der Unzufriedenheit gibt dem Zaddik Auskunft darüber, wann die Zeit gekommen ist, um sich erneut um Weiterentwicklung zu bemühen. Es wird als Sünde angesehen, wenn man auf seiner momentanen spirituellen Stufe verharrt, egal, wie erhaben sie bereits ist.

An einen bestimmten Vorfall, der in meinem Leben eine dunkle Nacht ausgelöst hat, erinnere ich mich besonders lebhaft. Unsere PR-Agentur in San Francisco hatte gerade einen Bombenkunden an Land gezogen – das führende Einkaufszentrum der Stadt, das Embarcadero Center. Wir waren umwerfend, wir waren gefragt, wir schwebten im siebten Himmel. Das Einkaufszentrum eröffnete einen neuen Anbau – und wir kommandierten die Presse herum, als ob sie unsere Laufburschen seien: Schlagzeilen, die erste Meldung in den Abendnachrichten, doppelseitige Anzeigen in Zeitschriften. Zum Abschluß wurde ich in das Büro des Marketingleiters gerufen und erwartete natürlich Lob und eine Prämie. Statt dessen bekamen wir eine rote Karte. Vielen Dank auch, aber unsere Dienste würden nicht mehr gebraucht werden.

Einem Meister des Universums passiert so etwas nicht. Doch ich habe es erfahren. Die Neuigkeiten erschütterten mich. Zum ersten Mal sah ich den Widerhaken meiner mechanistischen Lebensanschauung, der calvinistischen Lehre, die mir bis zu jenem Augenblick gut gedient hatte: Arbeite hart, und du wirst dafür belohnt werden. Aber aufgrund jener Erfahrung erkannte ich plötzlich, daß diese Botschaft eine schreckliche Kehrseite hatte, denn logischerweise bedeutet dies: Wenn ich für gute Dinge belohnt würde, würde ich auch bestraft, falls etwas schiefginge.

Was hatte ich falsch gemacht? Eine unangemessene Frage, die sich an das leere Versprechen klammert, daß es immer etwas gibt, was ich – durch Art oder Ausmaß meines Verhaltens – tun könnte, um die Dinge, die mir zustoßen, zu kontrollieren. Ich hätte lieber die Vorstellung beibehalten, daß dieses Ereignis mit einem Fehler meinerseits zusammenhing, als in Erwägung ziehen zu müssen, daß meine Fähigkeit, die Wirklichkeit zu beeinflussen, Grenzen hat und ich von Zeit zu Zeit unfaire Behandlung erfahren und darunter leiden würde. *Strafe mich, wenn Du mußt, denn in der Strafe liegt die Hoffnung auf Korrektur und die nachfolgende Belohnung. Jedoch konfrontiere mich nicht mit den Grenzen, die ich als Mensch habe.* Dieses besondere Ereignis war so vollkommen unbegründet und ungerecht, daß ich meine mutigen Versuche, daran festzuhalten, schließlich aufgab und in die Leere fiel.

Vieles von dem, was sich in den Jahren nach diesem Vorfall ereignete, habe ich in meinen früheren Büchern detailliert beschrieben: Wie ich dem Zeit- und Energieaufwand, den ich in meine Arbeit steckte, im Vergleich zu anderen vernachlässigten Aspekten meines Lebens und meiner Beziehungen einen neuen Platz in meinem Wertesystem gab (*Enough is Enough*; dt.: *Genug ist genug*); wie ich anfing, mein Unternehmen als mein eigenes und das Experimentierfeld meiner Angestellten zu benutzen, um menschlichere und spirituellere Methoden für produktives Arbeiten auszuprobieren (*Inner Excellence*; dt.: *Persönliche Meisterschaft*); wie ich Erfolg neu definierte, einen Erfolg, bei dem es weniger darum ging, meine Gefühle und Werte zu übergehen, um ein bestimmtes Ziel zu erreichen, als darum, die Entwicklung meines Charakters und meiner Seele zu unterstützen – in dem Vertrauen, daß meine größten Leistungen sich als Nebenprodukt dieses Prozesses ergeben würden (*How Would Confucius Ask for a Raise?*, dt.: *Wie würde es Konfuzius anstellen, eine Gehaltserhöhung zu bekommen?*). Damals, als uns der Auftrag entzogen worden war, wußte ich nur wenig darüber, daß ich mir aus der verzweifelten Erfahrung heraus, nach der Luft der dunklen Nacht gegriffen zu haben, unterbewußt einen neuen Beruf, eine neue Sicht des Lebens und meiner Probleme sowie ein neues Gefühl für Lebendigkeit und Sinn erschaffen würde.

Beim Lesen von spiritueller Literatur habe ich fünf Stadien ausgemacht, die man durchlaufen muß, um die Leere zu durchqueren. Ich habe sie zwar numeriert, doch sie folgen nicht linear aufeinander. Jedes Stadium beinhaltet gleichzeitig die anderen Stadien, und in einer bestimmten Phase können auch alle gleichzeitig erlebt werden. Die Stadien der dunklen Nacht der Seele sind folgende:

1. Die Bereitschaft, seine eigenen Abgründe zu erforschen

In diesem ersten Stadium werden Sie verstehen lernen, daß die Probleme, die Ihnen Schmerz, Unentschlossenheit und Verletzbarkeit verursachen, nichts sind, was falsch, sondern was richtig an Ihnen ist. In der Psychologie wird diese Phase als »Vorbereitung« bezeichnet, was von der entstandenen Unfähigkeit herrührt, Ihre Probleme mit Hilfe alter kognitiver Strukturen zu lösen. Statt sich Ihrem Schmerz zu widersetzen, sollten Sie erkennen, daß Ihre Emotionen für Sie ein Tor zu tiefer gelegenem Material darstellen; zu jenem Ort, an dem Transformation und Durchbrüche möglich sind. Um sich der Art von Fragen, die aus der Leere aufsteigen, zu stellen, muß man sehr mutig sein.

Jakob, der Sohn von Isaak, war bereit, sich mit seinem Schmerz auseinanderzusetzen, um zu wachsen. Sie erinnern sich bestimmt an die Geschichte aus der Bibel, in der es um Jakob und seinen Bruder Esau geht: darum, wie Jakob ein Schaffell benutzte, um die Behaarung auf dem Arm seines Bruders zu simulieren, mit der Absicht, von seinem blinden und vertrauensvollen Vater den Segen seines Bruders zu erschleichen. Von da an stieg Jakob die Erfolgsleiter hinauf; er fuhr fort, sich in der Welt der Täuschung und des Betrugs zu bewegen, wurde seinerseits von anderen betrogen und verriet und hinterging sie im Gegenzug. In der Lebensmitte angekommen, hatte er eine große, sympathische Familie. Er war wohlhabend, hatte eine gute Position und nicht nur eine, sondern zwei Frauen. Von der höhnischen Erinnerung an seinen Vater und Esau weit entfernt, blickte er auf die Welt, als ob sie ihm ganz gehöre. Aber es gab eine Sache, die ihm seine klugen Manipulationen nicht gebracht hatten: die Lösung seines Konfliktes.

Wie es so oft in spirituellen Geschichten passiert – und auch in unserem Leben, wenn wir die richtigen Fragen stellen und bereit sind, die wirklich wichtigen Kämpfe auszufechten –, können die Sehnsüchte unseres Herzens befriedigt werden. Jakob erhielt nach langem Abstieg am Jabbok-Fluß Antwort auf seine Fragen. Er packte seine wunderbaren Besitztümer ein und trat eine Reise an, von der er hoffte, daß sie ihm die Versöhnung mit seinem Bruder bringen würde. Als er endlich auf dem Grund des steilen Flußbetts angelangt war, herrschte tiefste Nacht. Irgend etwas veranlaßte Jakob dazu, seine Karawane in der Dunkelheit auf die andere Flußseite ans entfernt gelegene Ufer zu schikken, während er selbst zurückblieb. Jetzt waren da keine Kinder mehr, die ihn ablenkten, kein Vieh, das er zu zählen hatte, keine Frauen, die er unterhalten mußte. Allein, seines Besitzes entledigt, wurde er mit einem Geist konfrontiert, der gekommen war, um mit ihm zu ringen. Die ganze Nacht über kämpfte er in Gestalt dieses göttlichen Geistes mit seinem begangenen Betrug, mit seinem Wunsch, zu beherrschen und zu kontrollieren, mit seiner Scham und seiner Angst. Er kämpfte mit der Unvollkommenheit seines Menschseins – dieser schmerzvollen Diskrepanz zwischen dem, wie wir hoffen, von anderen wahrgenommen zu werden, und der fehlerhaften Wirklichkeit, die wir fürchten zu sein und die wir alle von Zeit zu Zeit erleben.

Letztlich geht jedoch immer die Sonne auf. Der Kampf hatte jedoch erst zu dem Zeitpunkt aufgehört, nachdem Jakob begriffen hatte, wieviel ihn seine Entscheidung, das zu tun, was er tun müsse, um eine Lösung zu finden, kosten würde. Er, der so lange nur danach gestrebt hatte, über andere zu triumphieren, war in einen Kampf verwickelt gewesen, der ihn lahm und erschöpft zurückließ, und er flehte Gott um seinen Segen an. Das Wichtige daran ist, daß er überhaupt bereit gewesen war, sich auf den Kampf einzulassen – er war bereit zu zerbrechen. Es war ihm schließlich wichtiger, der Wahrheit über sich selbst ins Gesicht zu sehen und das schmerzvolle Versprechen zu geben, es in Zukunft besser zu machen – auch wenn das bedeutete, nicht mehr länger den Schein wahren zu können.

Aber da Jakob ein Mensch ist, wurde er, glaube ich, gezwungen, in dieser Nacht mit einer weiteren Frage zu kämpfen. Letztendlich erhielt er Gottes Segen – und er suchte seinen Bruder auf, der ihm verzieh und ihn in die Arme schloß. Und vielleicht wurde er auch dahin geführt, sich selbst seine Fehler zu vergeben. Vielleicht ist das die schwierigere Aufgabe. Können Sie der ganzen Wahrheit über sich selbst ins Gesicht sehen – Ihren Fehlern und Unvollkommenheiten? Und gleichzeitig geloben, es in Zukunft besser zu machen, weiterhin lebendig, hoffnungsfroh und engagiert zu leben, in vollem Wissen, daß es, da Sie ein Mensch sind, immer eine Diskrepanz zwischen Ihren Idealen und der Realität geben wird?

Jakobs Erfahrung erinnert uns daran, daß wir andere betrügen könnten, daß wir Fehler machen und andere unsere Werte verdrehen, aber wenn wir bereit sind, unsere Gefühle auf dieser Stufe der Integrität anzunehmen, dann werden wir in einen Kampf verwickelt, der unserer würdig ist. Sie werden gezwungen sein, mit der Verzweiflung Ihres eigenen unvollkommenen Menschseins zu ringen – und sich dennoch dafür entscheiden, leben zu wollen. Dieser Schritt führt zum zweiten Stadium.

2. Bedingungslose Hingabe

Unsere erste Reaktion sieht so aus, daß wir versuchen, Schmerz zu vermeiden oder uns ihm zu widersetzen. Doch Heilige, Mystiker und Gurus lehren uns, daß der schnellste Weg durch den Schmerz nicht darin besteht, daß wir ihn *beiseite schieben*, sondern darin, daß wir *mittenhinein springen*. Aus dem Vertrauen heraus, daß durch Loslassen der alten Strukturen Platz für etwas Besseres geschaffen wird, entsteht die Bereitschaft, den Schmerz vollständig zu erleben und alle wichtigen Fragen zu stellen. In der psychologischen Fachsprache ist dies das »Stadium der Inkubation« – es bedeutet, den Versuch aufzugeben, ein Problem mit den gleichen Mitteln wie in der Vergangenheit lösen zu wollen.

Pema Chodron, der Vorsteher der Gampo-Abtei, des ersten tibetanischen Klosters, das in Nordamerika für westliche Menschen errichtet wurde, stellt dieses Phänomen anhand der Geschichte Milarepas anschaulich dar, eines Stammhalters der Kagyii-Linie im tibetanischen Buddhismus.

Milarepa war ein Eremit, der viele Jahre allein verbracht hatte, um sich durch Meditation in den Höhlen Tibets zu vervollkommnen. Eines Abends kehrte er, nachdem er Feuerholz gesucht hatte, in seine Höhle zurück, wo er jedoch feststellen mußte, daß sich in seiner Behausung Dämonen eingenistet hatten. Einer dieser Dämonen las Milarepas Buch, ein anderer lag schlafend in seinem Bett. Sie hatten sich überall in der Höhle verteilt. In der Hoffnung, die Situation in den Griff bekommen zu können, kam Milarepa eine Idee. Er würde sie etwas über Spiritualität lehren. Er fand einen Platz über ihnen und fing an, einen Vortrag über Mitgefühl zu halten. Doch die Dämonen ignorierten ihn einfach. Dann wurde er wütend und ging auf sie los. Doch sie lachten ihn nur aus. Schließlich gab er es auf, setzte sich zu ihnen auf den Höhlenboden und ergab sich dem Umstand, daß die Dämonen, da sie ja doch nicht gehen würden, ebenso lernen müßten, miteinander zu leben.

In diesem Moment gingen sie alle – bis auf einen. (Einen gibt es immer – den einen, vor dem man sich am meisten fürchtet.) Als Milarepa erkannte, daß totale Hingabe gefordert war, gab es für ihn nur noch einen Weg. Er ging auf den Dämonen zu und legte sich direkt in dessen Schlund. Er warf sich ihm buchstäblich zum Fraße hin. In diesem Augenblick verließ ihn der Dämon und ließ Milarepa allein, doch transformiert zurück.

3. Seine Rechte einfordern

Wenn man wachsam ist, dann kommt ein Moment, in dem sich Hingabe in Protest wandelt. Wir haben das Recht auf eine Beziehung zu Gott und zum Universum, die unserem Leben einen Sinn verleiht. Wir haben das Recht auf Fairneß, Stabilität und Gerechtigkeit, aber diese Dinge bekommen wir nicht immer.

Einmal rief mich meine Freundin Melissa aus San Francisco an. Sie ist eine meiner »Workshop-Kolleginnen«, eine Sucherin wie ich, die sich daran erfreuen kann, die unterschiedlichen Wege zu erforschen, auf denen Menschen verschiedener Zeiten und Kulturen versucht haben, die »unsichtbare Ordnung« zu verstehen und zu erfahren.

Wir haben zusammen an vielen Kursen und Seminaren teilgenommen, haben von vielen klassischen spirituellen Traditionen das eine oder andere erfahren, das uns zusammen mit einem wahren Cocktail aus psychologischen und seelischen Gaben aus der heutigen Zeit sowie solchen der inneren Bewußtheit geboten wurde. Wir waren immer stolz darauf, daß wir uns auf der am wenigsten befahrenen Straße bewegten.

Melissa und ich hatten uns seit einiger Zeit nicht mehr gesprochen, aber mir wurde sofort klar, daß sie es mit einem hartnäckigen Problem zu tun hatte, das sie bereits trotz all ihrer inneren Erfahrungen nicht hatte lösen können. Wie immer sprühte ihr Intellekt vor spirituellen Möglichkeiten, aber gefühlsmäßig quälte sie sich damit herum, daß sie mit 38 Jahren immer noch nicht ihren Seelenpartner gefunden hatte. Sie bemühte sich sehr darum, einen passenden Lebensgefährten zu finden, und war furchtbar einsam. Ihre Stimme aus der Tiefe des Abgrunds erreichte mich aus weiter Ferne. Ich fragte sie, ob sie eine Bibel im Hause habe. Sie dachte, ich würde einen Spaß mit ihr machen. Das letzte, so dachte sie, was sie brauchen würde, wären beruhigende Worte des Trostes und des Vertrauens. Sie wollte eine Lösung finden. Ich bat sie darum, sich zu gedulden, während wir Psalm 88 aufschlugen.

Herr, Gott, mein Heiland,
ich schreie Tag und Nacht vor dir.
Laß mein Gebet vor dich kommen,
neige deine Ohren zu meinem Schreien.
Denn meine Seele ist übervoll an Leiden,
und mein Leben ist nahe dem Tode.
Ich bin denen gleichgeachtet, die in die Grube fahren,
ich bin wie ein Mann, der keine Kraft mehr hat.
Ich liege unter den Toten verlassen,
wie die Erschlagenen, die im Grabe liegen,
deren du nicht mehr gedenkst,
und die von deiner Hand geschieden sind.
Du hast mich hinunter in die Grube gelegt,
in die Finsternis und in die Tiefe …

Sie wartete auf die Pointe, die glückliche Lösung am Ende. Doch Psalm 88 setzte seine mutlosen Worte zwölf weitere Verse fort und endete mit »*Meine Freunde und Nächsten hast du mir entfremdet, und meine Verwandten hältst du fern von mir.*«

Welches Ziel verfolgte ich damit, ihr den Psalm vorzulesen? Ich wollte sie daran erinnern, daß sie nicht die einzige war, die Gefühle der Verzweiflung durchlebte, sondern daß es diese Gefühle bereits seit Jahrhunderten und Jahrtausenden gab.

Psalm 88 ist der vitale Geist, der sich selbst behauptet. Man begibt sich in den Kampf und fordert sein Recht ein, seiner Beziehung zum Universum einen Sinn zu verleihen. Wir müssen in uns die Bereitschaft entwickeln, die großen Fragen zu stellen und die großen Emotionen zu fühlen, egal wohin uns unsere Fragen führen mögen. Die englische Schriftstellerin und Literaturkritikerin Katherine Mansfield, die 1923 starb, schrieb folgendes in ihr Tagebuch:

> »Menschliches Leiden ist grenzenlos. Wenn man denkt: ›Jetzt bin ich auf dem tiefsten Grund des Meeres angelangt, tiefer hinunter kann es nicht mehr gehen‹, sinkt man noch tiefer hinab. Und so ist es immerfort. ... Ich möchte nicht sterben, ohne meiner Überzeugung Ausdruck gegeben zu haben, daß das Leiden überwunden werden kann. Denn das glaube ich. Was muß man tun? Es geht nicht darum, ›darüber hinauszukommen‹. Das ist falsch.
> Man muß *sich unterwerfen.* Widersetze dich nicht. Nimm es an. Laß dich überwältigen. Nimm es völlig an. Mach es zum *Bestandteil des Lebens.* ... Die gegenwärtige Qual wird vorübergehen – wenn sie nicht tötet.«

Psalm 88 erregte Melissas Interesse. Kurze Zeit später bat sie mich darum, ihr einen frühen Entwurf dieses Buches zuzuschicken, damit sie den Prozeß bei ihrem eigenen hartnäckigen Problem anwenden könne. Als sie zu der Übung kam, durch die ich Sie als nächstes leiten werde, hatte sie einen gewaltigen Durchbruch. Bevor ich Ihnen jedoch mehr über ihre Erfahrung erzählen werde, möchte ich, daß Sie die Übung selbst ausführen.

Noch ein letzter Gedanke, bevor Sie mit Ihrem Abstieg fortfahren. Der Mythologe Joseph Campbell bemerkte in einem Gespräch mit

Michael Toms vom New Dimensions-Radiosender, daß ihn ein Zitat aus *La Queste del Sainte Graal*, der Gralsgeschichte, besonders ergriffen hatte. Die Ritter von König Artus waren an der Tafel versammelt, doch König Artus wollte das Essen erst dann auftragen lassen, wenn sich ein Abenteuer ereignet hätte. Und es geschah wirklich etwas Wunderbares. Der Gral erschien ihnen in einem Tuch verhüllt, von Engeln getragen. Dann verschwand er plötzlich unerwartet. Gawain, der Neffe von König Artus, schlug vor, daß die Ritter den Gral suchen sollten, um ihn unverhüllt sehen zu können. Und so machten sie sich auf den Weg.

Es waren die nun folgenden Zeilen, die Campbell so sehr bewegt hatten: »Sie hielten es für eine Schande, in einer Gruppe loszuziehen. Jeder von ihnen ging in einen Wald hinein, den er sich selbst ausgewählt hatte, in dem es keinen Pfad gab und dorthin, wo die Dunkelheit am größten war.«

Campbell fuhr fort: »Wenn es nun einen Weg oder einen Pfad gibt, so ist das derjenige von jemand anderem. ... Unbekannt ist die Erfüllung Ihres eigenen einzigartigen Lebens, von etwas, das auf der Erde bisher noch nicht existiert hat. Und Sie sind die einzige Person, die es erfüllen kann. Andere Menschen können Ihnen Hinweise geben, wie man fällt und wieder aufsteht, aber wann Sie fallen und wann Sie aufstehen sollen, warum Sie fallen und aufstehen, das können nur Sie wissen.«

Die nächste Übung weist auf etwas hin, das noch großartiger ist als die wenig befahrene Straße. Sie weist auf den Weg hin, auf dem es überhaupt keine Straßen gibt.

An diesem Punkt möchte ich die fünf Stationen erst einmal unterbrechen, damit Sie die Übung aus der zweiten Stunde durchführen können. Wir werden unsere Darstellung der fünf Stadien zu Ende bringen, wenn Sie wieder zurückgekommen sind.

✹ Übung: Freier Fall mit Netz

Während dieser zweiten Stunde besteht Ihre Aufgabe darin, Ihre Gefühle vollständig zu erleben. Legen Sie Musik auf, die Gefühle in Ihnen auslöst. Wenn Sie einen Kamin haben, dann zünden Sie ein Feuer darin an. Schließen Sie die Tür hinter sich ab, so daß Sie vollkommen ungestört sind. Lassen Sie sich so tief in Ihre Gefühle hineinsinken, wie Sie nur können. Sie sollten weder schreiben noch lesen, sondern nur fühlen.

Wenn Sie wütend sind, versuchen Sie auf Kissen einzuschlagen. Wenn Sie traurig sind, sollten Sie jede Menge Taschentücher bereitlegen. Wenn Sie Probleme damit haben, Ihre Gefühle zu spüren, dann ärgern Sie sich darüber! Versuchen Sie jedes Mal, wenn ein Gefühl aufsteigt, es zu benennen. Die tibetischen Buddhisten kennen eine Übung, bei der sie Buddha in allem sehen. Wenn Sie ängstlich sind, dann ist es der ängstliche Buddha. Wenn Sie besorgt sind, dann ist es der besorgte Buddha. Wenn Sie wütend sind, dann ist es der wütende Buddha. Wenn Sie nichts fühlen, ist es der Buddha des Nichts. Rühren Sie weiter im Topf Ihrer Emotionen herum. Früher oder später wird bestimmt etwas an die Oberfläche kommen. Es ist an der Zeit, die heiklen Punkte nicht weiter im Zickzack zu umkreisen: Es ist an der Zeit, direkt dort hindurchzugehen, wo es am meisten schmerzt. Erlauben Sie es sich auseinanderzufallen.

Sie denken vielleicht, daß Sie das immer tun und daß Ihnen diese Übung leichtfallen wird. Sie sind immer besorgt oder wütend oder irgend etwas. Doch Sie lassen immer nur die Schatten dieser Emotionen an die Oberfläche steigen – kleine Schnaufer und Schniefer, deprimierte kleine Seufzer.

Nur soviel an Gefühl, wie Sie sicher kontrollieren können.

Bei diesem Prozeß geht es jedoch darum, daß Sie Ihre Gefühle erschöpfen.

Aber wenn Sie es sich erlauben auseinanderzufallen, werden Sie sich dann jemals wieder zusammenbringen können? Sie wissen, daß Sie Ihr Handeln mit Sicherheitsnadeln zusammengehalten haben.

Was ist, wenn Sie auseinandergenommen werden, in der dunklen Nacht der Seele verschwinden und niemals wieder auftauchen? Wie werden Sie Ihre Probleme jemals bis Sonnenuntergang lösen können?

Wie das geht, wird Ihnen jetzt gezeigt. Sie werden Ihren Abstieg begrenzen. Um den Prozeß, durch den ich Sie leiten werde, durchzuführen, werden Sie sich eine Stunde nehmen, um in Ihre Gefühle einzutauchen. Legen Sie den zeitlichen Rahmen für diesen Prozeß fest, geben Sie ihm einen festen Anfang und ein festes Ende. Stellen Sie sich einen Wecker, falls Sie befürchten, ohne eine Erinnerungshilfe in der Leere zu verschwinden. Diese Stunde ist für Sie ganz allein. Beurteilen Sie weder den Prozeß noch Ihre Fortschritte. Verbringen Sie diese Zeit mit einem einfachen Ziel im Sinn: so authentisch wie möglich zu sein. Am Ende dieser Stunde werden wir gemeinsam zum nächsten Schritt übergehen. Und jetzt ist der richtige Zeitpunkt, um anzufangen.

Fünf
Können Sie Ihren Gefühlen vertrauen?

Jeder Versuch, einen guten Eindruck zu machen,
eine günstige Erscheinung zu bieten – wird augenblicklich den Erfolg
zunichte machen. Aber sprich die Wahrheit, und alle Dinge,
lebendig oder roh, sind dein Zeuge, und sogar die Wurzeln des Grases
unter der Erde scheinen sich zu regen und zu bewegen,
um für dich Zeugnis abzulegen.

Ralph Waldo Emerson

Und so kommt es, daß es so aussehen mag, als ob sich das Universum um seine eigene Achse drehte, wenn Sie Ihre wirklichen Gefühle zum Ausdruck bringen. Es ist möglich, daß Sie mit Hilfe des Prozesses, den Sie gerade erlebt haben, bei dem Problem, mit dem Sie sich heute beschäftigen wollten, einen Durchbruch erleben. In Kürze werde ich Ihnen Melissas Lösung vorstellen – und ebenso mehrere andere Berichte über tiefgreifende Veränderungen, die als Folge dieses Prozesses auftraten.

Doch zuvor müssen wir uns noch einigen entscheidenden Fragen zuwenden, die im Laufe der letzten Stunde aufgetaucht sind: Können Sie Ihren Gefühlen vertrauen? Können Sie das, was wahr ist, von dem, was Sie anderen und sich selbst vorspielen, unterscheiden? Wie können Sie sicher wissen, was Sie wirklich fühlen? Was bedeutet es, authentisch zu sein?

Sie erinnern sich vielleicht aus den vorhergehenden Kapiteln an meine Darstellung des östlichen Ansatzes, um die rationalen Gedankenkreise der linken Gehirnhälfte zu durchbrechen, nämlich sich durch Meditation von seinen Gedanken zu befreien. Ich hatte als Alternative vorgeschlagen, das andere Extrem anzusteuern: die Gedankenkreise zu überlasten, indem Sie Ihren Gedanken freien Lauf lassen und nicht versuchen, sie zu unterdrücken.

Dieselben Extreme finden wir auch bei unseren Gefühlen. In der östlichen Philosophie werden Emotionen als Produkt des Verstandes angesehen. Wie Sie sich erinnern werden, entwickeln und gründen sich unsere rationalen Prozesse auf Vergleiche. In der östlichen Philosophie wird diese Dualität des Vergleichs als Ursprung für alle negativen Emotionen angesehen. Ich bin unglücklich, weil da etwas ist, was ich lieber hätte. Ich bin wütend, weil sich die Dinge anders entwickelt haben, als ich wollte. Ich schäme mich, weil ich weiß, daß ich so hätte handeln sollen, aber in Wirklichkeit anders gehandelt habe.

Wenn es kein Vergleichen gäbe, dann gäbe es auch keine negativen Emotionen. Was bleibt, falls Sie die Dissonanz erfolgreich überwinden sollten, ist die eigentliche Kernerfahrung. Es ist die Erfahrung »in der Gegenwart zu sein«, in der Sie sich dem, was geschieht, hingeben, ohne zu urteilen.

In einer Lehrgeschichte, die diesen Punkt in unübertrefflicher Anschaulichkeit darstellt, geht es um einen japanischen Zen-Mönch, der unweit eines Dorfes lebte. Eine junge Frau aus dem Dorf gebar ein uneheliches Kind. Als ihre Eltern sie bedrängten, den Namen des Vaters preiszugeben, beschuldigte die junge Mutter fälschlich den Mönch. Die Eltern brachten das Baby zu dem Mönch und verlangten von ihm, daß er das Kind aufzöge. Seine Antwort lautete: »Nun, gut.« Einige Jahre kümmerte er sich liebevoll um das Kind. Das Kind war recht schön und bereitete dem Mönch und auch den Dorfbewohnern große Freude. Als die Mutter des Kindes sah, was für ein besonderes Kind es war, bereute sie es, das Kind weggegeben zu haben. Also erzählte sie schließlich ihren Eltern die Wahrheit und bekannte, wer der richtige Vater sei. Die Eltern gingen zu dem Mönch und brachten das Kind zu ihnen nach Hause, ohne es jemals wieder zurückzubringen. Die Reaktion des Mönchs lautete: »Nun, gut.«

So schwer es ist, sich eine solch große Hingabe vorzustellen – von ihrer Ausübung ganz zu schweigen –, so läßt sich ihr Wert anhand einer Erfahrung darstellen, die mir vor kurzem von einem Freund, einem inspirierenden Redner, erzählt wurde. David wurde gebeten, vor einer

Gruppe von Managern aus der Rüstungsindustrie eine Rede über das Thema »Mitarbeiter von innen heraus motivieren« zu halten. Die Rede, deren Inhalt von meinen Büchern inspiriert war, wurde auf 15.30 Uhr angesetzt. David wußte, daß in dem Unternehmen ein radikaler Personalabbau vorgenommen worden war – während der letzten Jahre war die Belegschaft von 4000 auf 1700 Angestellte reduziert worden. David wußte zwar, daß der Raum von viel Schmerz erfüllt war, dennoch hatte er seine Gedanken für diese Rede vorher nicht redigiert: »Sie wollen Ihre Mitarbeiter inspirieren? Zunächst müssen Sie sich fragen, ob Sie denn selbst inspiriert sind? Sind Sie bereit, die tiefe innere Arbeit zu tun, um herausfinden zu können, wie Ihre authentische Erfahrung wirklich aussieht?« David sprach darüber, daß viele Unternehmen Motivationsprogramme wie Heftpflaster über eine Atmosphäre kleben, in der Mißtrauen und ungesunder Konkurrenzkampf vorherrschen.

»Unternehmen, die die Arbeitsmoral verbessern wollen, verlangen, daß ihre Angestellten nach der Arbeit gemeinsam kegeln gehen sollen, um ein angeblich verbindendes Erlebnis zu schaffen, während der Angestellte zu dieser Zeit eigentlich viel lieber zu Hause bei seiner Familie wäre.«

Als David mit seinem Vortrag zu Ende war, herrschte Totenstille im Seminarraum. Er fragte, ob es Fragen oder Kommentare gäbe. Es gab keine. Was war schiefgelaufen? Er hatte eine Rede gehalten, von der er instinktiv annahm, daß er damit bei seiner Zuhörerschaft eine Wirkung erzielen würde. Seine Gefühle sagten ihm jedoch ganz klar, daß er versagt hatte. So sehr, wie David darauf vertraute, daß seine Gefühle echt seien, so sehr zog er auch die Möglichkeit in Erwägung, ob er jemals wieder vor einem Publikum von Managern sprechen wollte.

Aber David erkannte bald, daß man seinen Gefühlen nicht immer trauen kann, daß sie die Realität wirklich so sehen, wie sie ist. Denn zum Abschluß wurden Beurteilungsbögen von den Teilnehmern eingesammelt, die überwältigend positiv waren. Davids Intuition war vollkommen richtig gewesen – aber warum war auch seine Angst scheinbar so berechtigt gewesen? Die Antwort auf diese Frage stand in krakeliger Schrift auf einem der Beurteilungsbögen:

»Ihre Worte waren so wahr und so schmerzhaft, daß es mir die Sprache verschlug. Wußten Sie, daß unsere Arbeitszeit von 7.30 Uhr morgens bis 15.30 Uhr nachmittags ist? Wir sind gebeten worden, für diesen Vortrag länger zu bleiben.«

Die Angestellten aus der Personalabteilung, die diesen Tag organisiert hatten, waren von Davids Einsichten bewegt und unternahmen im Anschluß an seine Rede einen Schritt in die richtige Richtung. Sie erkannten, daß das wenigste, was sie tun könnten, darin bestand, *während* der Arbeitszeit Workshops und gemeinsame Treffen zur Stärkung der Verbundenheit anzubieten – sie gingen sogar so weit, daß sie für diese Tage Aushilfskräfte einstellten und die Arbeitslast reduzierten; so daß die Manager nicht mehr unabsichtlich bestraft würden, wo doch ihre eigentliche Absicht darin lag, die Angestellten zu motivieren.

Im Westen erleben wir unsere Gefühle sehr oft so, als wären sie tatsächlich die Realität. Der Zen lehrt, daß diese Verwirrung dadurch zustande kommt, daß unsere Intuition (unsere authentische Erfahrung der Realität) und unsere Emotionen (unsere wunschgesteuerte Reaktion auf unsere Erfahrung der Realität) über dieselben neurologischen Bahnen laufen. Ein Schlüssel zur Unterscheidung lautet hier, daß die Intuition akzeptiert und in einer Weise reagiert, die als »Nun, gut«-Erfahrung bezeichnet wird, während die Emotionen das Verlangen, den Wunsch in sich tragen, die Dinge anders haben zu wollen, bzw. wenn die Dinge angenehm sind, sie so festhalten zu wollen, wie sie sind.

Wenn wir im Westen die Möglichkeit hätten, unsere Emotionen in den rechten Rahmen zu setzen, dann wäre das vielleicht der wirkungsvollste Weg, um die neurologischen Bahnen von Verwirrung freizuhalten und es unserem natürlichen Wissen zu erlauben, sich frei zu entfalten. Da ich jedoch vorgeschlagen habe, daß wir noch nicht versuchen sollten, unseren Geist zu leeren, biete ich Ihnen einen alternativen Weg an, um mit unseren Emotionen umzugehen.

Nach William James gibt es zwei Wege, um Ärger, Besorgnis, Angst, Verzweiflung usw. loszuwerden: »Bei dem einen Weg bricht das gegenteilige positive Gefühl überwältigend über uns herein, und bei dem anderen wird man durch den Kampf so erschöpft, daß man aufhören muß.«

Wie ich an früherer Stelle erklärt habe, können wir nichts dafür tun, um »das gegenteilige positive Gefühl« über uns hereinbrechen zu lassen. Wir können nur eine Umgebung erschaffen, in der es zu solchen

Durchbrüchen kommen kann. Wenn wir unseren Emotionen nicht den ihnen angemessenen Stellenwert geben, indem wir die Dualität des Verlangens transzendieren, dann können wir uns zumindest in diesem Kampf vollkommen erschöpfen. Wir können damit beginnen, daß wir »nun, gut« zu unseren Emotionen sagen.

Ich hatte Ihnen an früherer Stelle versprochen, Ihnen zu erzählen, wie es Melissa ergangen ist. Jetzt ist der richtige Zeitpunkt gekommen. In der Stunde ihres Prozesses hatte sich Melissa anfangs in Selbstmitleid, Schuld- und Schamgefühlen gesuhlt. Sie fühlte, daß die Tatsache, daß sie ohne Partner war, ganz offensichtlich auf ihre Fehler als Mensch zurückzuführen sei. Wenn sie bloß attraktiver wäre, eine ansprechendere Persönlichkeit hätte und sich eine Stadt ausgesucht hätte, in der mehr Männer zur Verfügung stünden. Immer wieder ging sie die Liste ihrer Unzulänglichkeiten, Ihrer Fehler und Schwächen durch. Dabei setzte sie die damit verbundenen Emotionen mit der Wahrheit der äußeren Realität gleich.

Dann erinnerte sie sich an Psalm 88. Doch diesmal erkannte sie etwas, das ihr vorher nicht klar gewesen war. So niedergeschlagen die Worte und Emotionen dieses Psalms auch klangen, so sprach der Autor diese dunklen Gefühle doch aus einer Umgebung des Vertrauens heraus. Diese Art von Vertrauen war so stark, daß selbst Ärger und Niedergeschlagenheit ausgedrückt werden konnten, und wußte doch gleichzeitig, daß auch diese dunklen Emotionen vom Göttlichen angenommen würden. Mit dieser Vorstellung im Hinterkopf wurde Melissa klar, daß der einzige Dämon, den sie in ihrer Höhle zurückgelassen hatte, ihr Widerstand war, ihrem Ärger Ausdruck zu verleihen und ihr Recht darauf zu verkünden, das Universum um Gerechtigkeit zu bitten. In jenem Moment fing sie plötzlich an, ihr Problem nicht länger als »Wie kann ich das, was an mir falsch ist, reparieren?« anzusehen, sondern als etwas, das größer als ihre persönliche Erfahrung war. Sie erkannte, daß ihr Problem in Wirklichkeit lautete: »*Wie kann ein unvollkommener Mensch mit einer unvollkommenen Welt Frieden schließen?*«

Einige Wochen danach hörte ich wieder von Melissa. Dadurch angeregt, daß ich mich noch mit 46 Jahren an der Theologischen Fakultät der Vanderbilt Universität eingeschrieben hatte, um meinen Magister in

Theologie abzulegen, hatte sie sich entschlossen, auch noch ein Studium aufzunehmen. Zur Wahl standen für sie Psychologie, Philosophie und Religionswissenschaften.

Einige Monate später kam gar nicht überraschend die Nachricht, daß sie sich für ein Graduiertenstudium im Fachbereich Psychologie eingeschrieben hatte. Ganz nebenbei erwähnte sie, daß sie sich eng mit einem ihrer Mitstudenten angefreundet habe und sich, was ihre Person und ihre Zukunftsaussichten betraf, sehr viel besser fühlte. Ihre Krise der Verzweiflung und Ungewißheit war vorbei.

Und mit einem solchen Grad an Vertrauen im Hinterkopf sind wir jetzt bereit, mit unserer Betrachtung der fünf Stadien fortzufahren, um die Leere zu durchqueren.

4. Wandlung

Tiefgreifende Veränderungen können sich zu jedem beliebigen Zeitpunkt ereignen, unabhängig davon, ob sich die äußere Realität verändert zu haben scheint oder nicht. In der Psychologie wird dieses Stadium, das auf die Vorbereitung und die Inkubation folgt, als »Erleuchtung« bezeichnet – das Auftauchen neuer kognitiver Strukturen, die es dem Individuum ermöglichen, die verschiedenen Aspekte eines beliebigen Problems in einem neuen Licht zu sehen, wodurch eine Lösung herbeigeführt werden kann. In Melissas Fall hat sich die Erleuchtung in mehreren Stufen manifestiert; die eine Stufe zeigte sich, als sie sich dazu entschloß, erneut ein Studium aufzunehmen, eine weitere nach einigen Monaten, als sie anfing, sich mit einem ihrer Studienkollegen anzufreunden. Wie bei einem Kieselstein, der in einen Teich geworfen wird, können die Wellenbewegungen der Veränderung hin zu einem höheren Zentrum jahrelang andauern.

Die Auswirkungen dieser Veränderung können manchmal dramatische Ausmaße annehmen, so wie es bei Melissa der Fall war. Manchmal jedoch sind die Auswirkungen auch viel subtiler, so wie in meiner persönlichen Geschichte, die ich jetzt mit Ihnen teile werde. Vor einigen Wochen fühlte ich mich von Problemen bedrängt. Ich mußte eine wichtige Arbeit für mein Studium abgeben; bei meinen Kindern tauchten verschiedene Situationen auf, die meine sofortige Aufmerksamkeit erforderten; hinsichtlich der Vermarktung eines meiner Bücher mußte ich eine wichtige Entscheidung treffen, und außerdem erhielt ich noch eine schlechte Nachricht über den gesundheitlichen Zustand eines nahen Verwandten. Zu all dem kam noch hinzu, daß ich von Dan nicht die Aufmerksamkeit oder Unterstützung bekommen konnte, die ich gerne gehabt hätte, da er mit seinen eigenen Abgabeterminen für ein Projekt kämpfte. Wütend auf alle und alles knallte ich die Haustür zu und stampfte den Berg hinauf zu meinem liebsten Rückzugsplatz: Radnor Lake. Der Ort ist Walden Pond sehr ähnlich, einer Naturoase inmitten der Stadt Nashville, nur einen Straßenzug von meinem Zuhause entfernt. An diesem Abend entsprach das Wetter genau meiner Stimmung. Kalter, unerbittlicher Regen klatschte mir ins Gesicht. Die Zweige der Bäume neigten sich mir bedrohlich im Wind entgegen, der so laut heulte, daß es für einen anderen unmöglich gewesen wäre, meine wütenden Schreie zu hören – das heißt, wenn außer mir noch jemand so töricht gewesen wäre, diesen Abend im Freien zu verbringen. Ich war so völlig hoffnungslos, daß ich mir nicht vorstellen konnte, neue Ideen, Einsichten oder Gedanken zu haben, die mir Erleichterung verschaffen würden.

Und in diesem Moment der dunkelsten Nacht begann ich schließlich zu akzeptieren, daß die Probleme, mit denen ich konfrontiert war, nicht auf magische Weise verschwinden würden, – daß ich in dieser Situation nicht das Sagen hatte – und daß ich das Recht hatte, wütend und aufgebracht zu sein. Plötzlich begann ich zu verstehen, daß ich gedacht hatte, es sei meine Aufgabe, ausgeglichen und fröhlich zu sein – meinen Angehörigen bei ihren Schwierigkeiten zu helfen und ihnen nicht meine eigenen Probleme aufzudrängen. Ich hatte eine Rolle gespielt, die mein Recht, authentisch und ganz zu sein, unterdrückt hatte. Jetzt erkannte ich, daß *ich das Recht hatte, authentisch und vollkommen aufgebracht zu sein.* Während der Wind um mich herum peitschte, gab mir dieser neue, aufregende Gedanke die Erlaubnis, negative Gefühle zu haben. Ich konnte meine Umstände nicht kontrollieren und hatte das Recht, darüber aufgebracht zu sein.

Meister Eckhart, ein christlicher Mystiker aus dem 14. Jahrhundert, schrieb über die Tatsache, warum aus der Leere eine Erleuchtung auftauchen kann, folgendes: »Wahrhaftig, in der Dunkelheit findet man das Licht; wenn wir also betrübt sind, dann ist uns dieses Licht am allernächsten.«

5. Auftauchen

Das Auftauchen wird mit dem psychologischen Zustand, der als »Verifizierung« bezeichnet wird, gleichgesetzt; dabei wird überprüft, ob die neue Lösung im eigenen Leben auch funktioniert. Erneuert, belebt und mit neuem Eifer tauchen Sie aus der dunklen Nacht der Seele wieder auf, um von einer neuen und erweiterten Perspektive aus wieder an Ihrem Leben in seiner ganzen Fülle teilzuhaben. Voller Vertrauen ernten Sie freudig die Ergebnisse Ihrer inneren Arbeit. Manchmal kommt es genau in dem Moment des Auftauchens zu einer äußerlichen Manifestation der Ergebnisse; manchmal sollen sie noch am Weinstock reifen, um in der Zukunft zu erblühen – was Ihre derzeitigen Vorstellungen weit übersteigt. Egal, was Ihnen das Schicksal bringt, im Stadium des Entstehens haben Sie das Empfinden, als ob das Universum *durch* Sie hindurch auf einen größeren Zweck hinarbeiten würde; häufig auf Wegen, die außerhalb Ihres Vorstellungsvermögens oder Ihrer Kontrolle liegen. Auf einer tieferen Ebene akzeptieren Sie vollkommen, daß Sie, wenn man in Betracht zieht, wie Sie sind, woher Sie kommen und wie Ihre gegenwärtigen Umstände aussehen, genau am richtigen Ort und zur richtigen Zeit die richtigen Dinge tun, so gut Sie nur können. Sie erleben sich selbst so, als seien Sie auf unsichtbare Kräfte hin ausgerichtet, die durch Sie hindurch arbeiten.

Das bedeutet jedoch nicht, daß Sie die Fähigkeit haben, alles so hinzubekommen, wie Sie es haben wollen. Sie werden Fehler machen. Sie werden scheitern. Doch wenn Sie aus der dunklen Nacht auftauchen, dann werden Sie sich in der Lage fühlen, die Fehlschläge und Enttäuschungen, die Ihnen das Leben zwangsläufig bringen muß, zu akzeptieren; dabei spüren Sie Ihre Emotionen vollständig und werden sich mit ihnen oder ohne sie weiterbewegen. Sie werden das Vertrauen haben, daß Sie Ihr Schicksal immer auf dem schnellsten und direktestmöglichen Weg erfüllen, egal wie verwickelt Ihr Leben Ihnen oder anderen erscheinen mag. Nur Ihre begrenzte menschliche Wahrnehmung hindert Sie daran, das größere Bild zu sehen. In Wirklichkeit gibt es keine Sackgassen. Es gibt nur Abenteuer auf dem Weg. Das Leben ist ein Prozeß und kein Ziel.

Dieses Leben stützt sich auf Vertrauen. Die Rechtfertigung, auf diese Weise zu leben, läßt sich vielleicht nicht erbringen – es kann jedoch die am meisten logische Wahlmöglichkeit sein. Joseph F. Byrnes definiert in seinem Buch *The Psychology of Religion* (*Die Psychologie der Religion*) »Vertrauen« so: »*Vertrauen ist eine vernünftige kognitive Operation, die auf Wahrscheinlichkeit beruht.*«

Wenn Sie so auf Ihr Leben sehen, dann brauchen Sie Ihre Lebenskraft nicht länger darauf zu richten, sich vor Schmerz zu schützen. Sie geben sich den Erfahrungen hin, die die Umstände des Lebens Ihnen bringen – und widersetzen sich Ihren Problemen nicht, sondern umarmen sie. Wenn Sie das tun können, dann wird Ihnen Ihr gesamtes Potential zur Verfügung stehen – das Potential zu leben, zu dienen und zu erschaffen.

In *Grashalme* beschreibt Walt Whitman die Erfahrung des Auftauchens folgendermaßen:

Oh, wenn wir Nächte, Stürme, Hunger, Spott
Unglück und Zurückweisungen doch so wie Bäume und Tiere entgegennähmen
Lieber Camerado! Ich gestehe, daß ich dich und mich
vorangetrieben habe, ohne die leiseste Ahnung
von unserem Ziel zu haben,
Oder zu wissen, ob wir siegreich sein werden oder völlig bezwungen und besiegt.

Das sind die fünf Stadien, auf die man trifft, wenn man die Leere durchquert. Wie Sie gesehen haben, entsprechen sie in etwa den Stadien, die auch in der psychologischen Forschung bekannt sind. Doch obwohl sie wissenschaftlich verifiziert wurden, sind sie weder linear noch rational. Sie sind noch nicht einmal besonders bewußt. Es gibt wirklich nichts, was Sie tun könnten, damit dieser Prozeß eintritt. Tatsächlich ist das einzige, das Sie tun können, daß Sie Ihre Ziele definieren und bereit sind, sich auf das, was auftaucht, einzulassen. Es erfordert Mut, seinem authentischen Erleben gegenüber so offen zu sein und die Fähigkeit, seine Illusionen von Kontrolle und Behaglichkeit aufzugeben, um Zugang zu dem tiefer gelegenen Material des eigenen Bewußtseins zu bekommen.

Wenn Sie alles getan haben, was Sie in diesem Moment tun konnten, um Ihre Emotionen voll zu erleben, und Sie in dieser letzten Stunde keinen besonderen Durchbruch erfahren haben, dann könnten Sie versucht sein zu glauben, das Problem bestünde darin, daß Sie Ihre Emotionen nicht authentisch genug erlebt haben. Wirklich authentisch im Vergleich zu was? Diese Art von dualistischem Denken versucht die östliche Philosophie durch das Transzendieren von Emotionen zu überwinden – und wir Menschen aus dem Westen versuchen es zu überwinden, indem wir uns darin erschöpfen.

In dem Moment, in dem Sie aufhören, Ihre Erfahrungen zu beurteilen, werden Sie das Gefühl haben, daß eine Lösung auftaucht. So viele von uns sind der Idee verhaftet, daß uns das positive Denken das von uns beabsichtigte Erlebnis bringt. Aber was passiert, wenn Sie deprimiert sind? Sind Sie dann verloren? In Wirklichkeit können Sie eine positive Einstellung zum Leben haben, aber dennoch deprimiert sein, und innerhalb von fünf Minuten kann Ihnen etwas ganz Tolles widerfahren. Jede Situation bringt Sie in direkten Kontakt mit der Wahrheit, die da lautet, daß Sie Ihr Schicksal nicht in der Hand haben.

Sie können Ihr Schicksal beeinflussen – und sicherlich sollten Sie das Ihnen Mögliche tun, damit sich die Dinge gut für Sie entwickeln. Aber mehr können Sie nicht tun. Wenn die Dinge hervorragend für Sie laufen, dann vergessen Sie das leicht. Das Geschenk, das Ihnen magerere Zeiten bieten, liegt in der Möglichkeit, die Illusionen, die Ihre Sicht normalerweise verstellen, zu durchschauen – und dann das dahinterliegende Geheimnis zu erblicken. Denken Sie daran, daß es weder Ihre Glücksgefühle noch Ihre Ängste sind, die Ihre Realität erschaffen. In Ihrem Leben sind Kräfte wirksam, die größer als Ihre Stimmungen und Ihre Gefühle sind. Tun Sie alles, was in Ihrer Macht liegt, um die Umstände, die das Schicksal Ihnen bringt, nach bestem Wissen und Gewissen positiv zu beeinflussen, und lassen Sie es dann gehen. Dabei können Sie traurig oder glücklich, ängstlich oder optimistisch sein.

Vertrauen Sie darauf, daß Sie alles, was Ihnen das Leben mit auf den Weg gibt, nutzen können – die Dinge, die Sie haben wollen, und die, die Sie lieber nicht hätten. Wenn Sie aufhören zu drängen, anzutreiben und danach zu streben, die Dinge anders haben zu wollen, dann bringen Sie sich in Übereinstimmung mit den unsichtbaren Kräften. Ihr Prozeß wird zu dem Prozeß des Göttlichen, das durch Sie hindurch arbeitet.

Genau wie David, als er seine Rede vor den Managern der Rüstungsindustrie hielt, nicht darauf vertrauen konnte, daß ihm seine Gefühle die Realität spiegelten, so können auch Sie Ihren Emotionen nicht trauen, die Ihnen suggerieren wollen, »Ihre Leistung« in der gerade durchgeführten Übung – oder in Ihrem Leben allgemein – als Scheitern zu bewerten.

Der Geist wirkt auf unsichtbare Weise. Er ist wie ein Fluß, der so lange frei fließt, bis er auf ein Hindernis stößt. Dann verweilt er eine Zeitlang und sammelt sein Wasser, bis sein Wasserpegel hoch genug angestiegen ist, um auf die andere Seite des Hindernisses überzufließen. Was Sie für sich selbst schon beobachtet haben, beschreibt das *I Ging* folgendermaßen: »Wenn die Vermehrung unaufhörlich weitergeht, dann ist ein Durchbruch unvermeidlich.« Denken Sie daran, daß Sie beim Blick auf die andere Staumauerseite nicht sehen können, wie der Wasserspiegel ansteigt – Sie können es erst dann sehen, wenn das Wasser – ausgelöst durch den letzten Tropfen – über den höchsten Punkt hinwegfließt.

In ähnlicher Weise ist auch innere Arbeit, die in guter Absicht getan wird, niemals verschwendet. Jeder Tropfen trägt dazu bei, Ihre Entwicklung zu fördern. Dieser Prozeß ist vollkommen effizient. Vielleicht sind Sie noch nicht bereit, Ihren Problemen und Erfahrungen mit »nun, gut« zu begegnen, aber Sie sind sicherlich bereit, ihr Urteil bis heute abend bei Sonnenuntergang zurückzustellen und Ihrem hart arbeitenden Verstand einen Tag Zeit zu geben, damit er sich in der neuen Weise, ein Problem zu lösen – so wie ich es Ihnen zeige –, üben kann.

Sie können nicht darauf vertrauen, daß Ihnen Ihre Gefühle ein genaues Abbild der Wirklichkeit liefern werden, doch Ihre Gefühle können etwas anderes. Sie sind ein Tor zur inneren Funktionsweise

Ihrer kognitiven Strukturen. Der Weg zur Weiterentwicklung besteht darin, daß Sie mit vollkommener Aufmerksamkeit dort stehen, wo Sie im Moment gerade sind, egal, welche Ergebnisse Sie erzielt bzw. nicht erzielt haben. Und daß Sie dann einfach das tun, was als nächstes ansteht.

3. STUNDE

Erzählen Sie Ihre Lebensgeschichte

Sechs
Das verlorene Paradies

Mittlerweile haben Sie Ihr Problem gelöst, oder Sie haben es noch nicht vollständig gelöst, doch Sie vertrauen dem *Solved by Sunset-Prozeß*; oder Sie fühlen sich irgendwie im Stich gelassen oder sogar ausgesprochen verärgert. Für diejenigen von Ihnen, die jetzt voller Ärger stecken, möchte ich, bevor wir zur nächsten Übung gehen, noch etwas über Gefühle sagen. Inzwischen wissen Sie, daß ich nicht daran glaube, daß Gefühle mit der Realität gleichzusetzen sind. Aber das bedeutet keineswegs, daß Sie in der realen Welt des Alltags, hier und jetzt, nichts mit ihnen zu tun haben werden. Tatsächlich werden Ihre Gefühle bei der nächsten und den noch folgenden Übungen sehr hilfreich für Sie sein. Der Trick besteht darin zu lernen, daß Sie Gefühle haben, sich jedoch nicht von ihnen vereinnahmen lassen.

Was meine ich damit? Sie können Ihre Gefühle auf angemessene Weise in den Griff bekommen, indem Sie ihnen gegenüber eine ähnliche Einstellung entwickeln wie gegenüber dem Wetter. Daß Sie nicht beeinflussen können, ob die Sonne scheint oder der Wind nachläßt, wissen Sie. Wenn Sie schlechtes Wetter verabscheuen, dann können Sie sich am besten davor schützen, indem Sie sich irgendwo in die Nähe des Kamins kuscheln. Wenn Sie nach draußen gehen müssen, dann nehmen Sie Schal oder Regenschirm mit und ziehen warme Schuhe über. Sie beeilen sich, um möglichst wenig Zeit da draußen zu verbringen, und vermutlich werden Sie beim Hinausgehen schimpfen.

Vielleicht mögen Sie stürmisches Wetter aber auch, und Sie ziehen schnell Ihre Gummistiefel an, um im Wald spazieren zu gehen. Keine dieser Reaktionen hat eine größere Berechtigung als die andere. Es liegt ganz bei Ihnen, wie Ihre Einstellung und Ihre Reaktion aussehen. Und wahrscheinlich werden Sie weder von anderen noch von sich selbst dafür beurteilt, egal, wie Sie sich verhalten. Denn Sie haben erkannt, daß Sie das Wetter nicht kontrollieren können, und Sie sehen es als etwas an, das sich außerhalb von Ihnen abspielt und das vorübergeht.

So kann es auch mit Ihren Gefühlen sein. Wenn Sie Ihren Abstieg begrenzen, bedeutet das nicht, daß Sie nie wieder etwas fühlen werden. Aber es kann heißen, daß Sie Ihren Gefühlen nicht mehr auf Gedeih und Verderb ausgeliefert sind. Sie sind vielleicht nicht immer in der Lage, Ihre Gefühle zu kontrollieren, aber Sie können lernen, sich mit ihnen weiterzubewegen. Ein Gefühlssturm der Verärgerung kann mit 20 Knoten aus westlicher Richtung auf Sie zukommen. Sie können den Wasserkessel für Tee aufsetzen und geduldig warten, bis der Sturm vorüber ist; Sie können Ihren Regenschirm holen, herumlaufen und gegen ihn wettern; oder Sie können Ihre Stiefel anziehen und darin herumplatschen. Der Sturm wird vorübergehen. Morgen wird es teils bitter, teils süß sein, und es besteht die Hoffnung auf Erfüllung. Es liegt im Wesen des Universums, daß früher oder später eine Wetterlage eintreten wird, die Ihnen mehr liegt.

Im *I Ging* heißt es, daß sich alles in ständiger Bewegung befindet und kontinuierlich stärker oder schwächer wird. Die Nacht wird zum Tag, die Dürre bereitet der Überschwemmung den Weg. Wenn ein bestimmter Aspekt seinen Höhepunkt erreicht hat, dann schlägt er spontan in sein Gegenteil um. Dieses Konzept hat das *I Ging* aus der Natur übernommen. Durch Beobachtung der jahreszeitlichen Zyklen erkannten die alten Chinesen, daß jede Qualität bereits ihre Antithese enthält: Im tiefsten Winter bereiten sich die Knospen darauf vor, im Frühling zu erblühen. Im Herbst werden die welken Blätter der Erde zurückgegeben, damit fruchtbarer neuer Boden entstehen kann. Es kann daher durchaus sein, daß man auf dem Höhepunkt der Traurigkeit plötzlich in Lachen ausbricht und eine neue Perspektive gewinnt. Oder man verspürt beim größten Freudentaumel plötzlich eine unerklärliche Traurigkeit. Die Momente, in denen ein Zustand plötzlich in sein Gegenteil umschlägt, gelten als »Wendepunkte«. Diese Momente beinhalten große Chancen. Wenn Ihre Emotionen bereits jetzt an der Oberfläche schwimmen, dann sollten Sie das als großes Glück ansehen.

Der weise Mensch lernt diese Höhepunkte zu nutzen, indem er sich mit ihrer Hilfe Zugang zum inneren Funktionieren seiner kognitiven Strukturen verschafft.

Diese Lektion ist durchaus nicht leicht zu lernen. Vor knapp zwei Jahren, kurz vor unserem Umzug nach Nashville, gaben Dan und ich für einige unserer engsten Freunde in San Francisco eine Abschiedsparty. Von unseren Freunden bekamen wir viele aufbauende Abschiedsgeschenke: Bilderrahmen in Herzform mit besonderen Fotografien, Präsentkörbe mit erlesenem Kaffee und Sauerteigansatz usw. Ich hatte nicht erwartet, ein Geschenk zu bekommen, das mich verärgern würde. Doch als die Party so langsam zu Ende ging, gab mir eine meiner weisesten, liebsten Freundinnen eine geschnitzte Holzfigur, die aus der uralten spirituellen Tradition der Chinesen stammte. Der Kopf der Figur war sorgenvoll gebeugt und auf den Armen abgelegt. Wenn mir meine Freundin gesagt hätte, daß sie sich wegen meines Umzugs so fühlte, hätte ich das Geschenk verstanden. Doch sie übergab es mir in der Hoffnung, daß mir diese Figur in Nashville Glück bringen möge. Zu jener Zeit dachte ich jedoch, daß diese kleine Holzfigur ein böses Omen sei. Auf ihre subtile und nicht sehr ermutigende Art und Weise wollte sie mir mitteilen, daß sie, sollte unser Abenteuer in Nashville mißglücken, da sein würde, um mich wieder aufzubauen. Ich versteckte die kleine Figur ganz tief unten in einer der vielen Kisten, die wir bereits an unsere neue Adresse vorausgesandt hatten, und beschriftete sie mit »Krimskrams – zuletzt öffnen«.

Einige Wochen später, nachdem sich der Adrenalinstoß des Umzugs durch das Auspacken von Kisten mit Pfannen, Lampen und Büromaterialien seinem Ende zuneigte, konnte ich mir schließlich eine kleine Verschnaufpause gönnen. Der herzförmige Bilderrahmen stand auf dem Klavier, und der erlesene Kaffee verbreitete seinen Duft bereits in unserer neuen Küche.

Statt der erhofften Erleichterung breitete sich jedoch ein Verlustgefühl über das Zurückgelassene aus, und gleichzeitig sah ich den Berg von neuen Erfahrungen vor mir, den ich noch erklimmen mußte. Was aufregend, wenn auch beängstigend ausgesehen hatte, sah jetzt nur noch beängstigend aus. Das herzförmige Bild, so sehr es mich damals aufgeheitert hatte, schien mir jetzt nur noch auf traurige Weise unangebracht zu sein – wie ein kleiner Kinderdaumen, der versucht, das Loch im Damm, hinter dem sich das Wasser der Trauer staut, zuzuhalten.

Dankbar erinnerte ich mich daran, daß ich eine Kiste noch nicht ausgepackt hatte: die Kiste mit dem Krimskrams. Nachdem ich die Plastikverpackung zerrissen hatte, fand ich schließlich meinen Schatz: die kleine Holzfigur. Jemand hatte vor mehreren tausend Jahren und jemand anderes vor wenigen Wochen verstanden, wodurch ich heute hindurchgehen würde. Das war der traurige Buddha – das waren die melancholischeren Schattierungen in der Palette des größten Geschenks, das uns das Universum gibt: das vollständige Spektrum vollkommener Lebendigkeit. Diese kleine Figur gab mir die Erlaubnis, mich meiner Traurigkeit zu überlassen, anstatt sie zu vermeiden – Gottes Hand ist selbst in der dunkelsten Schattierung der emotionalen Skala zu sehen. Ironischerweise war es gerade das Geschenk, das mich, bevor ich aus San Francisco weggezogen war, so verärgert hatte, welches mir jetzt in meinem neuen, fremden Zuhause den größten Trost spendete.

Diese Traurigkeit, die auch Sie spüren, ist so alt wie die Zeit selbst. Natürlich möchten Sie Ihr Problem gerne lösen und wieder glücklich und erfüllt sein. Das wird kommen. Doch zuvor sollten Sie verstehen, daß es einen Grund dafür gibt, warum dieses bestimmte Problem aufgetaucht ist und Sie es gerade jetzt in diesem Moment lösen sollen. Es stellt sich Ihrem Glück nicht als Hindernis in den Weg, sondern ist *das* Vehikel, das Sie zu einer neuen Entwicklungsstufe bringt. Solange Sie lebendig sind und wachsen, werden Sie Probleme haben. Sie werden über Ihre Fähigkeit, die bisherigen Herausforderungen zu meistern und unter Kontrolle zu haben, hinauswachsen, um sich auf der nächsten Entwicklungsstufe mit Neuem auseinanderzusetzen. Das heißt jedoch nicht, daß Sie sich selbst zu einer Zukunft voll emotionalen Aufruhrs verdammen. Wenn es Ihnen auch nicht möglich ist, Meisterschaft über Ihr Schicksal zu erlangen, so ist es durchaus möglich, Meisterschaft über Ihre Gefühle zu erlangen. Sie können das erlernen, indem Sie zulassen, daß Ihre Gefühle in Ihr Leben hinein und durch es hindurchfließen, ohne daß Sie sich dabei in Selbsthaß oder Selbstmitleid verlieren. Durch Ihre Bereitschaft, die ganze Wahrheit auszusprechen, können Sie sich vom Gefühlschaos lösen. Probleme werden Sie immer haben, doch wenn Sie die ganze Wahrheit sagen, dann können Sie sicher sein, daß Sie zumindest Probleme von höherer Qualität haben werden.

Sie können damit beginnen, daß Sie zunächst anerkennen, daß das heutige Problem schon vorher existiert hat. In Wirklichkeit hat es sich Ihnen immer wieder in unterschiedlichen Formen, zu verschiedenen Zeiten und an verschiedenen Orten gezeigt. Es ist Teil Ihrer Lebensgeschichte: Die Wurzeln Ihres Problems sind tief in Ihrem persönlichen Mythos verankert. Was meine ich mit Mythos? In ihrem Buch *Telling Your Story* (*Erzählen Sie Ihre Geschichte*) beschreiben Sam Keen und Anne Valley Fox folgendes:

> »Solange Menschen sich verändern und Geschichte machen, solange Kinder geboren werden und alte Menschen sterben, solange wird es Geschichten geben, die erklären, warum Sorgen den Tag verdunkeln und Sterne den Nachthimmel füllen. Wir erfinden Geschichten über den Anfang und das Ende des Lebens, weil ... sie uns helfen, unseren Weg zu finden, unseren Platz im tiefsten Inneren des Geheimnisses.«

Seit Anbeginn der Zeit haben Menschen ihre Lebensgeschichte in Form von Märchen und Mythen erzählt. Diese Geschichten tragen nicht nur zum Verständnis unserer eigentlichen Herkunft bei, sondern sie enthalten auch sehr ausdrucksstarke Botschaften darüber, wohin wir gehen werden. Der Philosoph Rollo May erläutert, daß »Mythen wie Balken in einem Haus sind: Von außen sind sie nicht zu sehen, und doch bilden sie die Struktur, durch die das Haus zusammengehalten wird, so daß Menschen darin leben können.« Sie sind in Ihren eigenen ursprünglichen Mythos hineingeboren worden: in eine Geschichte, in der Sie der Held sind.

Am Anfang waren Sie ganz und glücklich. Sie müssen in Ihrer Geschichte vielleicht sehr weit zurückgehen, um diesen Augenblick zu finden – vielleicht sogar in die Zeit vor Ihrer Geburt. Aber es gab eine Zeit, zu der Sie im Paradies lebten. Dann passierte jedoch irgend etwas. Was auch immer es war, es trennte Sie von der Einheit mit dem Göttlichen und warf Sie in das Abenteuer Ihres Lebens hinein. Plötzlich gab es Herausforderungen, denen Sie sich stellen mußten, Probleme, die Sie lösen mußten; die Suche, die Sie auf sich nahmen, und die Art und Weise, die Sie wählten, um Ihre Fragen auf dem Hintergrund Ihrer persönlichen Geschichte zu lösen.

Vielleicht haben Sie eine dynamische Geschichte – so wie die Ritter von König Artus' Hof, die ich an früherer Stelle erwähnte. Sie ließen zu, daß ihre Neugierde darüber, wie wohl der unverhüllte heilige Gral aussähe, sie dazu inspirierte, sich in ein Abenteuer zu begeben. Ihre Reaktion sah so aus, daß sie das festgefügte Alltagsleben hinter sich ließen und bereitwillig in die dunkelste Nacht hinauszogen, um sich auf die Suche zu begeben. Dabei handelte es sich um eine Mission, die ein ganzes Leben hätte dauern können – eine Suche, derer sie würdig waren.

Aber es ist auch möglich, daß Ihr ursprünglicher Mythos für Sie zwar eine Zeitlang seine Aufgabe erfüllt hat, doch weder die Vielseitigkeit noch die Tiefe einer Vision hat, die notwendig sind, um ein ganzes Leben lang inspirierend wirken zu können. Vielleicht haben Sie z. B. eine Variation des Heldenthemas übernommen, aber eine mit sehr vielen verschiedenen Verästelungen: den Archetyp des standhaften Zinnsoldaten. In dieser Geschichte unterdrückt der Held, der hoffnungslos in eine Ballerina aus Papier in einem anderen Teil des Kinderzimmers verliebt ist, zunächst seinen Ausdruck der Liebe zu ihr und dann seinen Hilferuf, um den Schein von Anstand zu bewahren. Nach einem mutigen Versuch, den Abgrund zu ihr zu überqueren, der traurigerweise fehlschlägt, wird er das Opfer seiner Umstände und endet damit, daß er zu einer Bleilache zerschmilzt, was seinerseits zur Folge hat, daß die Ballerina in Flammen aufgeht und zu Asche verbrennt.

Obwohl der heilige Gral auch auf diese Weise gesucht werden könnte, handelt der Zinnsoldat nicht aus echter, leidenschaftlicher Lebenslust heraus, sondern sein Handeln beruht auf der Angst vor Ablehnung und Einsamkeit. Vielleicht sehen er und seine Handlung tapfer aus, doch es zeichnet sich ein destruktives Muster ab. Er durchläuft mechanisch die Stufen des Heldentums, fühlt sich jedoch die ganze Zeit über als Opfer. Das ist ein persönlicher Mythos, der zwar kurzfristig, jedoch nicht ein ganzes Leben lang funktionieren kann.

Das ist nur einer von vielen Mythen. Auf jeden standhaften Zinnsoldaten kommt ein armes kleines Mädchen mit den Schwefelhölzchen. Es gibt Samsons und kleine Meerjungfrauen. Es gibt sogar Elvis Presleys und Prinzessinnen Dianas. Die Bücher von Joseph Campbell, C. G. Jung und Clarissa Pinkola Estés können Ihnen helfen, Ihren persönlichen Mythos in einen archetypischen und historischen Zusammenhang zu stellen. Doch ganz unabhängig davon, ob Sie sich die Zeit nehmen, um Ihren Prototyp in der Literatur herauszusuchen, können Sie eine Übung machen, die Sie dabei unterstützen wird, die besondere Geschichte zu erkennen, die Sie für sich angenommen haben und die zu dem Problem, dem Sie sich heute gegenübersehen, beigetragen hat. Sie sollten sich jedoch von vornherein darüber im klaren sein, daß hier weder Schuldgefühle noch Reue gefragt sind. Ihr Mythos kann durch Ihre Familienstruktur zu Ihnen gekommen sein oder sogar über Ihre Gene. Aber egal, wie er zu Ihnen gelangt ist, er hat Ihnen eine Zeitlang gedient, sonst hätten Sie ihn nicht so lange beibehalten. Doch folgendes sollten Sie sich vor Augen halten: Für jedes Problem, das Ihr Mythos gelöst hat, haben Sie einen Preis bezahlt. Und der Preis, den Sie bezahlt haben, zeigt sich in dem Problem, dem Sie sich heute gegenübersehen.

Wenn Sie Ihren ursprünglichen Mythos besser verstehen lernen, dann werden Sie auch die Bedeutung und den Sinn Ihres jetzigen Problems besser verstehen. Sie werden Ihre Angelegenheit, die Sie klären möchten, im Rahmen Ihrer Lebensgeschichte sehen. Das erfordert Mut, denn Sie werden die Wahrheit über sehr, sehr alte Muster aussprechen müssen, die Ihnen über eine längere Zeit ganz nützlich waren. Eine Zeitlang werden Sie sich mit allen damit zusammenhängenden Risiken auf neuem Territorium bewegen müssen, um einen neuen, gesünderen Mythos zu schaffen.

Das Konzept der Zyklen haben wir bereits an früherer Stelle in diesem Kapitel besprochen; wir gehen jetzt noch einmal zu dieser Vorstellung zurück und wenden sie auf Ihre persönliche Geschichte an. Die Kräfte der Natur sind in einem ständigen Prozeß des Schaffens und Zerstörens begriffen, um den Weg für neues Wachstum freizumachen. Wenn Sie wirklich lebendig sind, dann lassen Sie kontinuierlich das, was Sie haben, los und schaffen Raum für neue Möglichkeiten. Sie kanalisieren Ihre vitale Energie, um bessere Möglichkeiten für Ihr Wachstum zu finden, statt Ihren essentiellen Geist für den Schutz dessen zu verwenden, was Sie derzeit haben. Ihr Leben kann einer sich nach oben immer weiter öffnenden Spirale gleichen anstatt einem geschlossenen Kreis. Wo befinden Sie sich in dieser Lebensspirale im jetzigen Moment? Befinden Sie sich ziemlich weit unten, wo Sie nur einen engen Blickwinkel haben, immer wieder über denselben Boden laufen und Ihr Problem groß und unlösbar aussieht? Geben Sie sich die Erlaubnis, die Spirale hochzusteigen und die Vergangenheit loszulassen, so daß Sie sich in einer erweiterten Sichtweise im Hinblick auf Ihr Potential ausruhen können? Genau an der nächsten Biegung der Spirale wird die Lösung für Ihr Problem spontan auftauchen.

Wir sind jetzt startbereit für die Übung, die zur dritten Stunde gehört. Diese Übung besteht darin, daß Sie Ihre ursprüngliche Geschichte neu bewerten und einen neuen persönlichen Mythos erschaffen – einen Mythos, auf den Sie stolz sein können.

✸ Übung: Ihr Problem in den richtigen Zusammenhang stellen

Diese ist eine weitere Übung, bei der Sie schreiben werden. Wie bei dem aus dem *I Ging* stammenden Beispiel des Topfes mit Wasser, der über einer offenen Feuerstelle kocht, werden Sie versuchen, den Punkt des Gleichgewichts zwischen Denken und Intuition zu finden, an dem die Kräfte in der richtigen Beziehung zueinander stehen und das kochende Wasser seine Arbeit tun kann.

Um Sie dabei zu unterstützen, dieses Gleichgewicht herzustellen, stelle ich Ihnen eine Reihe von Fragen, die Sie veranlassen werden, sowohl Ihre rationalen kognitiven Funktionen wie z. B. Gedächtnis und Analysefähigkeit als auch die intuitiveren Prozesse anzuwenden, die wir bisher fast ausschließlich benutzt haben.

Ich werde Sie bei der Aufgabe für diese Stunde bitten, die Bedeutungsfäden, die Ihrem persönlichen Mythos zugrunde liegen, aufzudecken und zu sehen, ob Sie den Ausgangspunkt für Ihr gegenwärtiges Problem in den Lösungen der Vergangenheit finden können. Außerdem werden Sie Gelegenheit erhalten, sich einen neuen persönlichen Mythos zu erschaffen – einen Mythos, in dem das Potential für die Lösung der Frage, die Sie heute beschäftigt, steckt. Zudem wird dieser Mythos, indem er Sie mit der unsichtbaren Ordnung des Universums in Einklang bringt, das Abenteuerhafte in Ihrem Leben wiederbeleben.

Da diese Aufgabe eine große Herausforderung darstellt, sind Sie vielleicht versucht, sich an diesem Punkt zu fragen, ob das Problem, das Sie für die heutige Arbeit ausgewählt haben, auch wirklich das geeignetste für Sie sei. Sie werden vielleicht Ihre Antworten, Ihre Entscheidungen und Ihre kreativen, intuitiven Reaktionen anzweifeln. Ich kann Ihnen dazu jedoch sagen, daß Sie ganz entspannt sein können.

Die Forscher David Feinstein und Stanley Krupps haben in ihren Werken, in denen es um die Thematik des persönlichen Mythos geht, das Phänomen, das sie als »holographisches Prinzip« bezeichnen, erläutert:

> »Jeder Teil eines Hologramms beinhaltet Informationen eines jeden anderen Teils. In ähnlicher Weise ist jeder persönliche Mythos, den Sie grundlegend untersuchen, ein Abbild Ihres gesamten mythischen Systems. Die Arbeit in einem Bereich hat Auswirkungen auf viele andere Bereiche. Deshalb ist es weitaus weniger wichtig, daß Sie das nehmen, was Sie rational als den »idealen« Konflikt betrachten, als daß Sie einen Bereich auswählen, der Empfindungen bei Ihnen auslöst.«

Das holographische Prinzip gibt Ihnen die Erlaubnis, sich keine Sorgen mehr darüber zu machen, ob Ihr Vorgehen richtig ist. Das einzige, was Sie tun müssen, ist, die Fragen der Reihe nach zu beantworten. Lassen Sie sich nicht dazu verleiten, schon einmal nachzusehen, welche Fragen noch kommen. Statt dessen sollten Sie jede Frage für sich betrachten und sich, bevor Sie die Antworten niederschreiben, mehrere Minuten Zeit lassen, um die wahrsten Antworten, die Ihnen in den Sinn kommen, zu finden. Wenn nichts kommt, dann denken Sie sich etwas aus. Schreiben Sie auf, was immer Ihnen in den Sinn kommt. Wenn Sie bis jetzt noch keinen Stift und kein Papier bei sich haben, sollten Sie jetzt aufstehen, um es zu holen, und dann werden wir anfangen.

Schreiben Sie jetzt die Antworten auf folgende Fragen nieder:

1. Was ist Ihre früheste glückliche Erinnerung? Denken Sie an eine Zeit zurück, in der Sie sich ganz, verbunden, glücklich und erfüllt gefühlt haben. Füllen Sie die Erinnerung mit möglichst vielen Details aus.

Wo waren Sie damals? Was hatten Sie an? Wer war bei Ihnen? Was ist passiert? Wie haben Sie sich gefühlt?

2. Wodurch ist dieses Glück unterbrochen worden? Was ist zwischen die Erfahrung, ganz, glücklich und vollkommen lebendig zu sein, getreten? Wo waren Sie damals? Welche Kleidung trugen Sie? Welche Schuhe hatten Sie an? Wer war bei Ihnen? Was ist passiert? Füllen Sie die Erinnerung noch einmal mit möglichst vielen Details aus. Um Genauigkeit geht es hier nicht, sondern darum, das Ereignis bzw. die Situation mit all den dazugehörigen Gefühlen einzufangen.

3. Worin bestand Ihre Lösung? Wie sind Sie mit der Unterbrechung umgegangen? Was haben Sie getan? Stellen Sie sich selbst in einem Moment vor, als sich die Lösung herauskristallisierte und Sie wußten, was Sie tun mußten, um zu überleben. Welche Veränderungen nahmen Sie vor? Wie haben Sie gehandelt? Welche Entscheidungen für Ihr Leben haben Sie infolge dieser Unterbrechung getroffen? Welche Glaubenssätze haben Sie angenommen?

4. Welches positive Ergebnis brachte Ihre Lösung mit sich? Wie hat Ihre Lösung für Sie funktioniert? Wie hat Ihre Lösung Ihren Schmerz verringert? Wie hat sie zu Ihrem Überleben beigetragen? Wie hat sie Sie geschützt? Stellen Sie sich selbst in der Zeit vor, als die Lösung in Ihrem Leben Wirkung zeigte. Wer ist da bei Ihnen? Was haben Sie an? Wo sind Sie? An was können Sie sich außerdem in bezug auf diesen Vorfall erinnern?

5. Welchen Preis haben Sie für diese Lösung bezahlt? Welcher Schaden ist dadurch entstanden? Welches Opfer mußten Sie dafür bringen? Welche neuen Probleme sind für Sie als Folge Ihrer Lösung entstanden? Rufen Sie sich einen Vorfall ins Gedächtnis, bei dem Ihre Lösung Sie etwas gekostet hat. Was haben Sie aufgegeben? Wie hat es sich angefühlt?

6. Wie beeinflußt die Sache, die Sie vor so langer Zeit geopfert haben, Sie heute noch? In welcher Beziehung steht sie zu dem Problem, das Sie heute lösen wollen?

Legen Sie Ihren Stift für einige Momente beiseite, und nehmen Sie mehrere tiefe Atemzüge. Wenn Sie die Gefühle, die mit diesen Themen verbunden sind, noch nicht spüren, dann ist jetzt eine gute Gelegenheit, um den Prozeß zu vertiefen. Geben Sie Ihren Emotionen noch einmal einen zeitlichen Rahmen, und gestehen Sie sich zu, die Gefühle, die mit den sechs Fragen zusammenhängen, wirklich zu erleben. Gleich werde ich Sie bitten, wieder vollständig in das Bewußtsein der rechten Gehirnhälfte zurückzukehren und Ihrer Vorstellungskraft freien Lauf zu lassen. Setzen Sie sich im nächsten Teil der Übung nicht zum Ziel, Ihr Schreiben auf bestimmte Weise zu lenken. Statt dessen sollten Sie lieber meinen Anweisungen folgen und zulassen, daß spontan Bilder in Ihrem Bewußtsein auftauchen. Je phantasievoller, wilder, verrückter oder irrationaler Ihre Gedanken sind, desto besser. Bei dieser Aufgabe sollten Sie Spaß haben – selbst wenn »der Spaß« von Seufzern und Tränen begleitet ist. Es gibt keine Grenzen: In Ihrer Geschichte können Drachen, fliegende Untertassen, Figuren aus der Literatur auftauchen, einfach alles und jedes, was Ihnen in den Sinn kommt.

Sind Sie bereit?

Gut. Ich möchte, daß Sie mir den Mythos erzählen, der Ihr bisheriges Leben bestimmt hat.

✹ Übung: Ihr persönlicher Mythos

Fangen Sie mit folgenden Worten an:

1. »*Es war einmal ein glückliches Kind, das … hieß*«
Wenn Sie die idyllische Situation des Kindes so detailliert wie möglich ausgemalt haben, dann setzen Sie die Geschichte mit folgenden Worten fort.

2. »*Dann passierte etwas überaus Schreckliches.*«
Wenn Sie die schreckliche Sache, die passiert ist, im Detail festgehalten haben, dann fahren Sie mit folgenden Worten fort.

3. »*Das tapfere kleine Kind wußte, was es zu tun hatte.*«
Erzählen Sie die Geschichte, wie das kleine Kind das Problem löste. Welche Abenteuer ergaben sich daraus für das Kind? Mit welchen Kämpfen war es konfrontiert? Welche Suche nahm das Kind infolge dieser schrecklichen Situation auf sich? Welches Ergebnis brachten die Abenteuer des Kindes mit sich? Nachdem Sie diesen Teil der Geschichte in allen Einzelheiten aufgeschrieben haben, wird es Zeit, zu einer Schlußfolgerung zu kommen. Beginnen Sie mit den nun folgenden Worten:

4. »*Und sie lebten glücklich bis in alle Ewigkeit.*«
Nehmen Sie sich einen Augenblick Zeit zum Feiern. Wenn Sie das Künstlerische an Ihrer Geschichte nicht feiern können, dann feiern Sie zumindest die Bemühung, die sie dort hinein investiert haben. Wir werden uns gleich zum nächsten Punkt weiterbewegen, doch bevor wir das tun, noch folgende wichtige Frage: Welche Lektion wird durch diesen Mythos anschaulich dargestellt? Paßte das Ende zum Rest der Geschichte? Waren in den Worten *glücklich bis in alle Ewigkeit* Dissonanzen zu hören? Klangen sie richtig oder falsch? Und zum Schluß nehmen Sie sich noch einen Moment Zeit, um über die Pointe all dessen nachzudenken – über das zugrunde liegende Thema und die Lehre daraus. Schreiben Sie dann den letzten Abschnitt Ihres Mythos auf:

5. »*Und die Moral von der Geschichte ist ...*«
Fahren Sie fort. Bevor Sie weiterlesen, sollten Sie sich jedoch die Zeit nehmen, um die Moral der Geschichte in einem oder höchsten zwei gut durchdachten Sätzen wiederzugeben.

Jetzt möchte ich Sie gerne etwas fragen. Vielleicht hat die Geschichte eine Moral, die damals für Sie einen Sinn ergab, aber ist das auch heute noch so? Oder sind Sie über Ihren ursprünglichen Mythos hinausgewachsen und müssen jetzt ein neues Drehbuch für Ihr Leben schreiben? Ob dieser Mythos auf Sie heute noch zutrifft und ob er lebendig ist, werden Sie erkennen, wenn Sie sich jetzt noch folgende Frage stellen:

Läßt sich Ihr jetziges Problem mit Hilfe der Moral, die Sie gerade aufgeschrieben haben, lösen?

Wenn ja, dann gratuliere ich Ihnen! Sie haben es geschafft, Ihr Problem bis Sonnenuntergang zu lösen. Das einzige, was Sie tun mußten, war, sich Zugang zu der Weisheit Ihrer Lebensgeschichte zu verschaffen und diese auf Ihre gegenwärtige Situation anzuwenden.

Wenn nicht, dann stehen Ihnen ebenfalls Glückwünsche zu! Sie haben eine neue Bewußtseinsstufe erreicht. Und diese neue Stufe spirituellen Wachstums verdient einen neuen persönlichen Mythos. Sie haben jetzt die Gelegenheit, einen neuen Mythos für sich zu entwickeln. Welche Erleichterung bietet doch die Erkenntnis, daß Ihnen keine Umstände aus Ihrer persönlichen Geschichte vorschreiben können, wer Sie heute sein, was Sie hinsichtlich der Ihnen begegnenden Herausforderungen tun und wie Sie auf sie reagieren müssen! Egal, welche äußeren Umstände Ihr Leben begleiten, Ihre innere Welt gehört Ihnen ganz allein – sie ist ein Ort, an dem Sie – wenn Sie den Mut haben, die Verantwortung dafür zu übernehmen – frei sein können.

Nehmen Sie sich die Zeit, es für sich selbst auszuprobieren: Gehen Sie noch einmal zu Ihrem Mythos zurück, und ändern Sie ihn so ab, wie Sie ihn im Moment gerne hätten. Sie können den gleichen Anfang und den gleichen Aufbau wie in der vorherigen Schreibübung verwenden (Nummer 1 und 2). Aber dann sollten Sie versuchen, Ihre Geschichte in eine neue Richtung weiterzuspinnen. Probieren Sie für die Nummern 3 bis 5 neue Möglichkeiten aus, bis Ihr Held oder Ihre Heldin das Ergebnis erzielt hat, das er oder sie wirklich verdient: ein Ergebnis, das Ihnen jetzt im Moment sinnvoll erscheint. Das ist ein besserer Weg, auf die Herausforderungen des Lebens zu reagieren, als Ihr alter Mythos aus der Vergangenheit.

Sieben
Würdigen Sie Ihre persönliche Geschichte

Wir sehen die Dinge nicht, wie sie sind.
Wir sehen sie, wie wir sind.

Talmud

Ihre Geschichte spiegelt die Person wider, die Sie im Moment gerade sind, und sie kann Ihnen zeigen, wie das Problem, mit dem Sie es heute zu tun haben, in den Gesamtzusammenhang Ihres Lebens hineinpaßt. Wenn Sie mit dem Ergebnis Ihrer kreativen Arbeit nicht zufrieden sind, denken Sie bitte daran, daß Sie, solange Sie leben, immer der Mittelpunkt Ihrer Geschichte sein werden. Wenn Ihnen Ihre Geschichte nicht gefällt, können Sie sie jederzeit neu schreiben.

Ich erinnere mich an das erste Mal, als ich diesen Prozeß bei einem Workshop mit einer Gruppe durchführte. Eine meiner Freundinnen, Stacy, hatte sich freiwillig dazu bereit erklärt, dabei eins meiner Versuchskaninchen zu sein. Ich wußte, daß sie eine sehr gute Mutter ist, jedoch eine Mutter, die sich zu sehr mit den Erfolgen und Mißerfolgen ihrer beiden Töchter identifizierte. Als eine von beiden die Hauptrolle in einer Produktion an ihrem Wohnort bekam, schwebte Stacy im siebten Himmel. Als eine ihrer Töchter die Einladung für eine mit viel Spannung erwartete Geburtstagsfeier nicht bekam, hatte sie das Gefühl, irgendwie gescheitert zu sein. In einem solchen Moment der Verzweiflung wurde sie gebeten, den Mythos ihres Lebens aufzuschreiben. Ich bat sie darum, sich bei ihrer Geschichte über sprachlich einwandfreie Formulierungen keine Gedanken zu machen und sich statt dessen von ihren Emotionen und ihrer Intuition durch die Handlung führen zu lassen. Hier ist das Ergebnis:

Es war einmal eine junge Prinzessin namens Savannah, die von ihren Eltern, dem König und der Königin, innig geliebt wurde. Da passierte etwas ganz Furchtbares. Es brach ein grauenvoller Krieg mit einem benachbarten Königreich aus, und sie wurde von dem Feind, einem bösen Ritter namens Marduk, entführt. Der böse Ritter brachte Savannah ganz weit weg in sein Land, er sperrte die Prinzessin in sein Schloß ein und hoffte, ein Lösegeld für sie zu bekommen. Da sie das nicht wußte, nahm sie an, daß sie für immer dort bleiben müsse. Diese Vorstellung war unerträglich für sie. Savannah wollte um sich treten, schreien und brüllen, aber das wäre, so entschied sie, viel zu gefährlich. Statt dessen suchte sie nach einem Fluchtweg, konnte jedoch keinen Weg nach draußen finden.

Plötzlich wußte das tapfere kleine Mädchen, was es tun mußte. Sie entschloß sich dazu, alles zu tun, wozu er sie auffordern würde, und zwar würde sie es noch weitaus besser tun, als er erwartete. Auf diese Weise würde er vielleicht anfangen, sie so sehr zu lieben, daß er sie gehen ließe. Wenn sein Geschirr schmutzig war, wusch Savannah es ab. Wenn er traurig war, tanzte sie für ihn. In der Zwischenzeit – und davon wußte Savannah nichts – verhandelte der böse Ritter mit den Eltern über die Rückgabe der Tochter. Das Geld für ihre Freilassung war bereits eingetroffen. Doch zu jenem Zeitpunkt war Marduk bereits so für die Prinzessin eingenommen, daß er sie nicht länger freilassen wollte. Kein noch so hoher Geldbetrag hätte Marduk davon überzeugen können, Savannah gehen zu lassen. Die Prinzessin, die von den Versuchen ihrer Eltern, sie zurückzubekommen, nichts wußte, lebte weiterhin mit dem bösen Ritter und fing schließlich an, für ihn genauso viel zu empfinden wie er für sie. Und sie lebten glücklich und zufrieden bis an ihr Lebensende.

Und die Moral von der Geschichte ist: Wenn Probleme auftauchen, dann unterdrücke, um zu überleben, deine Gefühle, und wenn du trotzdem nicht das bekommst, was du wirklich für dein Leben willst, kannst du vielleicht das, was du schließlich bekommst, schätzen lernen.

Diese Geschichte hat Stacy zwar erzählt, aber sie mochte sie eigentlich nicht besonders. Als sie dann versuchte, die Moral auf ihr momentanes

Problem zu übertragen, auf den Mißerfolg, den sie ihrer Meinung nach als Mutter erlebt hatte, fühlte sie sich noch schlechter. Ich fragte sie, ob sie ihre Geschichte noch mal neu schreiben wolle. Diese Chance nutzte sie gerne. Wie sie den anderen Versuchskaninchen später erzählte, begann sie damit, den Gefühlen von Traurigkeit nachzugehen, die sie für die Prinzessin empfand, die mit solcher Tapferkeit das getan hatte, was sie für richtig gehalten hatte. Es war so offensichtlich, was Savannah ihre Fügsamkeit gekostet hatte. Das Gefährt, von dem sie irrtümlicherweise angenommen hatte, daß es ihr Fluchtmittel sein würde, hatte sie in eine Falle geführt: ihre Fähigkeit, anderen gefällig zu sein. Wäre sie ihrem angeborenen Drang gefolgt, frech und unangenehm zu sein, wäre sie aus dem Mißbrauchssystem ausgespuckt worden und in ihr natürliches Zuhause zurückgebracht worden. Als Stacy dieser Gedanke kam, nahm sie sich einen Stift, um ihren Mythos neu zu schreiben.

Diesmal wußte die kleine Prinzessin, was sie zu tun hatte. Bei jeder Gelegenheit würde sie Marduk erzählen, wie gerne sie wieder nach Hause ginge und wie gemein er sei. Je mehr Savannah ihn ärgern würde, desto eher würde er sie nach Hause lassen. Und schon bald traf das Lösegeld ein, und er war froh, sie wieder gehen zu lassen. Und danach lebte Savannah viel glücklicher bis in alle Ewigkeit.

Die Moral dieser neuen Geschichte von Stacy lautete folgendermaßen: *Es ist besser, sein wahres Ich zu sein und Probleme zu haben, als sein wahres Ich zu unterdrücken, um seine Probleme zu lösen.*

Als sie diese Moral auf ihr Problem als Mutter anwandte, hatte sie die Lösung, nach der sie gesucht hatte, gefunden. Für den Anfang erkannte sie, daß sie, ohne sich dessen bewußt zu sein, angenommen hatte, daß ihre Kinder, wenn sie nur netter zu anderen wären, keine Probleme hätten (die Einladung wäre wie erhofft eingetroffen). Aber die Lektion ihrer Geschichte zeigte Stacy, daß ihre Töchter lieber ihr wahres Ich sein und nicht eingeladen werden sollten, als ihre Echtheit zu opfern, um beliebt zu sein.

Statt sich nun wegen dieses »Mißerfolgs« schlecht zu fühlen, fühlte sie sich gut aufgrund der Fähigkeit ihrer Kinder, wahrhaftig sich selbst gegenüber zu sein. Statt sich wegen ihres Verhaltens als Mutter schlecht zu fühlen, empfand sie Stolz. Die Situation hatte sich buchstäblich umgekehrt. Die Frage, die sie hoffte, bis Sonnenuntergang lösen zu können, hatte sich auf magische Weise im Nichts aufgelöst. Das wäre durchaus genug gewesen – aber es gab noch mehr.

Als sie die erste Geschichte, die sie geschrieben hatte, überdachte, erkannte Stacy, wieviel ihrer Lebensenergie sie investierte, um anderen zu gefallen und um geliebt zu werden. Sie hatte den authentischen Ausdruck der Person, die sie wirklich war, geopfert, um Trost zu bekommen. Indem sie Liebe mit Beschützen gleichsetzte, hatte sie unterbewußt den Glauben angenommen, daß ihre Kinder sie nur bis zu dem Grad lieben konnten, wie sie sie vor den Schmerzen, die die Stöße und blauen Flecken des Lebens verursachen, bewahren konnte. Sie war stolz darauf, Mutter zu sein, wenn sie Erfolg hatte, und sie verspürte ein Gefühl von Scheitern, wenn sie Mißerfolge erlebte.

Die Gefühle von Stolz und Versagen aufzugeben, die seit Jahren die prägenden Kennzeichen Ihrer Mutterschaft gewesen waren, würde heißen, die Grenzen ihrer Macht und Kontrolle hinsichtlich der Erfahrungen ihrer Töchter zuzugeben. Könnte ein solch »nutzloser« Mensch seinen Platz als Teil von Gottes Schöpfung finden? Das Akzeptieren dieses neuen Mythos würde für Stacy ein unwahrscheinlich großes Risiko bedeuten. Was wäre, wenn sie ihren Wunsch zu gefallen und zu beschützen aufgeben und nichts an seine Stelle treten würde? Was wäre, wenn sie wirklich authentisch wäre – und sich als Folge davon niemand gerne in ihrer Nähe aufhielte? *War das Lösegeld wirklich schon unterwegs?*

Das Loslassen der alten Geschichte sollte man niemals auf die leichte Schulter nehmen. Die Fragen, die sich Stacy an dieser Wegeskreuzung stellte, mögen für den außenstehenden Beobachter vielleicht oberflächlich oder sogar kitschig aussehen. Aber von dem Punkt aus, an dem Stacy stand, schienen sie nicht weniger als eine Frage auf Leben oder Tod zu sein.

Und es ging auch wirklich genau darum: Das Leben oder der Tod ihres Geistes standen auf dem Spiel. Der persönliche Mythos, der ihr für so viele lange Jahre ihres Lebens gut gedient hatte, schien jetzt auf so schmerzvolle Weise unangemessen zu sein. Wäre sie nicht dazu angeleitet worden, ihre Geschichte neu zu schreiben, hätte sie angenommen, daß ihre Hoffnung auf zukünftiges Glück davon abhing, ob ihr Kind auf der Gästeliste stand oder nicht. (Ich habe wirklich schon mehr als einen Menschen gesehen, der Monate, Jahre, Jahrzehnte oder sogar ein Leben lang im Schlamm von Fragen steckengeblieben war, die so bedeutungslos waren, wie auf die richtige Gästeliste zu kommen, zum Medizinstudium zugelassen zu werden oder in den Schwimmverein aufgenommen zu werden.) Stacy hatte statt dessen erkannt, daß sie zu engagiert am Leben ihrer Töchter teilgenommen hatte, und zwar auf Kosten ihrer eigenen Vitalität. Es war nicht ihre Aufgabe, alles für ihre Kinder regeln zu müssen. Ihre Aufgabe bestand darin, ihre Kinder zu lieben, egal, wie sich die Dinge für sie entwickeln würden. Dazu überzugehen, ihr eigenes Leben zu leben – und in bezug auf das Leben ihrer Kinder auf ihrer eigenen Seite stehen zu bleiben –, dafür würde sich das Risiko lohnen. Es würde sehr viel Disziplin erfordern, aber sie würde auch sehr viel dafür bekommen.

Es sind enorm viel Vertrauen und ein gewisses Maß an spiritueller Begabung erforderlich, um den alten Mythos loszulassen. Wenn Sie weitergehen wollen, müssen Sie erst bereit sein, um das, was nicht mehr funktioniert, zu trauern. Sie müssen den Schmerz darüber spüren, was Sie Ihre ursprünglichen Lösungen gekostet haben, und erkennen, warum Sie sich zunächst diesen Extremen zuwenden mußten. Aber etwas anderes, das Sie tun müssen, wird sogar noch mehr Mut erfordern. Sie müssen fähig sein, sich für Ihren alten Mythos zu vergeben. Und dann müssen Sie sogar noch weiter gehen. Sie müssen sich selbst dafür würdigen, daß Sie ihn geschaffen haben – und sich darüber hinaus für Ihre Bereitschaft würdigen, ihn in Frage gestellt zu haben. In unserem Leben durchlaufen wir verschiedene Stadien. Wir müssen das Gute nicht nur in der Person finden, zu der wir werden, sondern auch in derjenigen, die wir gewesen sind.

In ihrem Buch *Muscheln in meiner Hand* schreibt Anne Morrow Lindbergh folgendes:

> »Wie kann man lernen, die Ebben seines Daseins zu überleben? Wie kann man lernen, das Wellental zu akzeptieren? Hier am Strand versteht man es leichter, hier, wo die atemlose Stille der Ebbe ein anderes Leben enthüllt als dasjenige, welches für gewöhnliche Sterbliche sichtbar ist. In diesem kristallklaren Schwebezustand erhält man plötzlich Einsicht in das verborgene Reich der Meerestiefe. ... Viel-

leicht ist das die wesentlichste Erkenntnis, die ich von meinem Strandleben mit nach Hause nehme: die Erinnerung, daß jede Phase der Welle gültig ist; daß jede Phase einer Beziehung gültig ist. Und meine Muscheln? Ich kann sie alle in meine Tasche stecken. Sie dienen nur dazu, mich daran zu erinnern, daß das Meer ewig verebbt und flutet.«

4. STUNDE

Vom Blitz getroffen

Acht
Unsichtbare Kräfte

Wenn sich Ihr persönlicher Mythos überlebt hat, dann ist die Leitung, die Sie mit Ihrer natürlichen Intuition verbindet, durch Glaubenssätze verstopft, die Ihnen nicht mehr dienlich sind, und ebenso durch deren unerfreuliche Nebenprodukte Angst und Besorgnis, die auch das System blockieren. Die ersten Stunden dieses Tages haben wir der Beseitigung einiger solcher Hindernisse gewidmet – das reichte aus, um Licht und Luft durchzulassen. Wie Sie anhand meiner Beispiele erkannt haben, – und ich hoffe auch anhand Ihres eigenen wachsenden Vorrats an Beweisen, gewonnen durch persönliche Erfahrung –, können sich plötzlich größere Klarheit und Einsichten einstellen, wenn Sie zulassen, daß der »Jetzt-soll-es-passieren«-Problemlösungsansatz der linken Gehirnhälfte durch die empfangenden, zulassenden und seinsbetonten Qualitäten überschwemmt wird, die der rechten Gehirnhälfte zu eigen sind. Unabhängig davon, ob sich Ihr Problem bereits zu Ihrer Zufriedenheit gelöst hat oder nicht, sind Sie wahrscheinlich jetzt zumindest eher bereit und in der Lage, die Illusion, daß Sie die Dinge, die Ihnen passieren, kontrollieren könnten, gegen eine neu gewonnene Sicht der Realität einzutauschen. Je mehr Ihre Bereitschaft wächst, die Dinge so zu sehen, wie sie sind, desto eher besteht die Wahrscheinlichkeit, daß Sie gute Entscheidungen treffen werden. Warum ist das so? Weil Sie dann der Wahrheit (und dem Eigentlichen) näher sind. Die Tatsachen mögen Ihnen nicht gefallen, aber Sie wissen zumindest, daß das, womit Sie zu tun haben, real ist. Wenn alles, was als Folge des *Solved by Sunset-Prozesses* eintritt, der Umstand ist, daß Sie lernen, die Dinge klarer zu sehen, und Ihr Horizont sich erweitert, dann ist das bereits genug. Dann werden Sie mit Ihren Themen und Ihrem Leben im allgemeinen effektiver umgehen können. Ihre Fähigkeit, Ihre Probleme schnell und durch Einsicht zu lösen, wird wachsen. Doch ich glaube, daß noch mehr dahintersteckt. Sie werden sich vielleicht daran erinnern, daß der *Solved by Sunset-Prozeß* auf drei wesentlichen Annahmen basiert. Ich bin jetzt bereit, Ihnen ein Geheimnis anzuvertrauen. Es gibt noch eine vierte Hauptannahme. Bevor ich Ihnen diese jedoch mitteile, wollen wir uns die drei ersten noch einmal anschauen.

Annahme Nr. 1: Es gibt eine unsichtbare Ordnung im Universum.

Annahme Nr. 2: Ihr höchstes Gut liegt in Ihrer harmonischen Anpassung an diese unsichtbare Ordnung.

Annahme Nr. 3: Was immer Sie davon abhält, Ihre Übereinstimmung mit dem Universum zu erfahren, ist zufällig und kann überwunden werden.

Diese ersten drei Annahmen haben die Funktion, zwischen Ihren aktiven, rationalen Prozessen auf der einen und Ihren intuitiven und rezeptiven Erfahrungen auf der anderen Seite zu vermitteln. So spirituell der Inhalt dieser Annahmen auch sein mag, sie übertragen die Verantwortung, mit der unsichtbaren Ordnung in Einklang zu kommen, nichtsdestotrotz *Ihnen*. Es scheint *Ihre* Aufgabe zu sein, sich der Lebenskraft des Universums auf harmonische Weise anzupassen. *Sie* sind dazu aufgefordert, die Hindernisse, die Sie von dieser Harmonie wegbringen, zu überwinden. *Ihre* Herausforderung besteht in der Bereitschaft, den Kampf um das vollkommene Lebendigsein auf sich zu nehmen.

Die drei Hauptannahmen bilden die Grundlage, doch ohne eine vierte wären sie unvollständig, ja sogar irreführend. Denn es liegt nicht nur bei Ihnen, das für Ihre Problemlösung Notwendige zu tun. Durch Ihre wachsende Bereitschaft, sich ernsthaft für die Aufgabe des vollkommenen Lebendigseins zu engagieren, schaffen Sie verstärkt Möglichkeiten dafür, daß sich Kräfte jenseits Ihres Verständnisses an Ihrem Problemlösungsprozeß beteiligen können.

Intuition, wie Sie sich vielleicht erinnern werden, wird definiert als »spiritueller Einfluß, der spontan auftritt und eine Person befähigt, auf eine Weise zu denken, zu sprechen oder zu handeln, die die üblichen menschlichen Fähigkeiten transzendiert«. Über diese unsichtbaren Kräfte haben wir des öfteren gesprochen. Indem Sie die innere Arbeit tun und sich darauf vorbereiten, mit diesen Kräften in Einklang zu treten, haben Sie die Kanäle freigemacht, die die Fähigkeiten haben, sich mit eben diesen Kräften auf bewußte Art und Weise in Verbindung zu setzen. Jetzt ist endlich der Zeitpunkt gekommen, um Ihren persönlichen Willen und Ihre Verantwortung loszulassen. Sobald Sie das tun, lassen Sie zu, daß zwischen Ihnen und den unsichtbaren Kräften eine spontane Wechselwirkung entstehen kann.

William James beschreibt diesen Zustand als Geisteszustand, »in dem unser Wille zur Selbstbestätigung und Selbstbehauptung ersetzt ist durch eine Willigkeit, unseren Mund zu schließen und zu sein wie nichts in den Fluten und Wassergüssen Gottes.«

Deshalb schlage ich vor, daß wir nachfolgenden Gedanken zu unserer vierten Annahme machen:

Annahme Nr. 4: Kräfte jenseits Ihres Verstandes sind bereits an Ihrem Problemlösungsprozeß beteiligt.

Sie müssen nicht in irgendeiner bestimmten Geistesverfassung sein, um sich dieser unsichtbaren Kräfte plötzlich bewußt zu werden. Sie können durchaus verärgert, deprimiert oder besorgt sein – und können dennoch von ihnen ergriffen werden. Um sich diese Wechselwirkung bewußtzumachen, müssen wir unsere eigenen rationalen Prozesse zumindest für eine gewisse Zeit durch die spontane Offenheit für eine außergewöhnliche Erfahrung ersetzen. Diese Aufgabe des persönlichen Willens kann tatsächlich ein Teil des Prozesses sein, sie kann gleichzeitig mit ihm auftreten oder sogar durch die unsichtbaren Kräfte hervorgerufen worden sein. Im Gegensatz zu dem eher linearen Modell von Ursache und Wirkung, bei dem das Transzendieren des Denkansatzes der linken Gehirnhälfte die *Grundvoraussetzung* darstellt, findet man hier die Wurzeln einer solchen transformatorischen Erfahrung *immer* in den unsichtbaren Kräften und nicht in der eigenen Person. Deshalb müssen Sie in keiner besonderen Geistes- oder Gemütsverfassung sein, um sie geschehen zu lassen. Sie verlangt nichts anderes von Ihnen, als sich von ihr überwältigen zu lassen. Im Jahre 1854 schrieb Henry David Thoreau einen Bericht über eine derartige Offenbarung, die zu einer Zeit stattfand, als er sich in die Einsamkeit von Walden Pond zurückgezogen hatte:

»Ich habe mich nie einsam oder im geringsten durch das Gefühl der Einsamkeit bedrückt gefühlt, nur einmal, ein paar Wochen, nachdem ich in den Wald gezogen war, war ich im Zweifel, ob nicht die Nähe eines Mitmenschen zu einem heitern, gesunden Leben notwendig sei. Da war mir das Alleinsein etwas Unangenehmes. Als mich während eines feinen Regens diese Gedanken noch beherrschten, kam auf einmal das Gefühl einer so süßen, wohltuenden Geselligkeit in der Natur über mich: im Rauschen des Regens, in jedem Laut und Blick um mein Haus herum. Diese unendliche, unerklärliche Freundschaft, die mich plötzlich gleich einer Atmosphäre umfing ... Jede kleine Tannennadel dehnte sich aus und schwoll von Sympathie, wurde mir zum Freunde, daß ich dachte, kein Ort könne mir je wieder fremd erscheinen.«

Die transformatorische Erfahrung kann viele verschiedene Ausdrucksformen haben – sie reichen von Thoreaus ruhiger Heimkehr zu Archimedes überschwenglichem »Heureka!«; von der Trance der südamerikanischen Schamanen bis hin zur ekstatischen Ohnmacht der biblischen Propheten. (Als der Prophet Hesekiel zum ersten Mal dem Göttlichen begegnete, saß er sieben Tage lang »erstarrt« dar, weil das Ganze so ungeheuerlich war.) Trotz der unterschiedlichen Ausdrucksformen hatten jedoch alle, die mit diesen unsichtbaren Kräften in Kontakt gekommen waren, eine gemeinsame Erfahrung zu verzeichnen: Sie sind sich darüber im klaren, daß etwas Außergewöhnliches passiert ist, das sie irgendwie zum Besseren hin verändert hat.

Mir kam die Erkenntnis, daß ich es mit einer Kraft zu tun habe, die größer ist als ich selbst, beim ersten Mal unter äußerst extremen Umständen. Sie kam mir in einer Situation, die so angsterregend war, daß ich erst jetzt, 17 Jahre später, dazu in der Lage bin, sie vollständig aufzuschreiben. Diese Situation stellt ein zentrales Ereignis in meinem Leben dar, denn als ich mittendrin war, war ich gezwungen, meine Denkmuster entweder zu ändern oder aber zu sterben.

Als dieser Wendepunkt in meinem Leben eintrat, war ich 30 Jahre alt. Dan und ich waren bereits seit zehn Jahren verheiratet gewesen; wir waren zu beschäftigt und in unserer Zweisamkeit gefangen, um Kinder zu haben, und balancierten auf der Schwelle zwischen Jugend und Erwachsensein. Wir waren beide voller Träume und Lebensenergie, doch wir hatten einen Punkt erreicht, an dem eine Entscheidung anstand. Die

PR-Agentur, die ich in San Francisco gegründet hatte, fing gerade an zu florieren, doch Dans Wunsch, eine Karriere in der Musikbranche zu verfolgen, bedeutete, daß wir unseren Wohnsitz entweder nach Los Angeles oder Nashville, beides Zentren im Musikgeschäft, verlegen müßten. Keiner von uns beiden war bereit, dem anderen auch nur einen Millimeter entgegenzukommen – nicht, weil wir uns nicht liebten, nein, aber zu dem Zeitpunkt hatte jeder von uns beiden das Gefühl, seinem kreativen Potential stärker verpflichtet zu sein als dem Partner, und wir hatten Angst davor, dem Ruf unserer Seele nicht zu folgen.

In dieser Phase traf Dan die Entscheidung, sich in den Zentren der Musikindustrie nach vorhandenen Möglichkeiten umzuschauen, während ich in San Francisco blieb. Ich wußte, daß wir uns an einem Scheideweg befanden, aber ich konnte die Zeichen nicht richtig deuten und wußte nicht, welche der sich darbietenden Möglichkeiten Wachstum und welche einen Rückschritt bedeuteten. Sollte ich mit Dan in eine andere Stadt umziehen? Sollte Dan in San Francisco bleiben? Sollten wir zusammenbleiben? Sollten wir uns trennen? Bevor ich das Falsche tat, tat ich lieber gar nichts. Ich glaube, ich hoffte darauf, daß der Schmerz irgendwie ganz vorübergehen und das Leben wieder in seinen normalen Bahnen verlaufen würde. In der Zwischenzeit hatte Dan sein uraltes Auto vollgepackt und sich auf den Weg gemacht. Und so kam es, daß ich an einem der seltenen heißen Sommerabende in San Francisco das Licht in unserem Schlafzimmer in der ersten Etage unseres viktorianischen Hauses ausknipste und zu schlafen versuchte.

Irgendwann mitten in der Nacht entdeckte ein Einbrecher ein offenes Wohnzimmerfenster im Erdgeschoß; für ihn genau die Einladung, auf die er gewartet hatte. Es war Dans Aufgabe gewesen, abends die Fenster zu schließen und die Türen abzuschließen. Ich lebte währenddessen in der eigentlich schon der Vergangenheit angehörenden kindlichen Phantasie, daß jemandem wie mir niemals etwas Schlimmes zustoßen könnte. Meine Ehe würde gut laufen, das Wetter in einer Vollmondnacht würde angenehm mild sein, und Türen und Fenster mußten nicht geschlossen werden, bevor ich ins Bett ging.

Dann plötzlich spürte ich eine mit Lederhandschuhen bekleidete Hand an meinem Hals, die den Schrei, den ich vor lauter Entsetzen nicht herausbrachte, erstickte. In der anderen Hand befand sich eine messerscharfe Rasierklinge. Der Kopf des Einbrechers war unter einer Maske versteckt, und an seinem Körper trug er schwarze Lederkleidung. Er war die Personifikation des Todes in meinem Schlafzimmer und an meiner Kehle.

»Holen Sie Ihr Geld!« fuhr er mich an und drückte mich gegen den Schlafzimmerschrank. Ich hatte kein Geld, das ich ihm hätte geben können. Dan kümmerte sich um unsere Geldangelegenheiten. In diesem verzweifelten Moment wußte ich nicht einmal mehr, wo sich meine Geldbörse befand. Als ich zögerte, spürte ich, wie die Rasierklinge meine Brust einritzte und sich ein roter Fleck in meinem Nachthemd bildete – und dann hörte die Zeit plötzlich auf. Die nächsten Momente, die in Wirklichkeit weniger als eine Minute dauerten, fühlten sich wie eine Ewigkeit an. Die Realität fiel auseinander und ich hörte genau, wie eine Stimme aus meiner Seele sagte:

Leben oder sterben? Du hast die Wahl. Du kannst jetzt den leichten Ausweg wählen, und es wird alles vorbei sein, bevor du überhaupt weißt, daß es vorbei ist. Oder du kannst mir dein Leben anvertrauen und noch einmal von vorne anfangen. Es wird hart und schmerzhaft sein – aber es lohnt sich. Es liegt an dir. Entscheide dich. Entscheide dich jetzt.

Ich wußte, daß das die Stimme des Lebens selbst war, die mir ein Angebot machte, das weit über die momentane Krise hinausging – es reichte bis zu den grundlegenden Entscheidungen zurück, die ich für mein Leben getroffen hatte. Bis zu diesem Moment hatte ich daran geglaubt, daß ich besonders dazu auserkoren worden war, erfolgreich zu sein. Im Leben ging es mir um Komfort und darum, meinen Willen zu bekommen. Dans Wünsche, die in Konflikt zu den meinigen standen, brachten meine Vorstellungen darüber, wie mein Leben verlaufen sollte, aus dem Gleichgewicht. Gott hatte mich vor eine schwierige Situation gestellt, indem er mir das, was ich haben wollte, versagte. Und jetzt wurde mir gezeigt, welche Folgen meine Lebenseinstellung haben konnte.

Du möchtest den leichten Weg gehen? Den Weg, bei dem Türen nicht abgeschlossen werden müssen und die Liebe keine ungerechten Forderungen an dich stellt? Hier hast du die Lösung – deine Erlösung hin zu einer Existenz ohne Schmerzen: eine messerscharfe Rasierklinge an deiner Kehle.

Die Situation war hoffnungslos. Es gab keinen Ausweg; und dennoch wußte ich plötzlich ohne den leisesten Zweifel, daß die Antwort auf die Frage, mit der ich so plötzlich konfrontiert worden war, einfach und klar lautete:

JA! Ich möchte leben. Ich nehme alle Belastungen, jegliche Verantwortung, Schmerzen und Begrenzungen, die damit zusammenhängen, auf mich. Ich nehme alles an. Jetzt erkenne ich, daß es sich lohnt – daß jedes kleine Detail von Wert ist. Hilf mir nur, hier herauszukommen, und ich werde dir gehören. Solange ich lebe, kannst du mich als dein Werkzeug auf dieser Erde benutzen.

Von diesem Moment an handelten mein Körper und meine Stimme ganz instinktiv – der Verstand war nicht mehr vorhanden. Ich sagte Worte, die ich gar nicht gedacht haben konnte, es kamen Dinge heraus, von denen ich nicht wußte, daß ich sie wußte, und ich handelte auf eine Art und Weise, die ich nicht für möglich gehalten hätte. Kurz gesagt, ich brachte den Einbrecher dazu, mit mir – die Klinge zeigte noch auf meinen Hals – die lange Treppe zum Erdgeschoß herunterzugehen, wo wir, wie ich ihm sagte, unser Bargeld aufbewahrten. Statt dessen führte ich ihn zu einer Schublade, die zu öffnen ich nie zuvor Gelegenheit gehabt hatte. Dan hatte dort, als wir vor einigen Jahren frisch in das viktorianische Haus eingezogen waren, ohne mein Wissen eine große Schere hineingelegt. Ich ergriff sie und drehte mich um, um sie dem Einbrecher in die Brust zu stoßen. Die Schere drang nicht tief in seine Schichten von dunkler Kleidung ein, aber die Handlung erschreckte ihn so sehr, daß er seinen Griff lockerte, zur Haustür Reißaus nahm und in der Dunkelheit verschwand.

Seit dieser Nacht habe ich nie mehr daran gezweifelt, daß in meinem Leben unsichtbare Kräfte am Werke sind. Viele Dinge änderten sich aufgrund dieses Erlebnisses. Sie änderten sich für uns beide, für Dan und für mich; über den Beinahe-Verlust war er genauso erschüttert wie ich. Wir erkannten, daß uns unsere Liebe genauso wichtig war wie unsere Träume – und daß sie es wert war, daß man für sie ein Opfer brachte. Wir wurden beide mit der Tatsache konfrontiert, daß die Entscheidungen des Lebens komplexer waren, als unsere jugendlichen Illusionen uns hatten glauben machen. Ich fing an, Türen abzuschließen, mich zusammen mit Dan um unsere finanziellen Angelegenheiten zu kümmern und Unterricht in den Kampfkünsten zu nehmen. Dan und ich fingen an, als wirkliches Team zusammenzuarbeiten, wir nahmen am Tanz des Lebens zunächst als Paar und dann neun Monate später als wachsende Familie teil. Wir lernten, was es heißt, im Namen der Liebe Kompromisse zu schließen, Bedürfnisse zu verschieben, unsere eigenen Träume und die des anderen zu pflegen, und, wenn das Schicksal ungerecht ist, zusammenzuhalten und zu feiern, wenn es süß ist. Die Folgen dieser Nacht zeigen ihre nachhaltige Wirkung noch jetzt, wo wir den 17. Geburtstag unseres Sohnes und den zehnten unserer Tochter feiern und darüber hinaus die jüngste Ernennung der Unternehmensberatung und PR-Agentur Dan Orsborn mit Standort Nashville als Agentur für Warner Brothers Records. Dan ist schließlich doch in der Musikindustrie gelandet.

Auch Sie können die Erfahrung göttlicher Kommunikation machen – Sie müssen einfach nur empfänglich dafür werden. Für einige Menschen, die spirituell vielleicht begabter sind als ich, kann sie als »ruhige, kleine Stimme« kommen. In meinem Fall schien ein Vorschlaghammer notwendig gewesen zu sein. Es lag nicht in meiner Entscheidung, empfänglich zu werden. Ich hatte lediglich auf dramatische Weise und recht schnell sämtliche anderen Möglichkeiten für mich erschöpft. Erst dann rief mich die Stimme.

Im nächsten Kapitel des *Solved by Sunset-Prozesses* werde ich Ihnen vier verschiedene Mittel vorstellen, mit deren Hilfe Sie zunehmend dafür empfänglich werden können, Weisheit, Wissen, Informationen und Führung aus einer anderen Quelle zu erhalten als derjenigen, zu der Sie im Alltagsbewußtsein Zugang haben. Wenn Sie dieses erweiterte Bewußtsein lieber so wahrnehmen, als ob es aus Ihrem Unbewußten käme, dann wird das für Sie ebensogut funktionieren. An diesem Punkt ist es nicht wichtig, daß Sie an unsichtbare Kräfte im Universum glauben, sondern daß Sie, so wie es im Zwölf-Schritte-Programm gelehrt wird, bereit sind, *so zu tun, als ob* eine solch außergewöhnliche Offenbarung möglich sei – egal, wie sie sich Ihnen darbietet. Im spirituellen Bereich und in vielen Traditionen wird Nicht-Wissen als höherer Zustand angesehen als Gewißheit, denn zumindest haben Sie im Zustand des Nicht-Wissens die arrogante Illusion der Kontrolle aufgegeben. Zu erkennen, daß wir *keine* Kontrolle ausüben können, darin besteht das Wesen des Vertrauens. Denn wenn Sie wirklich wüßten, was Ihnen passiert, wozu bräuchten Sie dann noch Vertrauen? Das Vertrauen lädt uns dazu ein, unsere rationalen Prozesse hintan zu stellen und uns auf das Geheimnisvolle einzulassen.

Neun
Sie haben die Wahl

In Kürze werde ich Sie an die Übung »Vom Blitz getroffen« heranführen, die der Höhepunkt Ihrer vierten Stunde sein wird. Es handelt sich um einen sehr kraftvollen Prozeß, der die Möglichkeit beinhaltet, Sie zu befähigen, auf eine Weise zu denken, zu sprechen und zu handeln, die Ihre gewöhnlichen Fähigkeiten überschreitet. Doch bevor Sie damit beginnen, möchte ich Ihnen einige Handwerkszeuge vorstellen, die Sie vielleicht im Laufe dieser Stunde anwenden möchten. Sie können eines dieser Werkzeuge benutzen oder alle vier und sie beliebig kombinieren. Welche Werkzeuge Sie verwenden möchten, hängt auch von den anderen Ressourcen ab, die Ihnen zur Verfügung stehen, von der Umgebung, in der Sie den *Solved by Sunset-Prozeß* durchführen und natürlich ebenfalls von Ihrer inneren Führung.

Zunächst möchte ich das Umstrittenste der vier Handwerkszeuge vorstellen. Selbst wenn Sie sich dazu entschließen sollten, keines von ihnen zu verwenden, um Ihre Empfangsbereitschaft zu entwickeln – oder falls Sie nicht über die entsprechenden Ressourcen verfügen, dann bitte ich Sie dennoch darum, die Beschreibung vollständig durchzulesen; es werden darin Prinzipien erläutert, die wichtig für Sie sind, egal, welches dieser vier Werkzeuge Sie wählen sollten.

Die erste Möglichkeit bezeichne ich als »Werkzeug zur intuitiven Entscheidungsfindung«, aber Ihnen ist diese Vorstellung vielleicht schon als »Weissagung« bekannt. An diesem Punkt stellen Sie sich in Gedanken vielleicht Wahrsager und Kartenleger oder in Neonfarben leuchtende Handabdrücke vor. Natürlich gibt es spirituell primitive Heransgehenweisen an die Weissagung, bei denen Kartenlegen als Magie angesehen wird und der Glaube vorherrscht, daß man mit Zaubersprüchen oder Ritualen die Zukunft voraussagen oder sein Schicksal beeinflussen könne. Das ist jedoch keine Methode, die ich befürworte.

Statt dessen werde ich Ihnen eine vollkommen neue Herangehensweise an die intuitive Entscheidungsfindung vorstellen, bei der Orakel-Werkzeuge verwendet werden, die andere bisweilen mißbraucht oder mißverstanden haben. Diese Technik habe ich mehrere hundert Geschäftsleute gelehrt, von denen viele skeptisch waren oder große Angst davor hatten, eine Karte aus dem Tarotspiel zu ziehen. Ich nehme das Risiko auf mich, alte Ängste oder Glaubenssätze heraufzubeschwören, da so viele Leute durch die Erfahrung bereichert worden sind und Führung oder Unterstützung bei ihrem Prozeß der Entscheidungsfindung bekommen haben.

Wenn Sie Tarotkarten oder ein anderes beliebtes Werkzeug zur Hand haben, dann könnten Sie dieses als eine unter vier Möglichkeiten verwenden. Allerdings gibt es zwei Bedingungen.

✸ Die erste Bedingung ist, daß Sie versprechen müssen, alle Anleitungen, die Bedeutungserklärungen der Symbole enthalten, beiseite zu legen, und daß Sie derartige Erklärungshilfen auch in Zukunft vermeiden werden. Lehrer und Anleitungen, die die Bedeutung für Sie definieren und die die unzähligen Möglichkeiten in Ihrer *eigenen* Wahrnehmung der Realität in ein festes Schema pressen, stehlen Ihnen Ihre Kraft und Vitalität; sie ersetzen Ihr eigenes intuitives Wissen durch äußere Führung.

(Übrigens gibt es auch eine Reihe von Menschen, die professionell intuitive Vorhersagen machen. Sie geben auf einfühlsame, inspirierende Weise Führung und können Ihnen dabei helfen, Karten, Readings, Astrologie und ähnliche Orakel-Werkzeuge auf konstruktive Weise in Übereinstimmung mit dem Ansatz zu benutzen, den ich hier beschreibe. Sollten Sie sich in Zukunft an einen professionellen Berater wenden, dann geben Ihnen die Informationen aus diesem Kapitel ein Mittel an die Hand, um beurteilen zu können, ob die Person, mit der Sie zusammenarbeiten, zu Ihrer wachsenden Befreiung von der Illusion der Macht beiträgt oder aber sie Ihnen wegnimmt.)

Statt sich bei der Verwendung von Symbolen nach der Bedeutung zu richten, die andere vorgegeben haben, sollten Sie sich fragen, was jede Karte oder jedes Symbol für Sie bedeutet; dabei sollten Sie jedoch keine endgültige Interpretation festlegen, da bei jedem Mal, wenn Sie Karten legen, eine andere, noch passendere Bedeutung auftauchen kann. Wenn Sie dann das Gefühl haben, daß die Karten oder Symbole keinen Sinn für Sie ergeben, sollten Sie sie beiseite legen. Im Moment können Sie einfach nicht in Resonanz zu ihnen treten. Drei weitere Werkzeuge stehen Ihnen noch zur Verfügung.

✸ Die zweite Bedingung sieht so aus: Sollten Sie eine Karte ziehen oder ein Hexagramm werfen, das sich falsch für Sie anfühlt und das Sie einfach nicht mögen, dann sollten Sie es zurücklegen, um es noch einmal zu probieren – oder Sie lassen die ganze Angelegenheit beiseite und entfernen sie aus Ihren Gedanken.

Die beiden Vorhersagearten, die ich vornehmlich verwende, sind das *I Ging* und das Tarotspiel. Wie ich bereits in meinem Buch *Wie würde es Konfuzius anstellen, eine Gehaltserhöhung zu bekommen?* dargelegt habe, dauerte es mehrere Jahrzehnte, bis ich den Gebrauch des *I Ging* erlernt hatte, da die komplexe Symbolsprache eher poetisch und verbal als visuell ist. Da ich annehme, daß es unter meinen Lesern auch solche gibt, die sich erstmalig mit der Vorhersagekunst beschäftigen, möchte ich für unsere heutigen Zwecke meine Ausführungen auf ein sehr bekanntes und klassisches Werkzeug richten: auf das Rider-Waite-Tarot. Dieses Tarotspiel ist für den *Solved by Sunset-Prozeß* besonders geeignet, da dort 78 universelle, archetypische Situationen visuell dargestellt sind, die im Leben sowohl äußerlich als auch innerlich in Form von Bildern auftauchen können. Die Bilder sind komplex und reichhaltig – und sie weisen Ihnen den Weg, um Ihre eigene Interpretation vorzunehmen. In all meinen Workshops war es bisher so, daß es auf die Situationen, die für jemanden aufgetaucht waren, immer die ein oder andere Karte gab, die eine symbolische Anspielung darauf darstellte – von den unschuldigen Hoffnungen aus der Kindheit bis zur Reise des Helden durch die dunkle Nacht der Seele, vom Magier, Narren und Herrscher bis hin zum Rad des Schicksals. Es gibt Siege und Niederlagen, Kreativität und Zerstörung.

Bevor Sie ein Werkzeug zur intuitiven Entscheidungsfindung verwenden, sollten Sie sich zuvor einige Momente lang auf Ihr Anliegen besinnen: Was brauche ich, um mein Problem zu lösen? Ist das die beste Richtung, die ich einschlagen kann? Was steht mir im Weg? Legen Sie die Karten, nachdem Sie sie gemischt haben, mit der Bildseite nach unten. Bleiben Sie dann mit Ihrer Frage in Gedanken so lange ruhig sitzen, bis Sie sich vollständig zentriert haben. Wenn Sie sich bereit fühlen, ziehen Sie eine Karte aus dem Stapel. Merken Sie sich Ihre ersten und emotionalen Reaktionen, und lassen Sie Ihren Geist frei umherwandern, wenn das Bild vor Ihren Augen erscheint. Suchen Sie dabei nicht nach richtigen oder falschen Antworten oder nach Vorhersagen für Ihre Zukunft oder Ihr Schicksal oder nach irgend etwas, das Ihnen die Karte *sagen* will. Behalten Sie lieber Ihre eigene Reaktion im Auge. Sie werden sehen, daß sich Ihre Reaktion auf eine bestimmte Karte von Mal zu Mal verändern kann. In einer bestimmten Situation kann das Bild des in eine Kapuze gehüllten Mannes, der auf einem dunklen Pfad wandelt, auf dem ihm einzig seine Laterne den Weg ausleuchtet (der Eremit), furchtbar einsam und traurig erscheinen; bei einer anderen Gelegenheit kann dasselbe Bild mutig und aufregend wirken. (Es ist eine wunderbare Kreativitätsübung, jede Karte im Spiel durchzugehen und nach einer möglichen positiven wie auch negativen Interpretation einer jeden Karte zu suchen, ganz unabhängig von Ihrem gegenwärtigen Problem oder Ihrer derzeitigen Frage. Wenn Sie keine Tarotkarten zur Hand haben, dann können Sie dieselbe Übung auch mit Bildern aus Zeitschriften ausprobieren oder sogar mit Bildern aus Ihren Träumen und Phantasien.)

In der Psychologie wird diese Fähigkeit, seine Wahrnehmung zu verändern, als »reframing«, »Setzen eines neuen Rahmens«, bezeichnet. Bei dieser Kartenübung und auch beim Prozeß des »reframing« trainieren Sie sich, mit Ihren Interpretationsmöglichkeiten aus dem Rahmen der sonst üblichen, automatischen Reaktionen hinauszugehen. Sie denken z.B., daß Sie ein schlechter Vater oder eine schlechte Mutter seien, weil Sie wütend auf Ihr Kind geworden sind. Das ist eine Möglichkeit. Aber es ist auch möglich, daß Ihre Wut ein Zeichen dafür ist, wie sehr Sie sich um Ihr Kind sorgen, und daß Sie eine tolle Mutter oder ein toller Vater sind. Das ist »reframing«. Sie haben Lampenfieber und denken, daß Sie als Musiker niemals erfolgreich sein werden. Könnte Ihr Lampenfieber nicht eine Widerspiegelung Ihrer eigenen hohen Ansprüche sein – und damit genau der Antrieb, der den Schlüssel zu Ihrem größten Erfolgspotential enthält?

Wenn Sie mit einem Bild, einer Karte oder einem Traumbild arbeiten, sollten Sie Ihre auf das Symbol oder die Interpretation folgenden Reaktionen, Gedanken und Emotionen notieren und sie fünf bis zehn Minuten aufschreiben, ohne eine Pause zu machen. Dabei ist wichtig, daß Sie das Geschriebene nicht beurteilen oder sich Gedanken darüber machen, ob es logisch oder sinnvoll ist. Diese Übung hat große Ähnlichkeit mit der von Ihnen bereits durchgeführten Übung »Definieren Sie Ihre Ziele«.

Die Weissagung kann für Sie auch dann von Wert sein, wenn Sie sie nur als Handwerkszeug verwenden, um Ihre eigenen unterbewußten Gedanken an den Tag zu bringen, oder als kreative Übung, um weitergesteckte Möglichkeiten zu erschaffen. In psychologischen und spirituellen Gemeinschaften gibt es jedoch auch eine reiche Tradition, die besagt, hinter der Weissagungskunst stecke mehr als nur die Vorstellung, das zu erfahren, was in Gedanken sowieso schon da ist.

Vielleicht haben Sie schon einmal den Begriff »Synchronizität« gehört. Nach C. G. Jung steckt hinter dem Auftreten von Synchronizität – bei der Ereignisse räumlich und zeitlich zusammenfallen – »etwas mehr« als reiner Zufall. Dieses »etwas mehr« besteht in einer merkwürdigen Wechselwirkung zwischen objektiven Ereignissen und dem subjektiven Zustand des Beobachters. Synchronizität ist der Ort, an dem sich Naturwissenschaften und Mystik überschneiden, so wie unser auf ökologische Veränderungen sensibel reagierender Planet und schwindende Ressourcen uns verdeutlichen, wie sehr alle Dinge auf der Erde miteinander in Verbindung stehen. Wenn Sie Haarspray in New Jersey benutzen, dann wird das Ozonloch über der Antarktis größer. Wenn Sie einen Fluß in einer bestimmten Zeitzone verschmutzen, dann produzieren die Kühe in einer anderen weniger Milch.

Gleichzeitig hat die neue Physik das Wesen der Realität neu definiert. Wenn wir Materie beobachten, verändern wir ihr Verhalten. In der physischen Welt ist es unmöglich, die endgültige Wahrheit zu kennen. Jede Handlung, egal, wie unbedeutend sie ist, bringt Auswirkungen mit sich, die immer auch in der Zukunft sichtbar werden. Der Film *Zurück in die Zukunft* zeigte, welch transformatorische Wirkung der erste Kuß eines jungen Mädchens auf einem Hochschulball hat oder wie ein einziger Blitzstrahl sich auf zukünftige Ereignisse auswirkt. Der spirituell inspirierte Gedanke »wir sind alle eins« bekommt eine neue Bedeutung, wenn wir anfangen zu verstehen, daß zu jedem beliebigen Zeitpunkt, auf irgendeiner mysteriösen Ebene jede im Universum stattfindende Handlung irgendwie mit allen Handlungen der Vergangenheit, Gegenwart und Zukunft verbunden ist.

Jung hat das Phänomen der Synchronizität 30 Jahre lang untersucht und versucht zu erklären, warum die scheinbare Willkür beim Werfen von Schafgarben oder Münzen zu einer intelligenten, zielgerichteten Einsicht führen kann, die das, was durch Zufall herbeigeführt wird, bei weitem übersteigt. Wenn Sie scheinbar zufällig eine Karte ziehen, dann dient sie als Katalysator, um Ihre unterbewußten Gedanken in Gang zu setzen und es ihnen zu erlauben, sanft in Ihr Bewußtsein hochzusteigen. Die Antworten und die Einsichten, die Sie durch die Verwendung von Weissagungswerkzeugen erhalten, helfen Ihnen dabei, Zugang zu tieferen Bedeutungsmustern zu bekommen. Dabei kommt die Vorstellung zum Tragen, daß die Karte, die Sie zufällig ziehen, eine Widerspiegelung Ihrer Verbindung zu den besonderen zu diesem Zeitpunkt im Universum wirkenden Kräften ist.

Synchronizität bestätigt das, was Sie höchstwahrscheinlich intuitiv bereits als richtig empfunden haben, nämlich die Tatsache, daß es zwischen Ihren spirituellen, emotionalen und psychologischen Zuständen und den Dingen, die Ihnen geschehen, eine Verbindung gibt. So wollten Sie z. B. einmal, daß eine bestimmte Person Sie anrufen sollte. So lange Sie verzweifelt darauf warteten, rührte sich das Telefon nicht. Als Sie sich schließlich entspannten und sich der Möglichkeit öffneten, daß der Anruf doch nicht kommen würde, fing das Telefon an zu klingeln. Oder wie war es, als Ihr Bekannter wütend war und ihm dann jemand auf einer Kreuzung von hinten ins Auto fuhr?

Zwischen scheinbar unzusammenhängenden Dingen scheint es eine inhärente Verbindung zu geben. Das *I Ging* lehrt uns, daß es zwar nicht unsere Aufgabe ist, den Nutzen einzustreichen oder die Verantwortung dafür zu übernehmen, daß diese Verbindungen hergestellt werden. Wir können jedoch die Muster und Verbindungen, die sich uns offenbaren, untersuchen, um die Gesetze des Universums und die inneren Gesetze unseres Seins besser zu verstehen und zu respektieren:

> »Die Betrachtung der Formen am Himmel verleiht die Fähigkeit, die Zeit und ihre wechselnden Anforderungen zu verstehen.«

Sie erschaffen nicht die Gesamtheit Ihrer Realität – weder durch eine bewußte Manipulation der äußeren Realität noch durch die magische Manipulation unsichtbarer Kräfte –, doch Sie sind an diesem Prozeß beteiligt. Sie können im Leben vorankommen, wenn Sie Entscheidungen treffen, die mit dem inneren Gesetz Ihres Seins übereinstimmen. Im *I Ging* heißt es dazu:

> »Wenn er ganz wahr und folgerichtig handelt, so findet er den Weg, der ihm entspricht.«

Synchronizität ist für viele von uns ein reizvolles Konzept – besonders für diejenigen, die gelernt haben, sich ausschließlich auf ihre rationalen kognitiven Prozesse zu verlassen, um eine Lösung für ihre Probleme zu finden. Wenn Sie sich auf die Prozesse dieser Stunde einlassen, – entweder indem Sie die Werkzeuge anwenden, die ich Ihnen gerade vorgestellt habe, oder die anderen damit zusammenhängenden Prozesse, die ich Ihnen in Kürze vorstellen werde –, dann müssen Sie sich eine grundlegende Frage stellen, eine Frage, die bei unserer Betrachtung der folgenden Vorstellung implizit mitschwingt: Glauben Sie, daß Ordnung in diesem Universum die Norm und Chaos die Ausnahme darstellt? Oder glauben Sie, daß das Universum grundsätzlich chaotisch ist und daß Ordnung ein Zustand ist, der gelegentlich zufälligerweise auftritt? Jegliche Erörterung der Kunst des Weissagens basiert auf der Annahme, daß Sie die Vorstellung akzeptiert haben, daß es eine unsichtbare Ordnung im Universum gibt, die Ihre spirituelle Entwicklung und Ihre wachsende Fähigkeit unterstützt, gute Entscheidungen zu treffen. Wenn Sie mit dieser unsichtbaren Ordnung im Einklang sind, dann haben Sie das, was die Juden als *mazel* bezeichnen, nämlich Glück, das in der chassidischen Tradition »eine einflußnehmende Konfiguration der höheren Kräfte» bedeutet. Albert Einstein sagte einmal, daß die einzige Frage, die sich jeder Mensch unbedingt stellen muß, lautet: *Ist das Universum wohlgesonnen oder nicht?*

Synchronizität zwingt uns dazu, uns mit der Frage der dem Universum innewohnenden chaotischen bzw. geordneten Natur auseinanderzusetzen, mit allen dazugehörigen Implikationen. Doch bevor wir weitergehen, fühle ich mich dazu veranlaßt, einen Aspekt der Synchronizität anzusprechen, der noch weitaus fordernder ist und ironischerweise ausschließlich bei denjenigen auftaucht, die zu besonderem Optimismus neigen. Ich nenne es das Parkplatz-Syndrom.

Vor nicht allzu langer Zeit kam Lisha, eine der fröhlichsten meiner Weggefährtinnen auf dem spirituellen Weg, aus San Francisco zu mir zu Besuch. In den *alten* Zeiten, in den frühen siebziger und achtziger Jahren, hatten sie und ich uns mit verschiedenen Praktiken des positiven Denkens auseinandergesetzt. Diese besagten, daß wir Macht besitzen würden, wenn wir uns mit dem Universum in Einklang brächten. Das Eingangstor in diese neue Welt der Macht waren die Parkplätze. Wenn du mit dem Universum im Einklang bist, so lautete die Philosophie, dann kannst du Parkplätze entstehen lassen. Um 1985 war das in San Francisco ein nicht zu unterschätzendes Wunder, und deshalb liefen wir alle umher, brachten unseren Geist mit dem Universum in Einklang und bereiteten unseren Willen darauf vor, dem begehrtesten aller spirituellen Schätze Gestalt zu geben: einen billigen und legalen Platz zu finden, an dem man sein Auto abstellen konnte.

In den darauffolgenden Jahren meines Lebens, in denen ich mich zu meiner Zufriedenheit mit dem Universum in Einklang gebracht hatte und sich die dazugehörige Erwartung von einem freien Parkplatz mehr als einmal nicht erfüllt hatte, sah ich mich einer Entscheidung gegenüber. Entweder hatte ich mich mit dem Universum nicht gut genug in Einklang gebracht – oder der Gott der Parkplätze war bloßes Gequatsche. Dank eines zum richtigen Zeitpunkt stattfindenden Zwölf-Schritte-Programms, das ich um diese Zeit besuchte, lernte ich die Vorstellungen von Akzeptanz und Hingabe gerade noch rechtzeitig kennen. Ich fand heraus, daß die Akzeptanz menschlicher Begrenzungen eine weitaus gesündere Investition in mein spirituelles Leben darstellte als die Materialisierung freier Parkplätze; und deshalb meinte ich, jegliche Magie bereits hinter mir gelassen zu haben. Bis Lisha nach Nashville kam. Zu unseren täglichen Abenteuern gehörte auch ein Besuch der Theologischen Fakultät der Vanderbilt Universität. Als wir uns dem Campus-Parkplatz näherten, bemerkte ich so leichthin, daß wir bestimmt keinen Parkplatz finden würden, da wir später als sonst dran waren. In den vielen Monaten, seitdem ich mit dem Studium angefangen hatte, hatte es zu dieser Tageszeit nie einen freien Parkplatz gegeben. Lisha lachte mich aus. »Mach dir keine Sorgen«, sagte sie mit einer plötzlich ärgerlichen Stimme. »Wir schaffen uns einen.«

Mit dem Gefühl grenzenloser Überlegenheit aufgrund meines reifen Verständnisses von Hingabe machte ich mich daran, sie zu widerlegen. Natürlich würde sie keinen Parkplatz finden. Aber zu meinem Bedauern tat sich direkt vor uns ein großer freier Parkplatz auf.

Es war einfach Glück, versicherte ich mir.

Aber am nächsten Tag passierte genau dasselbe – und auch am übernächsten Tag. Meine wichtigsten Glaubenssätze gerieten ins Wanken. Ich war wütend und verwirrt. Hatte ich zu voreilig die Vorstellung aufgegeben, daß ich in meinem Leben Wunder herbeiführen könnte?

An dem Tag, als Lisha abreiste, näherte ich mich dem Parkplatz mit Beklommenheit; dabei hatte ich gleichermaßen Angst davor, daß dort ein freier Parkplatz auf mich warten würde, wie davor, daß keiner da wäre. Die zerstörerische Illusion, Macht und Kontrolle ausüben zu können, wollte ich nicht wieder in mein Leben zurücknehmen; aber einen guten Parkplatz wollte und verdiente ich wie jeder andere auch. Dann kam mir plötzlich ein Gedanke. Anstatt zu akzeptieren, daß es keinen Parkplatz geben würde, und anstatt anzunehmen, daß ich einen schaffen könnte, würde ich dem Universum meine Wünsche anvertrauen und dann akzeptieren, was immer passieren sollte. Nun raten Sie mal, was passierte? An manchen Tagen gab es einen Parkplatz; an anderen Tagen gab es keinen. Aber egal, ob nun ein Parkplatz auftauchte oder nicht, meine tägliche Suche nach einem freien Parkplatz hat sich in ein Abenteuer verwandelt, bei dem *alles möglich ist.*

Während ich früher Macht falsch verstanden hatte, habe ich unlängst Akzeptanz falsch verstanden. Sie haben das Recht auf eine Beziehung zum Universum, die Ihrem Leben einen Sinn verleiht. Sie haben das Recht, um das, was Sie haben möchten, zu bitten und darauf zu hoffen. Wenn Sie mit den unsichtbaren Kräften des Universums in Einklang stehen, wenn Sie die Herausforderungen des Lebens mit Ihrer Begeisterungsfähigkeit, Ihrer moralischen Integrität und Ihrer intakten Lebendigkeit annehmen, dann können Sie immer noch kein bestimmtes Ergebnis garantieren. Aber Sie werden mit etwas beschenkt werden, daß ebenso wertvoll ist: Sie werden intuitiv darauf vertrauen, daß die scheinbar schlechten Dinge, die Ihnen geschehen, wahrscheinlich eher von *außerhalb* Ihrer Person auf Sie zukommen, als daß sie durch Ihren eigenen Widerstand oder Ihre eigene Überheblichkeit hervorgerufen oder geschaffen werden. Da die schlechten Dinge außerhalb von Ihnen sind, werden sie auch wieder vorübergehen.

Es gibt keine Garantien, aber ich habe die Erfahrung gemacht, daß die Chancen auf Ihrer Seite stehen, wenn Sie sich vom Leben leiten lassen. Sie müssen Ihre Ziele so definieren, als ob dieses Universum geordnet und liebevoll sei – und dann bereit sein, sich auf das einzulassen, was immer kommt. In diesem Universum gibt es eine Ordnung, nämlich das Versprechen, daß sich am Ende das, was wirklich gut und richtig ist, durchsetzen wird. Vielleicht nicht in Ihrer Zeit, aber sicherlich in Gottes Zeit.

Natürlich gibt es dafür keine rationalen Beweise. Wenn Sie die endlosen Berichte über Gewalt und Krieg in den Abendnachrichten hören, dann könnten Sie versucht sein, Ihr vorzeitiges Urteil zugunsten von Ordnung und Hingabe vor dem Hintergrund der steigenden Statistik fallenzulassen. Der Philosoph Ernest Renan, zitiert von William James, gab seinen Zeitgenossen folgenden Rat:

> »*In utrumque paratus.* Sei gefaßt auf alles – vielleicht ist das Weisheit. Geben wir uns selbst, je nach Gelegenheit, dem Vertrauen, der Skepsis, dem Optimismus, der Ironie hin – und wir können sicher sein, daß wir wenigstens dann und wann auf seiten der Wahrheit stehen werden.«

✹ Übung: Vom Blitz getroffen

In dieser Stunde werden Sie sich im Hinblick auf das Problem, das Sie bis Sonnenuntergang lösen möchten, vier bestimmte Fragen stellen. Nachdem Sie die Fragen mit Ihren eigenen Worten formuliert haben, mit all den dazugehörigen Gefühlen und Gedanken, werden Sie jede Frage dem Universum übergeben und darauf vertrauen, daß die Antwort auf ihre eigene Weise zum richtigen Zeitpunkt zu Ihnen kommen wird.

Die Fragen lauten folgendermaßen:

1. Wie lautet die Wahrheit im Hinblick auf das Problem oder das Thema, mit dem ich in meinem Leben gerade konfrontiert bin?
2. Wie sieht das Hindernis aus, das der Problemlösung bis heute abend zum Sonnenuntergang im Weg steht?
3. Was sollte ich tun?
4. Welches Ergebnis kann ich erwarten?

Ihnen werden wahlweise vier Handwerkszeuge zur Verfügung stehen, die Sie bei diesem Prozeß unterstützen sollen. Sie können im voraus entscheiden, ob Sie für alle vier Fragen ein und dasselbe Handwerkszeug verwenden möchten oder für jede Frage ein anderes, oder Sie können sie, wenn Sie die Übung durchführen, beliebig miteinander kombinieren und sich intuitiv dafür entscheiden, welches Handwerkszeug in diesem Moment gerade das beste und passendste ist. Wenn an diesem Tag zufällig Sommmersonnenwende sein sollte oder es so ist, daß Ihnen zwischen dem jetzigen Zeitpunkt und dem Sonnenuntergang mehr Stunden als üblich zur Verfügung stehen, dann möchten Sie diese Übung vielleicht länger als eine Stunde ausdehnen. Sie können, falls Sie das möchten, sogar auf jedes dieser vier Handwerkszeuge und jede Frage eine Stunde verwenden.

✸ Auf das erste Handwerkszeug sind Sie bereits gut vorbereitet: die Weissagung. Sie können jede Form, mit der Sie sich wohlfühlen, verwenden, solange Sie sich an die von mir dargelegten Richtlinien halten.

✸ Ihre zweite Möglichkeit ist eine Variante dieses ersten Handwerkszeugs: Sie können ein bekanntes Buch, vielleicht die Bibel oder ein anderes spirituelles Werk, zur Hand nehmen. Sie formulieren in Gedanken eine oder mehrere Fragen und schlagen es willkürlich an einer Stelle auf. Dort beginnen Sie zu lesen, um nach einer möglichen Bedeutung und nach Führung zu suchen.

✸ Das dritte Handwerkszeug führt Sie mit Ihrer Frage (oder Ihren Fragen) auf einen Spaziergang in die Natur. Wenn Sie so umherspazieren, sollten Sie gegenüber Zeichen in Ihrer Umgebung, die für Sie persönlich von Bedeutung sind, aufmerksam bleiben; das kann ein tapferer neuer Trieb sein, der aus dem angeschwärzten Stumpf eines stark verbrannten Baumes herauswächst, oder ein Rotkehlchen, das sich in Ihrer Nähe niederläßt und eine Botschaft zwitschert, die für Sie bestimmt ist. Seien Sie offen gegenüber allem, was Ihnen ins Auge fällt und auf übertragene Weise (oder sogar wörtlich) zu Ihnen spricht. Die Botschaft kann Sie sofort erreichen, oder es kann eine Weile dauern. Ich habe einmal einen Workshop besucht, bei dem ein Teilnehmer davon berichtete, daß sich inmitten seines heiligen Prozesses ein menschliches Bedürfnis meldete und er darüber sehr frustriert war. Murrend machte er sich auf den Weg zum Örtchen und sah das ganze als unwillkommene Ablenkung an. Doch statt dessen stolperte er über die Antwort auf seine Frage. Diese stand auf irgendwie mysteriöse Weise mit der Betätigung des Abzugs in Zusammenhang. Er erzählte uns, daß er den Großteil seiner Stunde damit verbracht hatte, an der Schnur zu ziehen und zu beobachten, wie das Wasser fort zu einem abgelegenen, mystischen Endpunkt wirbelte, was sein Problem zu seiner vollkommensten Zufriedenheit löste.

✸ Bei dem vierten Handwerkszeug nehmen Sie Ihre Frage in eine Meditation mit geschlossenen Augen oder vielleicht sogar in einen tiefen Schlaf mit (vergessen Sie nicht, Ihren Wecker zu stellen). Bitten Sie darum, daß eine Vision oder ein Traum mit der Antwort, die Sie erhoffen, auftauchen möge. Träume sind der Jungschen Psychologie zufolge die Stimme des Unbewußten, die Ihren bewußten Verstand zu seinen heiligen Wurzeln zurückführt. Wenn Sie sich für diese Möglichkeit entscheiden, sollten Sie sich einen Wecker stellen, der Sie nach einer Stunde wieder weckt. Stift und Papier sollten Sie griffbereit neben Ihrem Sofa oder Bett liegen haben. Schreiben Sie unmittelbar nach dem Aufwachen alle Traumbilder, die Ihnen erschienen sind, so detailliert wie möglich auf. Zu diesem Zeitpunkt müssen sie noch keinen Sinn ergeben und auch noch nicht auf Ihre Frage anwendbar sein.

✸ Wenn Sie aufwachen, ohne einen Traum gehabt zu haben, oder sich statt dessen dafür entscheiden, während dieses Prozesses bewußt zu bleiben, könnten Sie statt des Traumes eine geführte innere Reise ausprobieren. Sie können sich selbst durch eine Reise führen, indem Sie die Augen schließen und sich vorstellen, daß Sie sich an einem wunderschönen Platz in der Natur befinden und ein weises Wesen auf Sie zukommt. Das Wesen kann eine bestimmte Form haben; es kann sogar jemand sein, den Sie in Ihrem realen Leben kennengelernt haben, oder es kann ein Energiewesen oder ein Gefühl sein. Wie auch immer Sie sich dieses Wesen vorstellen, es bringt Ihnen ein Geschenk. Worum handelt es sich? Wenn sich das Geschenk in einer Schachtel befindet, dann heben Sie den Deckel hoch und schauen nach, was darin ist. Stellen Sie sich diese Szene so detailliert wie möglich vor. An diesem Punkt brauchen Sie nicht zu verstehen, was das Geschenk bedeutet. Akzeptieren Sie das Geschenk einfach, danken Sie dem Wesen und schauen dann zu, wie es in der Ferne verschwindet. Wenn die Begegnung abgeschlossen ist, dann öffnen Sie die Augen wieder und schreiben Ihr Erlebnis so detailliert wie möglich auf. Wenn das Geschenk ein Gegenstand ist, dann möchten Sie vielleicht versuchen, ein Bild von diesem Gegenstand zu malen. Wenn Sie diesen Prozeß beendet haben, werden wir fortfahren.

Zehn
Keine Wahl

Man hört – man sucht nicht; man nimmt – man fragt nicht, wer da gibt; ein Gedanke taucht plötzlich hell wie ein Blitz auf, er kommt mit Nachdruck, ohne Zögern – ich hatte nie eine Wahl in der Sache.

Nietzsche

Haben Sie die Antwort bekommen, die Sie sich erhofft hatten? Haben Sie Zeichen erhalten, die verwirrend und vielleicht sogar verunsichernd sind? Haben Sie scheinbar gar nichts bekommen? Im nächsten Abschnitt werden wir eine Übung machen, die Sie dabei unterstützt, Ihre Erfahrungen dieser Stunde zu verstehen, unabhängig von dem Ergebnis, das Sie meinen, bekommen zu haben bzw. nicht bekommen zu haben. Denken Sie daran, daß es beim *Solved by Sunset-Prozeß* keine Sackgassen gibt und daß nichts verschwendet ist. Bald werden Sie die Höhe erklommen haben und mit einem letzten Tropfen über die höchste Stelle fließen; Sie werden in einen Fluß verwandelt werden, der die Freiheit hat, seine Reise ungehindert fortzusetzen, und das Hindernis, das so unüberwindbar erschien, mit Leichtigkeit hinter sich zu lassen.

Doch bevor wir zu unserer nächsten Stunde übergehen, möchte ich mir einen Augenblick Zeit nehmen, um mit Ihnen zwei Erfahrungen aus dem Prozeß »Vom Blitz getroffen« zu teilen.

Die erste Erfahrung machte einer unserer Kunden, der Geschäftsführer und Teilhaber einer kleinen Rechtsanwaltskanzlei in San Francisco. Bei unserem letzten Treffen war er ganz geschäftsmäßig – für die Höflichkeiten, die selbst ein leistungsbetontes geschäftliches Umfeld erträglich machen, hatte er keine Zeit. Er gehörte zu denjenigen, die glauben, daß Geschäft gleich Krieg sei und daß der Weg zum Erfolg darin bestehe, eine Firma wie eine Armee zu führen. Seine Angestellten und Geschäftspartner waren sorgfältig dazu ausgebildet worden, was er sagte, zu erledigen, ohne es zu hinterfragen. Als Folge davon gab es in der Mannschaft bei der täglichen Arbeit wenig Meinungsverschiedenheiten, aber in der Firma herrschte eine hohe Fluktuation. Das war auch der Grund, warum er uns angerufen hatte. Er hatte das Gefühl, daß er das Image seiner Firma aufbessern müsse, um bessere Mitarbeiter anzuziehen.

Ich verließ sein Büro mit der festen Absicht, einen Plan für ihn zu entwickeln – allerdings hatte ich das flaue Gefühl, daß man mit einer PR-Kampagne eigentlich nur ein Pflaster über ein Loch, das sich im Bauch eines bereits sinkenden Schiffes aufgetan hatte, kleben würde. Aber als ich ihn nach einigen Wochen mit einem Plan im Schlepptau erneut aufsuchte, war er ein vollkommen veränderter Mensch.

Er erzählte mir, daß er nach unserem Treffen eine besonders tiefe Krise durchlebt habe. Einer seiner wichtigsten Mitarbeiter hatte ihn verlassen und einige andere Angestellte und einen guten Teil des Geschäfts mitgenommen. Verzweifelt hatte er dem Wunsch seiner Frau nachgegeben, ein spirituelles Eintages-Seminar auf dem Lande zu besuchen. Dort wurde er nachmittags dazu aufgefordert, nach einem »Lehrer« Ausschau zu halten – nach irgendeinem Aspekt in der Natur, der eine Botschaft für ihn bereithielt. Voller Widerstand gegen diese Vorstellung hatte er das Gelände in der Überzeugung betreten, daß das Ganze Zeit- und Geldverschwendung sei. Vögel. Blumen. Puh. Er saß auf einem Stein und malte mit einem Stock Bilder auf den Boden, als er plötzlich das Geräusch donnernder Hufe vernahm, die sich ihm näherten. Aus dem Unterholz, das das abgesteckte Gelände umgab, tauchte eine Rehfamilie auf. Die vier verspielten Tiere, deren Anführer ein prächtiger Hirsch war, rannten in totaler, uneingeschänkter Freude durch das Gelände. Nicht aus Gehorsamkeit nahmen sie miteinander Kontakt auf, sondern aus freien Stücken. Niemand zwang sie dazu: Sie entschieden sich dafür zusammenzubleiben, weil sie zusammensein wollten.

Aufgrund der Offenbarung, die ihm in diesem Augenblick zuteil wurde, entschloß sich unser Geschäftsführer dazu, sich in Zukunft in seinem Büro Zeit für Höflichkeiten zu nehmen. Für seine wichtigsten Mitarbeiter organisierte er ein Mittagessen in einem beliebten Restaurant und überraschte seine Angestellten damit, daß er ihnen aus keinem besonderen Grunde Blumen mitbrachte. Wir machten mit unserer Kampagne zur Image-Aufbesserung zwar weiter, doch es war nicht mehr länger notwendig, bessere Mitarbeiter anzuwerben, da es nicht mehr so häufig zu Kündigungen kam. Statt dessen bat er uns darum, unsere Kampagne fortzusetzen, um neue Kunden zu gewinnen. Kurze Zeit später war seine Kanzlei eine der begehrtesten in ganz San Francisco.

Leute, die von seiner Geschichte erfuhren, fingen an, ihm Hirschmaskottchen zu schicken. Er bekam ausgestopfte, nachgemachte Tiere, aus Holz geschnitzte Hirsche und solche, die aus Stein gemeißelt waren. Am Ende bekam er Krawatten mit Rotwild und T-Shirts mit Hirschmotiven. Der schamanistischen Tradition bestimmter amerikanischer Ureinwohner zufolge hatte er so sein Krafttier gefunden bzw. sein Totemtier.

Mit Neid dachte ich an den Hirsch unseres Kunden, als Dan und ich einige Monate später auf einer Geschäftsreise durch Arizona die Gelegenheit hatten, durch Sedona zu fahren. Wir hatten ziemlich viel von Energiewirbeln und anderen mystischen Kraftzentren gehört – Orten, die das Versprechen bargen, daß man dort seine Energie mit der unsichtbaren Ordnung des Universums in Einklang bringen könne. Wir wollten es selbst ausprobieren, aber da wir in der Stadt nur einige Stunden zur Verfügung hatten und keine Zeit, um die genaue Position der Energiewirbel auszukundschaften, machten wir von der Möglichkeit Gebrauch, einen Führer zu engagieren, der uns in die roten Felsen der Wüste führen sollte, damit wir dort wie bestellt unsere Erfahrung machen konnten.

Der Reiseführer war angenehm und hilfsbereit, obgleich Dan und ich uns ein bißchen dumm dabei vorkamen, ihm eine Gebühr für Spiritualität auf Bestellung zu bezahlen. Glücklicherweise gingen wir nicht mit hohen Erwartungen an dieses Erlebnis heran. Ich bin mir sicher, daß unsere Unbeschwertheit teilweise auch daher rührte, daß uns an diesem Tag keine drängenden Fragen im Kopf herumgingen. Wir konnten es uns leisten, ganz unbekümmert an dieses Abenteuer heranzugehen.

Als Dan und ich unsere Tour im Zentrum von Sedona buchten, wurde uns eine Auswahl der spirituellen Möglichkeiten vorgelegt. Dan suchte sich eine Begegnung mit einem Medizinrad aus, während meine Wahl auf ein Treffen mit meinem persönlichen Totemtier fiel.

Das Tier zu finden, das wichtig für mich sein, mich beschützen und führen würde, darüber hatte ich mir schon immer Gedanken gemacht und diesen Wunsch in mir gehegt. Der Reiseleiter brachte uns in einem farbenfrohen Jeep aus der Stadtgrenze von Sedona heraus und fuhr uns zu einem phantastischen Felsen aus rotem Gestein. Während sich Dan mit unserem Führer zum heiligen Medizinrad aufmachte, war mir gesagt worden, daß sich innerhalb der nächsten Stunde ein heiliges Treffen mit meinem Totemtier ereignen würde.

Ganz allein zurückgelassen, stapfte ich mit erwartungsvoller Miene durch das rauhe Unterholz. Bahnte sich da der Klang eines heulenden Kojoten für meine Zukunft an? Oder gab es einen prächtigen Habicht, der sich durch die aufziehenden Wolken über mir in die Lüfte schwang? Ein Hirsch, der seinen Weg in mein Herz suchte? Nichts von alledem. Dann kam mir folgender Gedanke: Natürlich soll ich eine Vision haben und keine wirkliche Begegnung. Mit einer gewissen Selbstgefälligkeit angesichts dieses Geistesblitzes setzte ich mich in den Lotossitz und harrte der wundervollen Dinge, die da kommen sollten. In den nachfolgenden, langen Minuten zog eine Reihe von Tieren in Form einer Parade durch meinen Kopf; dabei schlängelte sich eines nach dem anderen durch meine Gedankenwelt, so wie es die riesengroßen Ballons auf der Erntedankparade von Macy's durch die Fifth Avenue tun. Tiger, Bären, Löwen, Delphine – sobald eines dieser Tiere seinen hoffnungsvollen Auftritt in meinem Geist gemacht hatte, wurde es auch schon von einem anderen prächtigen Tier von seinem Platz verdrängt, damit dann für dieses die Bühne frei war. Nach einigen schmerzlich langen Minuten gab ich es auf; ich war von meiner Dummheit angewidert und öffnete die Augen. Genau in diesem Augenblick fiel mein Blick zu meinem allergrößten Entsetzen auf einen großen, fetten, rosa Wurm, der gerade auf meinen rechten Fuß zukroch. Das war nicht nur einfach irgendein Wurm. Ich wußte ohne jeden Zweifel, daß das *mein* Wurm war. Er lag da mitten auf dem sandigen Wüstenboden lächerlich rosa und einfach schauderhaft. Ich brauchte Jahre, um die metaphysische Bedeutung dieses Wurms zu verstehen (damit werde ich Sie jetzt nicht langweilen; es soll genügen, wenn ich Ihnen sage, daß ich mit der Vorstellung, daß mein heiliges Totemtier ein Wurm ist, Frieden geschlossen habe).

Mir war klar, daß dieser Wurm für mich von Bedeutung war. Ich konnte der Botschaft trauen. Aber die Dinge sind nicht immer so klar. Wissen Sie immer, ob die Botschaft oder die Lektion, die Sie bekommen, richtig ist? Woher wissen Sie, wann Sie die Karte behalten und wann Sie sie wieder zurücklegen sollen? Wann sollten Sie das Zeichen annehmen und wann es als lächerlich zurückweisen? Woher sollen Sie wissen, ob die Lösung, die Ihnen eingefallen ist, paßt oder nicht? Mit dieser Frage haben sich spirituelle Sucher seit Anbeginn der schriftlich überlieferten Geschichte beschäftigt. Und auf dieses wichtige Thema werden wir jetzt als nächstes in der fünften Stunde des *Solved by Sunset-Prozesses* unsere Aufmerksamkeit richten.

5. Stunde

Stimmengewirr

Elf

Wie erkennen Sie, welche Stimme echt ist?

Wenn wir getäuscht werden, Herr,
so geschieht es durch Dich!

Augustinus

Die elegant gekleidete Dame stand tränenüberströmt vor den anderen Seminarteilnehmern. Schon tagelang war sie unwahrscheinlich distanziert gewesen, hatte kaum ein Wort zu jemandem gesagt und überhaupt keine Gefühle gezeigt. Bei der Übung der vierten Stunde hatte sie jedoch eine Tarotkarte gezogen, auf der ein buntes Kirchenfenster mit einer Mutter abgebildet war, die schützend neben ihrem Kind stand. Als sie uns ihre Geschichte unter Schluchzen erzählte, berichtete sie davon, wie sie und ihre Tochter, die zu einer fundamentalistischen Glaubensrichtung konvertiert war, sich über die Frage ihrer Religion entfremdet hatten. Seit einigen Jahren hatte die Mutter es abgelehnt, die Anrufe und Briefe ihrer Tochter zu beantworten. Doch diese Situation bedrückte sie sehr. Tag und Nacht dachte sie darüber nach. Was sollte sie tun?

Sie erzählte uns, daß es ihr, als sie die Karte zog, heiß und kalt über den Rücken gelaufen sei. Sie vernahm deutlich eine innere Stimme, die ihr sagte, daß es an der Zeit sei, sich zu versöhnen, daß sie ihre Tochter endlich anrufen solle. Aber sobald sie ihre Geschichte beendet hatte, versiegten ihre Tränen. Sie wurde sehr still. Ihr Schweigen hielt an. Und immer noch stand sie stumm vor uns. Was lag ihr sonst noch auf dem Herzen?

Schließlich räusperte sie sich und wischte sich die Augen ab. Dann, als sie ihre Fassung wiedergewonnen hatte, teilte sie uns den wirklichen

Grund dafür mit, warum sie sich gemeldet hatte, um uns ihre bewegende Geschichte zu erzählen.

»Ich muß vorher nur etwas Bestimmtes herausfinden, und zwar, ob ich der Stimme trauen kann. Wie erkenne ich, daß die Stimme, die ich gehört habe, auch die Wahrheit sagt?«

Diese Frage ist berechtigt. An früherer Stelle haben wir eine ähnliche Frage gestellt: Können Sie Ihren Gefühlen trauen? Die Antwort lautete nein. Sie können nicht darauf vertrauen, daß ihre Gefühle die Realität wahrheitsgetreu abbilden. Zwar erfüllen Ihre Gefühle viele andere nützliche Aufgaben, doch glaubhafte Informationen über äußere Umstände zu liefern, gehört nicht zu ihnen. Was ist also mit Ihrer inneren Stimme? Können Sie darauf vertrauen, daß Ihnen Ihre innere Stimme die Wahrheit sagt? Daß sie wirklich weiß, was das Beste oder das Richtige für Sie ist?

Selbst jemand von der spirituellen Größe des Heiligen Augustinus hatte Zweifel daran. Nicht einmal er konnte sich sicher sein, ob er immun dagegen war, von der Stimme, die er in jeder Faser seines Seins als göttlich wahrnahm, betrogen zu werden. Er war bei weitem nicht der erste spirituelle Führer, der sich mit dieser Frage abmühte. Bereits in der Bibel wird diese Frage von den Propheten selbst gestellt. Im Buch der Könige ruft Gott die Mitglieder seines inneren Kreises, die Engel des Himmels, zusammen, um den Israelitenkönig Ahab mit Hilfe eines Plans zur Teilnahme an einer tödlichen Schlacht zu verführen.

> »Da trat ein Geist vor und stellte sich vor den HERRN und sprach: Ich will ihn betören. Der HERR sprach zu ihm: Womit? Er sprach: Ich will ausgehen und will ein Lügengeist sein im Munde aller seiner Propheten. Er sprach: Du sollst ihn betören und sollst es ausrichten; geh aus und tu das!«

400 Propheten, von denen jeder annahm, Gottes Wort zu sprechen, wurden durch einen einzigen betrügerischen Geist in die Irre geführt. Um die Geschichte noch komplizierter zu machen, scheint der Lügengeist vom Gott der Propheten selbst beauftragt worden zu sein. Daß diese Geschichte ein fundamentaler Bestandteil der jüdisch-christlichen Tradition ist, zeigt, daß diese Frage – ob Sie Ihrer inneren Stimme

trauen können, daß sie Sie mit den unsichtbaren Kräften des Universums unfehlbar in Einklang bringt – spirituelle Sucher seit altersher angstvoll beschäftigt hat.

Und das hat auch seinen guten Grund. Angesichts der großen Anzahl von Gruppen, von denen jede behauptet, daß sie das ausschließliche Recht besäße, in Gottes Namen zu sprechen, wem sollen Sie da noch trauen? Wer sind Sie, daß Sie ihre Behauptungen bewerten könnten? Gott spricht zu den Juden in Israel und zu den Arabern in Palästina. Die Stimme Gottes sagt einem Menschen, wann er auf den Abzug drükken soll, und zu einem anderen, wann er sein gesamtes Geld der Kirche spenden soll. Immer wieder entfernen sich Touristen auf Pilgerreisen nach Israel von ihren Reisegruppen, nur um einige Tage später in Laken gehüllt wieder aufzutauchen und Gottes Urteil bekanntzugeben.

Auf der persönlichen Ebene können die Fragen gleichermaßen beunruhigend sein. Selbst wenn Sie auf Ihre Fragen bei der vorhergehenden Übung eine klare Antwort bekommen haben, können Sie wirklich sichergehen, daß die Stimme, die Sie gehört haben, auch wirklich Ihre besten Interessen verfolgt? Vielleicht werden Sie unbewußt durch eigene ungelöste Schuldgefühle und ähnliches negativ beeinflußt? Könnte es ein Lügengeist sein? Welche Stimme war es denn, die vier Fragen in der Übung »Vom Blitz getroffen« beantwortet hat? Wer hat Ihren Mythos geschrieben? *Wer ist es, der eben genau diese Worte liest und bewertet?*

Im Falle der Seminarteilnehmerin, die vor uns stand, war es allen Beobachtenden klar, daß sie mit Hilfe der Tarotkarte und ihrer inneren Stimme ihrer eigenen höheren Wahrheit begegnet war. Als sie die Worte der Stimme laut zu sich selbst sprach, war sie animiert, präsent und vollkommen lebendig. Als sie uns ihre Überlegungen, so gerechtfertigt sie auch waren, mitteilte, wirkte sie lustlos, zurückgezogen und ängstlich. Aber es war nicht Teil unserer Aufgabe zu beurteilen, ob ihre inneren Erfahrungen Gültigkeit besaßen. Das konnte nur sie selbst tun. Statt ihr meine Meinung mitzuteilen, fragte ich sie, wie sich der Moment für sie angefühlt hatte, als sie das Wissen um das, was jetzt zu tun sei, spürte.

»Ich hatte einen Moment, in dem mir alles klar erschien. Und dann bekam ich am ganzen Körper eine Gänsehaut.« Als sie von der Gänsehaut sprach, verlor sie wieder die Fassung und fing an zu lachen.

»Eine Gänsehaut ist ein gutes Zeichen«, brachte sie schließlich kichernd hervor. »Jedesmal, wenn ein Gedanke bei mir eine Gänsehaut hervorruft – ob es mir nun gefällt oder nicht –, dann ist das genau das, was ich tun soll.« Ihre Zweifel zerstreuten sich, und sie stellte wieder eine Verbindung zu dem Gefühl her, daß das, was sie spürte, tun zu sollen, das Richtige für sie war. Sie ging an ihren Platz zurück und wartete ungeduldig auf die nächste Pause, um ihre Tochter anzurufen.

Diese Frau hatte ein Gespür dafür, daß die Informationen, die sie von der Stimme erhielt, richtig waren. Aber das Beispiel des Heiligen Augustinus und der 400 Propheten zeigt, daß es nicht immer so klar ist. Sie haben nicht nur das Recht, sondern die Pflicht, die Nachrichten, die Sie aus dem Inneren beziehen, auf ihre Objektivität hin kritisch zu untersuchen, und zwar entweder aus Ihrem eigenen Unbewußten und/oder aus einer göttlichen Quelle. Zum Glück gibt es einen Weg, mit dessen Hilfe Sie die Echtheit Ihrer inneren Stimme überprüfen können. Noch bevor wir am Ende dieser Übungsstunde angelangt sind, werden Sie den, wie ich glaube, bestmöglichen Weg kennen, um die Informationen, die Sie erhalten, zu überprüfen. Darüber hinaus werde ich Ihnen eine Übung vorstellen, durch die Sie in die Lage versetzt werden, Ihre innere Stimme so einzusetzen, daß Sie Ihnen dabei hilft, Botschaften anderer zu bewerten, die behaupten, daß ihre Quellen göttlich inspiriert seien. Als Folge davon müssen Sie weniger Angst haben, betrogen zu werden, und haben größere Sicherheit in bezug darauf, ob die Stimme, auf die Sie sich eingestimmt haben, Ihnen auch den besten Rat gibt.

Inzwischen haben Sie sich zweifelsohne bereits der Erkenntnis geöffnet, daß die Komplexität und Dynamik dessen, was in jedem Augenblick eines jeden Tages in Ihrem Inneren vor sich geht, so faszinierend und fordernd sein kann wie Ihre äußeren Umstände. Wenn Sie psychologische Prozesse wie eine Therapie oder spirituelle Praktiken wie die Meditation schon kennengelernt und erfahren haben, dann haben Sie bereits angefangen, sich mit dem reizvollen Terrain, das in Ihrem Geist und Ihrer Seele verborgen liegt, vertraut zu machen. Es ist jedoch ebenfalls wahr, daß Sie wahrscheinlich immer noch von dem Bedürfnis, in dieser Welt erfolgreich zu sein, abgelenkt werden und daß Sie fähig und bereit dazu sind, spirituelle Praktiken, die eher besinnlich und scheinbar weniger produktiv sind, hintanzustellen, wenn sie unbequem oder quälend werden.

Vielleicht rührt ein Teil Ihres Widerstandes, sich die Zeit dafür zu nehmen, um die in diesem Buch beschriebene Art von innerer Arbeit regelmäßig auszuführen, vom dem Verdacht her, daß da Stimmen in Ihnen sein könnten, mit denen Sie nicht unbedingt mehr Zeit verbringen möchten als absolut notwendig. Eine eifersüchtige Stimme, eine habgierige, eine faule. Und noch schlimmere. In uns allen gibt es diese dunkleren Stimmen. Aber wir haben auch weise und wissende Stimmen – aber selbst auf die würden wir manchmal lieber nicht hören, da wir den schlauen Verdacht hegen, daß sie sehr wohl versuchen könnten, uns eine Botschaft zu übermitteln, der wir lieber keine Beachtung schenken wollen. Was wäre z. B., wenn die Stimme, der Sie bei der letzten Übung begegnet sind, Sie zu einer Handlung aufforderte, die die Bequemlichkeit Ihres Status quo aufrütteln würde – nämlich ein Risiko einzugehen, um einem höheren Ziel in Ihrem Leben zu dienen? Oder was ist, wenn die Stimme Ihnen sagen würde, daß Sie das, was Sie meinen haben zu wollen, nicht haben können; oder daß Sie das, wofür Sie so hart gearbeitet haben, nicht wirklich wollen? Sie möchten Ihr Problem bei Sonnenuntergang heute abend gelöst haben – in diesem Moment gibt es eine Stimme in Ihnen, die bereit ist, Ihnen genau zu sagen, wie Sie dabei vorgehen sollen und wie Sie die Lösung, nach der Sie suchen, finden können. Der einzige Grund, warum Sie Ihr Problem gegebenenfalls noch nicht gelöst haben, besteht darin, daß Sie nicht auf das hören, was Ihnen die Stimme sagt. Sie streiten mit ihr herum oder ignorieren sie, weil Sie das, was die Stimme sagt, nicht tun wollen, denn das ist es, was Sie tun müßten, um zu wachsen.

Ein Experte zum Thema Vermeidung ist das unabhängige Börsenmitglied Edward Allen Toppel, der seit fast 20 Jahren am S & P Futures Pit der Chicagoer Handelsbörse tätig ist. Genau an dem Tag, als Toppel mit IBM-Optionsscheinen einen seiner größten Profite erzielte, hatte er ein Erleuchtungserlebnis, das die Grundlage seines Buches *Zen an der Börse, Erkenntnisse eines Börsenmaklers* darstellt.

Der Kern seiner Entdeckung besteht aus folgendem: Es gibt nur vier Regeln, die Sie befolgen müssen, wenn Sie an der Börse durch Handeln und Investieren Geld verdienen wollen: »1. Kaufe zum niedrigen

Kurs, verkaufe zum hohen Kurs. 2. Lasse steigende Kurse laufen, stoße fallende Kurse schnell ab. 3. Ergänze steigende Pakete, nicht fallende. 4. Folge dem Trend.«

Das hört sich einfach an. Aber wie kommt es dann, daß so viele Leute an der Börse mit Aktien spielen und so große Verluste einfahren? Toppel erklärt, daß sie nicht auf ihre innere Stimme hören und sich statt dessen auf die Stimmen des Ego wie Stolz, Habgier, Schuld- und Schamgefühle, Angst und ähnliches einlassen. Laut Toppel fangen die Probleme dann an, wenn wir Aktien an der Börse erwerben, die sich nicht zu einem sofortigen Renner entwickeln.

> »Das *Ego* erstickt nach und nach unsere Fähigkeit, das Richtige zu tun. Das Richtige ist, Verliererpakete umgehend abzustoßen. Das *Ego* wird sich die phantasievollsten Gründe zurechtschustern, um an diesem kapitalsaugenden Paket festzuhalten, gleichgültig, ob Aktien, Obligationen, Optionsscheine oder Termingeschäfte. Das *Ego* wird zu jeder Sekunde kämpfen und uns von der raschen Einsicht abhalten, daß es besser ist, den Stolz zu schlucken und das Richtige zu tun.«

Als er bei Bear, Stearns & Company Börsenmakler war, so erklärt Toppel weiter, sah das Ego-geleitete Denken bei manchem seiner Kunden so aus, daß man so lange keinen Verlust hat, bis man ihn selbst erleidet. »Sie blieben kleben, bis die Börse ihr Urteil bestätigte. Wie töricht und kostspielig sich diese Einstellung für einige von ihnen erwies.«

Viele von uns bemühen sich sehr darum, die Stimme der Weisheit, die immer weiß, was für uns am besten ist, zu überhören. Eine solche Stimme hatte jahrelang leise zu mir gesprochen, bis wir schließlich vor ungefähr 14 Jahren unser »Traumhaus« erwarben. Eindringlich flüsterte sie mir zu, daß sich der Einsatz nicht lohnen würde. In meinem Herzen wußte ich, wenn Dan und ich endlich das große Haus im richtigen Vorort mit Blick über die Bucht von San Francisco hätten, wäre es uns nicht mehr möglich, Zeit darin zu verbringen; wir würden einfach zu beschäftigt sein und die ganze Zeit über arbeiten müssen, um die Hypothek abzubezahlen. Meine Vorstellung, in der ich mit meinen kleinen Kindern auf der hügeligen Rasenfläche herumtobte, würde nicht mir, sondern einem Kindermädchen gehören, das ich dann einstellen müßte. Aber je mehr Dan und ich unseren Einfluß bei Grundstücksmaklern und Bankiers geltend machen konnten und den Machtwillen spürten, der aus dem Impuls entsteht, ein Haus suchen und kaufen zu wollen, das die eigenen Mittel übersteigt, desto weniger war ich in der Lage, die Gegenwart dieser kleinen »untreuen« Stimme einzugestehen – schon gar nicht mir selbst gegenüber.

Wenn Sie die Stimmen der Weisheit lange genug ignorieren, dann werden Sie unweigerlich Schwierigkeiten bekommen. Praktisch von dem Moment an, als wir die Hypothek unterschrieben hatten, begann unser finanzieller Abstieg. Schließlich glitten uns unsere Schuldenlast und die damit einhergehenden Arbeitsstunden so aus der Hand, daß ich gezwungen war, mir die Echtheit der Stimme einzugestehen, die mich vor unserer Entscheidung gewarnt hatte und die mir jetzt sagte, daß wir so schnell wie möglich da wieder herauskommen sollten. Letztlich hörte ich auf sie, obwohl ich als Folge davon mehrere abwechselnd schreckliche und überschwengliche Jahre angespannt damit zubrachte, durch die Hochs und Tiefs der finanziellen, emotionalen und spirituellen Genesung zu gehen. Ich bemühe mich jetzt sehr ernsthaft darum, mich über mein Ego hinwegzusetzen und schon früher auf die Stimme meiner inneren Weisheit zu hören. Indem ich das tue, kann ich mich schon frühzeitiger aus dem Durcheinander, auf das ich zusteuere, befreien, so daß die Genesungsphase nicht so extrem und so schmerzhaft wie beim ersten Mal sein wird. So wie das *I Ging* diejenigen unter uns tröstet, die ihre eigene innere Wahrheit ignoriert haben oder mit ihr im Zwist liegen, so können wir dem Himmel dafür danken, »daß das Leben sich nach oben bewegt und die Fehler hinter sich nach unten sinken läßt.«

Ein Weg, um zu vermeiden, daß wir uns auf unser inneres Wissen einstimmen, besteht darin, daß wir zu beschäftigt sind, als daß unangenehme Gedanken in unser Bewußtsein vordringen können. Haben Sie bemerkt, wie vielen äußerst erfolgreichen Menschen es Schwierigkeiten bereitet, wenn die Dinge um sie herum zu ruhig werden? Warum reagieren sie, wenn sie mit Inaktivität konfrontiert werden, mit solcher Angst und Ungeduld? Wieviele ehrgeizige Leute kennen Sie, die routinemäßig einen ruhigen Urlaub vermeiden, wie z.B. sich mit einem guten Buch an den einsamen Strand einer Insel zurückzuziehen, und die statt dessen lieber in ein leistungsorientiertes Tenniscamp fahren oder in zwölf Tagen zehn europäische Städte zu schaffen versuchen? Vor kurzem genossen meine Freundin Donna und ich die kostbaren Momente heiterer Freundschaft, als wir auf den ungeteerten Wegen um den Radnor See spazierengingen; dabei stießen wir auf eine Managerin, die ihre Gymnastikstunde in der Natur verbrachte und in dieser Zeit Geschäfte über ihr Funktelefon abschloß!

Ich glaube, daß sich Menschen so etwas deshalb antun, weil ihre inneren Stimmen zu Wort kommen würden, wenn sie aufhörten, sich im geräuschvollen und leistungsbetonten Alltag mit neuen Informationen zu füttern. Wir glauben, daß wir klug handeln, wenn wir unsere Momente der inneren Abrechnung vermeiden. In Wirklichkeit ist es jedoch so, daß sich unsere inneren Stimmen, wenn wir es ihnen nicht erlauben, in unser Bewußtsein zu steigen, in Form von Problemen Gehör verschaffen. Denn äußere Ereignisse nehmen garantiert unsere Aufmerksamkeit in Anspruch – *so wie das Problem, an dem Sie heute arbeiten* –, das ist genau das, was wir dann bekommen. Selbst wenn es schmerzhaft ist, was die Stimme sagt, würden Sie nicht lieber zu einem früheren Zeitpunkt wissen, womit Sie es in ihrem Leben zu tun haben – zu einer Zeit, in der Sie noch eher etwas tun können, als immer wieder von »Pech« und bösen Überraschungen überwältigt zu werden?

Bald werden Sie die Gelegenheit haben, nicht nur die Stimme Ihrer inneren Weisheit kennenzulernen – eine Stimme, bei der Sie sich darauf verlassen können, daß sie auf Ihrer Seite ist –, sondern Sie werden auch alle anderen Stimmen kennenlernen, die in Ihrem Inneren wohnen.

Seit heute morgen haben wir uns immer wieder auf die »Stimmen« bezogen. Das Wort *Stimmen* ist eine poetische Beschreibung, ein psychospirituelles Handwerkszeug, um Ihnen eine Möglichkeit an die Hand zu geben, mit deren Hilfe Sie sich Ihr inneres Erleben vorstellen können. Vielleicht ist es Ihnen lieber, sich diese Stimme als Aspekte Ihres Selbst oder als göttliches Wissen und Weisheit bzw. als unbewußte Einflüsse vorzustellen – so wie die Dinge, die man Sie in der Schule gelehrt hat, die Art und Weise, wie sich Ihre Eltern die Welt vorstellten usw.; oder Sie machen von der Möglichkeit Gebrauch, die ich für die wahrscheinlichste halte, nämlich von einer Kombination all dieser Vorstellungen. Wie auch immer Sie über diese Art der Kommunikation denken, das Ziel besteht darin, jede dieser inneren Stimmen zu identifizieren und sie an einem produktiven Dialog zu beteiligen; sie mit anderen Worten bei der Zusammenarbeit zur Bewältigung von Herausforderungen und Konflikten auf der inneren wie auch der äußeren Ebene zu unterstützen; die neuen Möglichkeiten Ihrer Kreativität und Intuition zu erforschen; und einfach Freude daran zu haben, das Wunder all dessen, was Sie sind, kennen- und schätzen zu lernen.

Vielleicht denken Sie, daß diese ganze Diskussion über Stimmen hirnrissig sei – etwas, das eher für Psychiatriepatienten geeignet sei als für Sie. Denken Sie noch einmal darüber nach. Die Stimmen sind in Ihnen und sind es schon Ihr ganzes Leben lang gewesen. Wenn Sie mir nicht glauben, dann können wir sagen, daß Sie etwas tun, von dem Sie sicher sind, daß es falsch ist – Sie wissen es besser. *Wer ist es, der da weiß, daß es falsch ist?* Vielleicht haben Sie gedacht, daß die Stimme Ihr eigenes Gewissen sei. Ich nenne diese Stimme unser Höheres Selbst. Mit Höherem Selbst meine ich einen Teil von Ihnen, der eine erweiterte Perspektive, ein größeres Bewußtsein und etwas hat, das zuverlässig für Ihr Wohlbefinden sorgt. Es ist die Stimme, der Sie vertrauen können, daß sie Ihnen den Weg weisen wird, auf dem Sie mit der unsichtbaren Ordnung des Universums in Einklang kommen. Ich entscheide mich nicht immer dafür, auf mein Höheres Selbst zu hören, aber ich weiß, daß es mir immer zur Verfügung steht, wenn ich bereit bin, mein »Ich-kann-das selbst-machen«-Ego der linken Gehirnhälfte lange genug beiseite zu stellen, um Hilfe zu erbitten.

Schauen wir uns jetzt eine weitere Situation an, die eine ganz andere Stimme in Ihnen anspricht. Es gibt Zeiten, in denen Sie versuchen, etwas zu tun, aber Ihr Ziel nicht erreichen. Sie wissen, daß Sie es eigentlich hätten besser machen können, und fühlen sich deshalb schlecht. *Wer* weiß, daß Sie es hätten besser machen können? *Wer sagt Ihnen, daß Sie sich schlecht fühlen sollen?* Diese Stimme nenne ich den Kritiker. Sie wissen, daß Sie es mit dem Kritiker zu tun haben, wenn Worte und Tonfall Sie an den Lehrer aus der Mittelstufe erinnern, den sie am allerwenigsten mochten, oder an einen von den Erwachsenen, die einfach wußten, wie sie Sie »kriegen« konnten, als Sie noch jung waren. *»Du bist ein Verlierer. Du wirst es nie zu etwas bringen. Wie konntest* *du nur so dumm sein?«* Niemand kommt durch seine Kindheit, ohne dabei jemandem zu begegnen, der einem bei einer oder mehreren denkwürdigen Gelegenheiten, die unglücklich verlaufen sind, eine solche Botschaft vermittelt. Doch dabei ist interessant, daß sich selbst die Stimme des Kritikers – so irreführend sie auch sein mag – auf ihre Art um Ihr Wohlbefinden kümmern kann. Der Kritiker versucht, Sie davon abzuhalten, noch mehr Schmerz zu erleben, indem er Sie dazu bewegen möchte aufzuhören, bevor Sie sich vollkommen lächerlich gemacht haben. Sollten Sie es von Ihrer inneren Stimme zuerst hören, dann könnte es Ihnen erspart bleiben, es später von Ihrer Umwelt zu hören. Der Kritiker kann es gut mit Ihnen meinen oder auch nicht. Doch in jedem Fall muß die Stimme der unbarmherzigen Selbstkritik nicht die einzige Stimme sein, die wir hören, obwohl sie oft die lauteste ist.

Das Höhere Selbst und der Kritiker sind zwei der Hauptstimmen, aber es gibt noch zahlreiche mehr. Sie haben mindestens ein, wenn nicht mehrere innere Kinder in sich. Sie können ein liebevolles, verspieltes Kind haben, das herauskommt, wenn Sie langweilige Arbeit zu verrichten haben und Sie dazu verführt, das Geschirr ungespült stehenzulassen, um den Garten umzugraben. Sie können auch ein weinendes, bedürftiges Kind haben, das nicht genug Liebe und Aufmerksamkeit bekommen hat, als Sie klein waren, und das immer schreit, damit sich jemand um seine Bedürfnisse kümmert. Sie haben dynamische, ehrgeizige Stimmen in sich, Stimmen, die Ziele setzen und etwas erreichen wollen; und Sie haben verträumte, intuitive Stimmen – solche, die sich um Ihr spirituelles Wohl kümmern und Mystiker sind. Ihr inneres Leben ist so reich und so vielfältig wie ein Pantheon griechischer Götter und Göttinnen. Eine große Zahl von Psychologen nimmt an, daß Mythologie und Legenden eigentlich Ausdruck der inneren Welt sind, die mit Hilfe von Geschichten und Kunst sichtbar gemacht wird. Wie der Philosoph Rollo May behauptet, war es im Griechenland der Antike folgendermaßen:

> »... Als die Mythen noch lebendig und stark waren, waren die einzelnen Mitglieder der Gesellschaft in der Lage, den Existenzproblemen ohne übermäßige Angst und Schuldgefühle zu begegnen. So erörterten die Philosophen in jenen Zeiten auch Eigenschaften wie

Schönheit, Wahrheit, Güte und Mut als Werte des menschlichen Lebens. Die Mythen gaben Plato, Äschylos und Sophokles auch die Freiheit, ihre eigenen großen philosophischen und literarischen Werke zu schaffen, die für uns heute von unschätzbarem Wert sind.«

Im Laufe der Übung zur fünften Stunde werden Sie feststellen, daß einige der Stimmen, denen Sie begegnen, Ihnen gefallen; andere werden Sie vielleicht zunächst abstoßen. Dabei ist interessant, daß die Stimmen auch gegenseitig eine Meinung voneinander haben. Leiden Sie unter einem inneren Konflikt, sind Sie zwischen verschiedenen Möglichkeiten hin- und hergerissen? Der Streß wird vielleicht durch verschiedene Stimmen ausgelöst, die gegeneinander um Ihre Aufmerksamkeit kämpfen. Ihr Mitarbeiter bittet Sie z.B. um eine Gehaltserhöhung, die er nicht verdient, und Sie sind aufgeregt und verwirrt angesichts dessen, was Sie tun sollen. Das liebevolle innere Kind sagt ja! Aber das innere Kind will anderen immer etwas geben. Der Kritiker sagt, daß man Sie, wenn Sie der Gehaltserhöhung zustimmen, wieder einmal gekriegt hat. Aber Sie wissen, daß Sie immer darauf zählen können, daß Ihr Kritiker Ihre schlimmsten Ängste ausspricht.

Oder vielleicht denken Sie darüber nach, sich beruflich zu verändern. Ihr dynamischer Macher drängt Sie dazu, das Risiko einzugehen! Versuchen Sie es! Gleichzeitig ängstigt sich Ihr bedürftiges inneres Kind bei dieser Vorstellung zu Tode. Die verträumte Göttin würde so schnell wie möglich ihren Abgang machen und ihre Tage in Meditation verbringen. So viele Stimmen wetteifern um Ihre Aufmerksamkeit!

Die Frage lautet nicht, wie Sie dieses ganze Stimmengewirr, das da ununterbrochen in Ihrem Geist und Ihrer Seele abläuft, loswerden können, sondern ob Sie gerne ein Mitspracherecht in der Frage hätten, auf welche Stimmen es sich lohnt zu hören – ob Ihr innerer Dialog unbewußt weitergehen wird und Ihre Entscheidungen ohne Ihre aktive Teilnahme beeinflußt – oder ob Sie statt dessen bereit sind, sich bewußt auf den Prozeß einzulassen, einen so großen Teil Ihres authentischen Selbst zu umarmen wie möglich. Sollen Ihre Stimmen, wenn es in Ihrer inneren oder äußeren Welt Probleme gibt, im Kampf gegeneinander gefangen bleiben – oder können Sie Ihr Höheres Selbst anrufen, Ihre von Gott gegebene Fähigkeit zu urteilen und zu unterscheiden, zu vermitteln und Kompromisse zu finden, um so zu einer Lösung zu gelangen? Gibt es da eine Stimme, die alle anderen heraushören und dann eine ausgewogene Entscheidung treffen kann, die für alle Stimmen die beste ist? Da Sie bald ein Mittel zur Hand haben werden, um die Stimmen in Ihrem Inneren auseinanderzuhalten, müssen Sie sich weniger Sorgen darüber machen, getäuscht werden zu können, und werden statt dessen mehr Sicherheit gewinnen, welche Stimme Ihnen den besten Rat gibt. Bevor wir die Übung dieser Stunde beendet haben, kennen Sie bereits die Handwerkszeuge, mit denen Sie nicht nur die aus Ihrem Inneren stammenden Informationen bewerten können, sondern mit denen Sie sich auch an Ihre inneren Stimmen wenden können, damit diese Ihnen helfen, Botschaften von anderen Menschen einzuschätzen – von Menschen, die die Echtheit der Stimmen, die sie hören, genauso gut – oder auch nicht – unterscheiden können, wie Sie es bald mit den Ihrigen tun können.

Zwölf
Ihr persönlicher Aufsichtsrat

Im Laufe dieses Tages haben sich von Zeit zu Zeit eine oder mehrere Stimmen in Ihrem Inneren gemeldet. Wenn Sie Ihr Problem bereits lösen konnten, dann ist es gut möglich, daß Sie eine Stimme vernommen haben, die Ihnen Einsicht und Führung anbot und von der Sie intuitiv wußten, daß sie die richtige für Sie ist. Eine zweite Möglichkeit ist, daß Ihnen die Stimme oder die Stimmen, mit denen Sie sich verbunden haben, Informationen und Ratschläge übermittelt haben, die Sie nicht richtig einzuschätzen wußten. Wenn Sie keine der eben dargestellten Stimmen gehört haben und Sie anfangen zu glauben, Sie seien die einzige Person auf der Welt ohne ein Höheres Selbst, zu dem Sie Zugang haben könnten, und wenn Sie meinen, es war dumm von Ihnen, die Zeit hierfür investiert und dieses Buch gekauft zu haben, dann ist es wahrscheinlich so, daß die Stimme, die heute bei Ihnen das Sagen hatte, Ihr innerer Kritiker ist.

Bei der Übung der fünften Stunde, einer Schreibübung, werden Sie die Gelegenheit haben, die Hauptstimme oder die Stimmen, mit denen Sie heute kommuniziert haben, kennenzulernen; und darüber hinaus lernen Sie auch noch die Stimmen kennen, die sich leise hinter den Kulissen gezeigt haben, ohne daß es Ihnen bewußt geworden ist. Danach werden Sie dann in der Lage sein, mit diesen Stimmen einen fruchtbaren Dialog zu führen.

✸ Übung: Ein Dialog mit Ihren inneren Stimmen

Sie sollten sich jetzt einen bequemen Platz suchen, an dem Sie ungestört eine Stunde lang schreiben können. Wenn Sie sich dort eingerichtet haben, dann lesen Sie den Rest der Übung durch und folgen den entsprechenden Anweisungen.

Zu Beginn der Übung ist es hilfreich, wenn Sie sich Ihre Stimmen als inneren Aufsichtsrat vorstellen. Wie in den meisten Unternehmen trifft sich der Aufsichtsrat in regelmäßigen Abständen, um Fragen zu erörtern, die für die erfolgreiche Führung des Unternehmens wichtig sind. Im vorliegenden Falle sind Sie das Unternehmen. Wenn fordernde Probleme, Entscheidungen und Themen auftauchen und einzelne Aufsichtsratsmitglieder aufgrund verschiedener Standpunkte unterschiedliche Meinungen äußern, wer wird dann seine Position mit mehr oder weniger Erfolg durchsetzen? Wenn der Aufsichtsrat gut organisiert ist, dann wird es jemanden geben, der alle Stimmen gleichermaßen zu Wort kommen läßt und sicherstellt, daß jedes Mitglied gehört und respektiert wird. Die Stimmen werden ermutigt, miteinander ins Gespräch zu kommen, um letztlich eine Übereinkunft zu erzielen. Nicht jedem Teilnehmer wird jede Entscheidung gefallen, und nicht jeder wird mit ihr in jeglicher Hinsicht übereinstimmen – in der Tat gibt es in vielen Gruppen einen Griesgram, dessen alleinige Aufgabe darin zu bestehen scheint, den unangenehmsten Standpunkt zu vertreten und zum Ausdruck zu bringen. Aber wenn der Prozeß in gesunder Weise abläuft, dann besteht allgemein die Übereinkunft, daß für das Wohl des Unternehmens insgesamt die Positionen von einzelnen abgeschwächt werden können, damit der Weisheit der Gruppe gedient und die bestmögliche Richtung eingeschlagen wird.

Heute werden Sie das Problem, das Sie bis Sonnenuntergang lösen möchten, Ihrem inneren Aufsichtsrat vorlegen und ihn darum bitten, Einigkeit darin zu erreichen, was für Sie am besten sein wird. Wenn Sie bereits eine Lösung für Ihr Problem oder eine nicht zu überhörende Mitteilung einer bestimmten Stimme bekommen haben, dann bitten Sie dieses Aufsichtsratsmitglied, zuerst zu sprechen. Wenn Sie noch keine Lösung haben, dann wird der Kritiker der Sprecher sein, der den Anstoß gibt. Sie haben das Sagen. Stellen Sie sich die verschiedenen Stimmen vor, wie sie hintereinander den inneren Sitzungsaal Ihrer Träume betreten: Vielleicht ähnelt er dem US-amerikanischen Senatsgebäude, einem gemütlichen Besprechungszimmer oder dem der IBM-Zentrale. Schreiben Sie Ihre Fragen und Kommentare auf, und vergessen Sie Ihre Eröffnungsworte – (die Sie in Kürze in Fettdruck erhalten werden) – ebensowenig wie die spontanen Antworten Ihrer Aufsichtsratsmitglieder. *Anweisungen und Kommentare, die ich Ihnen geben möchte, die Sie aber nicht aufschreiben müssen, werden kursiv gedruckt erscheinen.* Nehmen Sie sich für jede Antwort fünf Minuten Zeit, und geben Sie jedem Aufsichtsratsmitglied die Möglichkeit, das zu sagen, was ihm in den Sinn kommt. So wie bei der Übung der ersten Stunde, als Sie Ihre Ziele für den heutigen Tag definiert haben, sollten Sie auch jetzt ununterbrochen und so schnell Sie nur können schreiben. Führen Sie Ihre Gedanken nicht – folgen Sie ihnen. Wenn Ihnen nichts einfällt, dann schreiben Sie auf »Mir fällt nichts ein«. Wenn Sie beim Schreiben nicht weiterkommen oder Sie das Gefühl haben, daß Sie Ihren eigenwilligen, zielorientierten rationalen Verstand nicht beiseite lassen können, dann nehmen Sie Ihren Stift in die Hand, die weniger dominant ist. Verbessern Sie Ihre Fehler nicht. Die Zeit ist jetzt gekommen, um Ihre Versammlung zur Ordnung zu rufen und Ihren ersten Sprecher aufzurufen.

Die erste Stimme möge uns bitte sagen: Welche Position hast du hinsichtlich des Problems, das ich heute abend bis Sonnenuntergang lösen möchte? Hast du eine zufriedenstellende Lösung im Sinn? Wenn ja, wie lautet sie? Wenn nein, was steht ihr im Wege?

Schreiben Sie diese Eröffnungsfragen ab, und machen Sie dann mit der Antwort der ersten Stimme weiter. Bitten Sie den Sprecher darum, sich vorzustellen: Ist es das Höhere Selbst? Der Kritiker? Der standhafte Zinnsoldat? Wenn Sie ungefähr fünf Minuten lang geschrieben haben, dann geben Sie den anderen Aufsichtsratsmitgliedern die Möglichkeit, ihre Meinung dazu zu sagen.

Was hat der Kritiker dazu zu sagen?

Was hat die nährende Stimme dazu zu sagen?

Was hat das innere Kind dazu zu sagen?

Gibt es noch jemand anderen, der jetzt seine Meinung über die vorhergehenden Sprecher oder über meine Rolle als Aufsichtsratsvorsitzende(r) zum Ausdruck bringen möchte?

Stellen Sie jedem anwesenden Aufsichtsratsmitglied diese letzte Frage und schreiben die entsprechenden Antworten auf, so daß jeder die Möglichkeit hat, das auszusprechen, was ihm auf dem Herzen liegt. Wenn jeder die Gelegenheit gehabt hat, seine Meinung vorzutragen, dann machen Sie mit der nächsten Anweisung weiter.

Es ist an der Zeit, daß wir etwas von unserem speziellen Berater, dem Höheren Selbst *(zum zweiten Mal, wenn das Höhere Selbst bereits etwas gesagt hat)* **hören. Höheres Selbst, nachdem du all diese Stimmen vernommen hast, wie lautet jetzt deine Meinung? Wenn du mir vorher ein Zeichen, ein Symbol oder ein Traumbild geschickt hast, das ich nicht richtig verstanden habe, dann ist jetzt die Zeit gekommen, um mir seine eigentliche Bedeutung zu enthüllen. Was bedeutet es? Welche Führung versuchst du mir zu geben?**

Das Höhere Selbst ist der Hüter der Weisheit für den Aufsichtsrat: die Stimme der Vision, die durch Erfahrung gemildert geworden ist. Das Höhere Selbst hat die Geistesgegenwart, um Sie darin zu unterstützen, die verschiedenen Beiträge auseinanderzuhalten, die jede der anderen Stimmen im Aufsichtsrat geben kann.

Nachdem das Höhere Selbst gesprochen hat, fragen Sie sich, ob eine Übereinkunft erreicht worden ist. Haben alle Aufsichtsratsmitglieder der Führung des Höheren Selbst zugestimmt? Wenn ja, dann können Sie diese Aufsichtsratssitzung beenden.

Wenn Sie keine Lösung erzielt haben, dann eröffnen Sie die Diskussion. Fangen mit der lautesten, stärksten oder ärgerlichsten Stimme an. Wenn Sie erstmalig in Erscheinung tritt, dann fragen Sie sie nach ihrem Namen. Gestatten Sie jeder bereits benannten Stimme – oder jeder neuen Stimme, die an der Diskussion teilnehmen will – jedem gegenüber auszusprechen, was sie über Sie, die anderen oder deren Vorstellungen denkt. Wenn es Ihnen schwerfällt, die einzelnen Stimmen zu unterscheiden, dann nehmen Sie Ihre dominante Hand für Ihre starken Stimmen und die weniger dominante Hand für Ihre schwächeren Stimmen. Als derjenige, der den Aufsichtsrat einberufen hat, können Sie oder Ihr Höheres Selbst eingreifen, wann immer es notwendig ist, um sicherzustellen, daß die Stimmen mit den anderen Aufsichtsratsmitgliedern respektvoll umgehen – ob sie nun derselben Meinung sind oder nicht. Wenn Sie gerne, bevor Sie diese Übung ausprobieren, ein Beispiel für einen solchen Dialog lesen würden, dann können Sie sich jetzt Zeit nehmen, um den nachfolgenden »Dialog mit Ihren inneren Stimmen« durchzulesen. Dadurch können Sie ein Gespür dafür entwickeln, wie eine Vielzahl von Stimmen darauf hinarbeitet, eine Übereinkunft zu erzielen.

Wenn Sie diese Übung beendet haben, – entweder indem Sie eine Übereinstimmung erzielt oder indem Sie erkannt haben, daß für den jetzigen Moment eine Übereinkunft unmöglich erscheint –, dann schließen Sie mit folgendem Satz ab:

Liebe Aufsichtsratsmitglieder, verehrtes Höheres Selbst, ich möchte euch für eure Zeit und eure Bemühungen in dieser Angelegenheit danken. Die Sitzung ist beendet.

✸ Beispiel eines Dialogs mit Ihren inneren Stimmen

Die erste Stimme möge uns bitte sagen: Welche Position hast du hinsichtlich des Problems, das ich heute abend bis Sonnenuntergang lösen möchte? Hast du eine zufriedenstellende Lösung im Sinn? Wenn ja, wie lautet sie? Wenn nein, was steht ihr im Wege?

Ich weiß überhaupt nicht, was ich sagen soll. Ich habe viel zu große Schuldgefühle, weil ich meine Zeit, die ich eigentlich im Büro verbringen sollte, jetzt gerade darauf verwende, mich auf diese blöde Übung zu konzentrieren. Tue ich das Richtige, wenn ich versuche, mein Problem auf diese neue Weise zu lösen? Ich habe die Stimme schon vorher einmal gehört. Ich muß Söhnke Sorgenfalte sein. Ich bin sorgfältig und gewissenhaft. Ich bin in vielem wie deine große Schwester Katy. Sie hat sich auch viele Sorgen um dich gemacht. Ich glaube, daß es meine Aufgabe ist, auf dich aufzupassen.

Was hat die Kritikerin dazu zu sagen?
Der blöde Söhnke Sorgenfalte nervt mich kolossal. Er denkt, daß er genau wie seine große Schwester Katy ist. Aber das stimmt nicht. Er meint es auf gar keinen Fall so gut wie sie. Er ist einfach nur ein großer,

dicker fauler Tunichtgut, dem immer eine Entschuldigung einfällt, damit er seine Arbeit nicht tun muß. Du suchst nur nach einer Entschuldigung, so wie immer. Ich bin die Kritikerin, und darauf bin ich stolz. Ich sage die Wahrheit über die Dinge, auch wenn es weh tut. Ich bin deinem ehemaligen Schuldirektor aus der Mittelstufe in vielem ähnlich – an einem schlechten Tag. Du kannst die Dinge, die ich zu sagen habe, vielleicht nicht leiden, aber ich habe eine wichtige Aufgabe zu erfüllen. Ich sorge dafür, daß du auf dem rechten Weg bleibst und nicht mehr Probleme bekommst als die, mit denen du umgehen kannst.

Was hat die nährende Stimme dazu zu sagen?
Ich glaube, daß die Kritikerin Söhnke Sorgenfalte und dir gegenüber schrecklich ungerecht ist. Das einzige, was Söhnke Sorgenfalte tun will, ist, dich zu beschützen. Ich glaube, daß du der Kritikerin den Mund verbieten, einfach weitermachen und an die Übung herangehen solltest. Natürlich tust du das Richtige; du tust immer das Richtige. Es ist mutig und wunderbar von dir, daß du die Zeit nicht im Büro verbringst, sondern sie dir einfach nimmst, um etwas Neues auszuprobieren. Das Problem, das dich heute in Gedanken beschäftigt, ist sehr wichtig. Ich schlage vor, daß wir mit dieser dummen Zankerei aufhören und uns der Frage zuwenden, von der du hoffst, daß du sie bis Sonnenuntergang lösen kannst. Du weißt schon, was du zu tun hast.

Was hat das innere Kind dazu zu sagen?
Ich stimme der nährenden Stimme zu, aber ich denke, daß wir erstmal eine Pause machen sollten. Ich habe gerne Spaß, und ich finde, daß wir einen wunderschönen Nachmittag haben. In der letzten Stunde, als wir im Wald spazierengegangen sind, hatten wir so viel Spaß, wir sollten es nochmal probieren. Ich weiß, daß wir vergessen haben, die Aufgabe zu machen – kein einziges Zeichen und keine einzige Einsicht. Na ja. Vielleicht schaffen wir diesmal mehr.

Gibt es noch jemanden, der jetzt seine Meinung bekanntgeben möchte?

Wenn nicht, dann ist jetzt der Moment gekommen, unseren speziellen Berater, das Höhere Selbst, zu Wort kommen zu lassen. Höheres Selbst,

nachdem du alle diese Stimmen gehört hast, wie lautet deine Meinung? Wenn du mir vorher ein Zeichen, ein Symbol oder ein Traumbild geschickt hast, das ich nicht richtig verstanden habe, dann ist jetzt die Zeit gekommen, um mir seine eigentliche Bedeutung zu enthüllen. Was bedeutet es? Welche Führung versuchst du, mir zu geben?

Zwar gefällt mir der Vorschlag des Kindes sehr, doch ich glaube nicht, daß das Kind alt genug ist, um ihm die Verantwortung zu übertragen, das Problem bis Sonnenuntergang zu lösen. Dafür müssen wir alle zusammenarbeiten – und ich weiß, daß wir draußen nicht die beste Arbeit tun können. Da gibt es zu viele Ablenkungen. Ich schlage vor, daß wir hier am Kamin zusammenbleiben und versuchen, Einstimmigkeit zu erreichen. Ich denke, daß das möglich ist. Deshalb habe ich dir das Traumbild geschickt. Erinnere dich daran, daß du da zuerst verwirrt warst. Aber jetzt verstehst du seinen Sinn. Du hast geträumt, daß du in tiefem Wasser ertrinkst, aber plötzlich berührten deine Zehen den Grund. Du erkanntest, daß du dich in einem flachen Gewässer befandest. Das einzige, was du tun mußtest, war aufzustehen. Du hast geglaubt, daß dein Problem riesengroß sei, aber in Wirklichkeit ist es das nicht. Wir sind einander sehr viel näher, als du meinst – und die Lösung ist viel näher an der Oberfläche, als du geglaubt hast. Söhnke Sorgenfalte, ich sehe, daß du hierzu etwas Dringendes zu sagen hast. Bitte leg los.

Söhnke Sorgenfalte: Ich bin mir nicht so sicher, ob wir wirklich so viel gemeinsam haben und ob sich das Problem so leicht – einfach durch Aufstehen – lösen wird. Was die Kritikerin eben gesagt hat, hat mich wirklich verletzt. Ich bin kein Tunichtgut. Warum willst du mich immer verletzen? Ich kann einfach nur nicht mehr so weitermachen wie vorher. Ich bin nicht faul. Ich brauche nur ein wenig Zeit, um die Dinge zu ordnen. Warum machst du es mir nicht ein bißchen leichter?

Kritikerin: Wenn ich es dir leichter machte, dann würdest du dein Leben einfach nur verschwenden, du würdest mit dem Kind herumspielen und herumtrödeln, so wie du es bei der letzten Übung getan hast.

Nährende Stimme: Herumzuspielen und herumzutrödeln, täte Söhnke Sorgenfalte gut. Es wäre sogar großartig. Aber ich glaube nicht, daß das derjenige ist, der da im Moment gerade spricht. Ich glaube, die Stimme, die da wirklich spricht, ist die verletzliche Stimme – die Stimme, die Söhnke Sorgenfalte versucht zu schützen.

Verletzliche Stimme: Du hast recht. Ich bin dankbar, daß Söhnke Sorgenfalte so gut auf mich aufpaßt. Aber ich glaube, daß ich einen besseren Weg finden muß, um Dinge zu tun. Ich möchte mich wirklich nicht vor meiner Verantwortung drücken.

Kritikerin: Ich glaube dir nicht.

Verletzliche Stimme: Wenn ich das Höhere Selbst dazu bringe, mir zu bestätigen, daß ich die Wahrheit sage, würdest du mir dann zuhören?

Kritikerin: Vielleicht.

Höheres Selbst: Die verletzliche Stimme sagt die Wahrheit. Sie ist ein Teil von dir, der nach Hilfe schreit. Sie ist nicht faul. Tatsächlich arbeitet sie sehr hart im Moment – halt nur nicht auf die Art, an die du gewöhnt bist.

Eine unbekannte Stimme: Du läßt dich einwickeln, Höheres Selbst. Die Kritikerin hat recht. Hier zu sitzen und dummes Zeug aufzukritzeln, während sie im Büro bei ihrer Arbeit sein könnte, das ist unproduktiv.

Höheres Selbst: Wer bist du?

Unbekannte: Ich bin Dynamo, der Kumpel von der Kritikerin. Ich bin derjenige, der sich um dein Wohlergehen kümmert. Ich bringe uns ins Büro, um Geld zu verdienen. Wenn ich das Sagen hätte, dann würden wir 80 Stunden in der Woche arbeiten. Ohne mich würdest du zugrunde gehen.

Eine zweite unbekannte Stimme: Das ist nicht wahr. Ich bin die genesende Superfrau. Ich bin diejenige, die dieses Buch gekauft hat. Ich habe früher 80 Stunden in der Woche gearbeitet – so wie Dynamo es tun würde. Aber kannst du dich erinnern, wohin es uns gebracht hat? Wir sind krank geworden. Das ist auch der eigentliche Grund dafür, warum wir heute hier sind. Wir überlegen uns, was wir damit anfangen sollen, daß ich meine Arbeitszeit auf eine vernünftigere 40- bis 50-Stundenwoche zurückgeschraubt habe und weitaus produktiver geworden bin. Aber mein Chef denkt genau wie die Kritikerin, daß ich dabei bin abzuschlaffen. Ihr seid eine Handvoll von Idioten. Jetzt muß ich mir überlegen, was ich tun soll. Soll ich wieder zu dem Altbekannten zurückgehen und 80 Stunden in der Woche arbeiten, damit ich vor dem Chef gut dastehe – oder soll ich kündigen?

Kritikerin: Du wolltest sagen, daß du gar nicht unproduktiver geworden bist?

Genesende Superfrau: Ganz im Gegenteil. Ich habe im letzten Quartal, als ich eine normale Arbeitszeit hatte, mehr verkauft als je zuvor, als ich diese vielen kraftraubenden Stunden, die mein Chef von mir erwartete, gearbeitet habe.

Dynamo: Weiß dein Chef das? Ich wette, wenn ihm das jemand sagen würde, dann würde er von dir ablassen.

Genesende Superfrau: Nö. Er würde sich niemals darauf einlassen. Er denkt, daß das ein schlechtes Beispiel für die anderen Handelsvertreter wäre.

Höheres Selbst: Aber was wäre, wenn du ihn bitten würdest, dich am Umsatz zu beteiligen, statt dir ein Festgehalt zu zahlen?

Vorsitzende: Hmm. Eine interessante Idee. Sam hat vor einigen Monaten darum gebeten, und es hat sich für ihn sehr gelohnt.

Kritikerin: Ja gut, aber ich kenne dich. Wenn du auf Umsatzbeteiligung gingest, dann würdest du nur die ganze Zeit mit dem Kind herumspielen und nichts geschafft kriegen. Wir würden verhungern.

Kind: Ich möchte nicht verhungern! Bitte, genesende Superfrau, laß mich nicht verhungern! Ich würde alles tun!

Genesende Superfrau: Kind, wirst du dich während der normalen Arbeitszeit selbst beschäftigen, so daß ich unseren Lebensunterhalt verdienen kann? Wenn ich dir verspreche, daß ich nach Möglichkeit jeden Tag, wenn ich von der Arbeit nach Hause komme, mit dir spielen werde?

Kind: Versprochen.

Höheres Selbst: War's das jetzt? Sind wir uns alle einig? Die genesende Superfrau wird ihren Chef darum bitten, ihr eine Umsatzbeteiligung zu bezahlen, und das Kind wird sie während der Arbeitszeit in Ruhe lassen, so daß sie unseren Lebensunterhalt verdienen kann. Ist das für euch so in Ordnung, für jeden von euch?

Dynamo: Ja.

Nährende Stimme: Was immer sich für dich am besten anfühlt, mein Lieber.

Verletzliche Stimme: So lange du versprichst, gut auf mich aufzupassen.

Söhnke Sorgenfalte: Ich bin mir immer noch nicht sicher, ob das klappen wird, aber was soll's, ein Versuch lohnt sich.

Höheres Selbst: Und was ist mir dir, Kritikerin? Du hast zunächst gedacht, daß eine Katastrophe passieren würde, wenn die genesende Superfrau ihre Arbeitsstunden zurückschraubte – und dann stieg ihre Produktivität. Dynamo, Söhnke Sorgenfalte, nährende Stimme,

Kind, Kritikerin – ihr alle wollt das Beste für unsere Vorsitzende. Seid ihr damit einverstanden, daß wir zusammenarbeiten, um die Vorsitzende bei der Stange zu halten? Glaubt ihr nicht, daß ihr euch gegenseitig so weit vertrauen könnt, daß ihr eure Abmachungen einhaltet?

Kritikerin: Na ja, vielleicht ein bißchen. Aber ihr sollt wissen, daß ich diesem Handlungsplan nicht zustimme. Da aber der Aufsichtsrat seine Entscheidung getroffen und dabei meinen Standpunkt in Betracht gezogen hat, schließe ich mich der Mehrheit an.

Höheres Selbst: Ich schätze deinen großzügigen Geist, Kritikerin. Ich will dir etwas sagen. Es stimmt, daß du bei manchen Dingen in der Vergangenheit recht gehabt hast. Vielleicht könnten wir dieses Verfahren ungefähr einen Monat lang ausprobieren. Die Vorsitzende kann darum bitten, für eine Probezeit auf Umsatzbeteiligung zu gehen, um sicher zu sein, daß auch jeder seine Aufgabe erfüllt. Wenn es nicht funktioniert, dann kann sie immer noch fragen, ob sie wieder ein Festgehalt bekommen kann. Seid ihr damit einverstanden?

Alle Stimmen gleichzeitig: Einverstanden.

Vorsitzende: Liebe Aufsichtsratsmitglieder, liebes Höheres Selbst, ich möchte euch für eure Zeit und eure Bemühungen in dieser Angelegenheit danken. Die Sitzung ist beendet.

Dreizehn
Die Versuchung des Propheten

Mit diesem abschließenden Kapitel zum Thema »Stimmengewirr« der fünften Stunde wenden wir uns noch einmal der ursprünglichen Frage dieses Abschnitts zu: Woher wissen Sie, welche Stimme echt ist?

Die sofortige Antwort lautet: Jede Ihrer inneren Stimmen ist »echt«. Jede hat einen wichtigen Beitrag zu leisten und spielt eine wichtige Rolle. Wenn Sie den inneren Dialog halten, können Sie darauf vertrauen, daß sich die Stimmen gegenseitig prüfen werden, daß sie die unterschiedlichen Standpunkte, für die sie stehen, kontrovers diskutieren und zusammenarbeiten werden, um eine Übereinkunft zu erzielen. Wenn Sie heute zu einem früheren Zeitpunkt einen spontanen Durchbruch hatten, dann können Sie die Stimme, von der die Informationen stammen, auf ihre Gültigkeit hin prüfen, indem Sie mit ihr den Prozeß, den ich Ihnen gerade aufgezeigt habe, durchlaufen. Wenn Ihre Einsicht Ihnen verspricht, daß sie Sie stärker mit der unsichtbaren Ordnung in Einklang bringen wird, dann ist es gut möglich, daß diese Stimme der Prüfung durch Ihren schärfsten Kritiker standhält. Wenn nicht, dann werden Sie bald herausfinden, daß das, was Sie für die perfekte Lösung gehalten haben, in Wirklichkeit nichts als Wunschdenken ist.

Ich erinnere mich z. B. an einen bestimmten Tag, kurz nachdem ich meinen braunen Gürtel in Karate bekommen hatte. Von dem weißen Gürtel hatte ich mich mit unerschütterlicher Einsatzbereitschaft, die meinen Fortschritt förderte, zum orangenen hochgearbeitet. Durch Karate hatte ich Tiefen der Selbstdisziplin in mir entdeckt, von deren Existenz ich vorher nichts wußte. Ich fühlte mich auf der körperlichen, geistigen und spirituellen Ebene stark, geerdet und stabil. Dadurch, daß Dan und ich das Karatetraining gemeinsam besuchten, bekam es einen wichtigen Stellenwert in meinem Leben. Aber irgendwo zwischen dem orangenen und dem braunen Gürtel wurde ich schwanger. Plötzlich fiel mir das, was mir leicht und inspirierend erschienen war, schwer. Die unbedingte Notwendigkeit, Karate auszuüben, war verschwunden. Doch da mein Sensei darauf drängte, schlug ich mich bis zum braunen Gürtel durch und legte eine Pause ein, die gerade mal für Jodys Geburt ausreichte. Aber als ich den Unterricht nach der Geburt wieder aufnahm, fiel mir die Sache nicht leichter. Trotz Dans Ermutigung war es für mich mehr denn je ein Kampf, meine Motivation aufrechtzuerhalten.

Als ich eines Tages vor dem Unterricht einen tiefen Konflikt in mir spürte, unternahm ich auf dem schilfgesäumten Weg, der am Ufer der Bucht nahe unseres Hauses in Marin County entlanglief, einen langen Spaziergang. So gut ich konnte, versuchte ich, mich auf meine inneren Stimmen einzulassen; damals kannte ich die Übung »Dialog mit Ihren inneren Stimmen« noch nicht. Es gab da insbesondere eine Stimme, die zu mir sprach. Sie strahlte eine solche Autorität aus, daß ich annahm, daß sie nur göttlichen Ursprungs sein könne. Sie sagte mir, daß jeder bisweilen in tiefe Täler geriete und daß der Weg aus diesem Abgrund nicht über Rückzug, sondern über ein Vorpreschen führe. Ich sollte mich mehr denn je wieder für Karate engagieren. Damit könnte ich die ganze Zeit durchstehen und den ganzen Weg bis zum schwarzen Gürtel bestreiten. Der Einsatz würde sich lohnen. Und so tat ich gehorsam das, wozu mich die Stimme angewiesen hatte.

Einige Wochen lang zwang ich mich dazu, mich von meinen Kindern Jody und Grant zu trennen, um trainieren zu gehen. Zusammen mit Dan nahm ich am Unterricht teil und gab dort alles, was ich hatte. Aber dann erhaschte ich an einem Abend meinen Anblick im Spiegel des Dojo – eine leere Hülle in einem weißen Karateanzug, die eine *kata* ausführte. Anzug, Spiegel, Form: Ich erkannte, daß ich zu einem Geisterbild geworden war, das mechanisch eine rituelle Handlung ausführte, statt sich vital der Kampfkunst zu widmen, was meinem eigentlichen Potential entsprach. Wo war meine Lebendigkeit geblieben? Ohne den geringsten Zweifel wurde mir plötzlich klar, daß ich im Moment durch die Ausübung von Karate spirituell nicht wachsen konnte – zumindest nicht auf der körperlichen Ebene. Statt dessen entschloß ich mich, das durch das Karatetraining Erlernte auf einen dringlicheren Bereich meiner spirituellen Reise anzuwenden, auf meine Aufgabe als

Mutter. Das ganze Karatetraining hatte einzig und allein zum Ziel gehabt, mich darauf vorzubereiten. Jetzt war die Zeit für mich gekommen, Karate hinter mir zu lassen und mit meinem Leben weiterzumachen. Ich würde nicht mehr auf den schwarzen Gürtel hinarbeiten. So schwierig es auch sein mochte, Dan bei seinen Fortschritten zu beobachten, um schließlich das zu erreichen, was einst unser gemeinsames Ziel gewesen war – ich mußte es loslassen. Als ich mit dem Karatemeister über meine Entscheidung sprach, schmolz meine Angst vor seiner möglichen Reaktion angesichts der Wellen von Mitgefühl, Verständnis und Demut, die ich für mich selbst empfand, einfach so dahin. Ich hatte mich dazu angetrieben, den braunen Gürtel zu machen, denn ich hatte Angst davor gehabt, alles zu verlieren, wenn ich vor dem schwarzen Gürtel aufgäbe. Damals wußte ich nicht, was ich jetzt weiß, nämlich daß man das, was einem wirklich gehört, nicht verlieren kann – selbst wenn man es wegwirft.

Aber welche Stimme hatte ich da an jenem Tag im Schilf gehört? Sie hatte mit einer solchen Autorität gesprochen. Bei meiner Entscheidung aufzuhören, erkannte ich sie schließlich als eine Stimme, auf die ich mein ganzes Leben gehört hatte: Es war eine Stimme, die mir beigebracht hatte, daß Wachstum nur durch Leiden, Opfer und Disziplin erreicht werden könnte. Die Stimme, auf die ich an jenem Tag gehört hatte, war keine andere als die meiner eigenen Schuldgefühle. Ich hatte mir selbst die Erlaubnis gegeben, den gesunden Impuls zu leugnen, mich und mein neugeborenes Kind zu verwöhnen, der aus meinem mich selbst nährenden Instinkt kam. Meine dem Ego entstammenden Emotionen hatten meine Fähigkeit, die echte Stimme meines höheren Bewußtseins herauszuhören, erstickt. Ging ich, als ich aufhörte, auf den schwarzen Gürtel hinzuarbeiten, um mich besser um mich und meine Kinder kümmern zu können, einen Schritt nach vorne oder einen Schritt zurück? Daß ich mein Wunschdenken aufgab, Gott würde mich für meine Karatemeisterschaft belohnen, und mich statt dessen sanft daran begab, meinem prosaischeren menschlichen Bedürfnis, zu nähren und zu lieben, mehr Beachtung zu schenken, war in jener Phase meines Lebens der Weg der Heldin, den ich gehen sollte.

Einen Prozeß, wie denjenigen, den ich Ihnen gerade gezeigt habe, kannte ich damals noch nicht, nämlich mich mit den verschiedenen

Stimmen, die in meinem Kopf Hof abhielten, vertraut zu machen und sie auseinanderhalten zu können. Trotzdem schaffte ich es, mir einen Weg durch das Wirrwarr der gegensätzlichen Meinungen zu bahnen, die in mir herumrollten und meine kognitiven Bahnen verstopften. Auch wenn ich heilfroh bin, daß ich einen solch praktischen Prozeß zur Verfügung habe, wenn ich mit einem inneren Konflikt wie diesem konfrontiert bin, so habe ich mich bisher jedoch nicht der Vorstellung hingegeben, einen narrensicheren Weg gefunden zu haben, um mich vor der oft chaotischen Natur des Lebens zu schützen.

Benutzen Sie den von mir vorgestellten Prozeß des Stimmendialogs nicht dazu, um sich routinemäßig davon zu distanzieren, daß sich Ihr Leben nach seinen eigenen Gesetzen entwickelt; daß Sie aus Ihren Fehlern lernen und darauf vertrauen können, daß Sie früher oder später erkennen werden, wo es langgeht. Auch wenn Sie dazu neigen sollten, diesen Prozeß im Moment zu häufig anzuwenden, so werden Sie mit der Zeit instinktiv lernen, daß Sie das Risiko eingehen können, Ihren spontanen Einsichten zu vertrauen, und daß Sie diese einfach nur dem ziemlich unwissenschaftlichen »Gänsehaut-Test« unterziehen müssen, so wie die Frau, die beschloß, sich mit ihrer Tochter zu versöhnen.

Meine kleine Geschichte über Karate, so harmlos sie auch sein mag, führt uns auf ein sehr viel heikleres – und möglicherweise sogar gefährliches – spirituelles Terrain. Wie die Geschichte anschaulich darstellt, ist es nicht so, daß man auch gleich das Gesamtbild verstehen kann, nur weil man das starke Gefühl hat, eine klare und direkte Botschaft von Gott zu bekommen. Wir alle neigen bisweilen zur Selbstüberschätzung. Es ist leicht, Alltägliches (oder innere Schuldgefühle wie in der Geschichte, die ich gerade erzählt habe) mit innerer Weisheit zu verbinden und sie zu der überzogenen Vorstellung aufzublasen, man sei persönlich dazu ausgewählt worden, unserem Planeten Erde eine Botschaft zu übermitteln. Ich gestehe, daß auch ich als spirituelle Schriftstellerin und Theologiestudentin gelegentlich von dieser ehrgeizigen Vorstellung oder von diesem Irrglauben heimgesucht worden bin.

Zu glauben, daß es Gottes Führung sei, auf den schwarzen Gürtel hinzuarbeiten oder sogar ein Selbsthilfe-Buch zu schreiben, ist jedoch nur eine Dimension dieser wichtigen Frage. Dagegen auf jemanden zu treffen, der glaubt, daß Gott ihn beauftragt habe, einen Arzt, der in einer Klinik für Familienplanung arbeitet, umzubringen oder einer Sekte beizutreten, das ist dann schon eine ganz andere Sache. Wenn Sie sich besonders dazu auserkoren fühlen, Ihren Mitmenschen Gottes Botschaft zu überbringen, oder wenn Sie mit jemandem in Kontakt kommen, der behauptet, von Gott inspiriert zu sein, – ob das nun jemand ist, der channelt, ein Sektierer, ein Revolutionär, ein Schriftsteller, ein Politiker, ein Showmaster oder ein Fernsehprediger ist –, dann können Sie die Echtheit ihrer Botschaft überprüfen, indem Sie sie Ihrem Aufsichtsrat zur Untersuchung vorlegen. Lassen Sie diese Stimme mit Ihren eigenen inneren Stimmen in Dialog treten, und Sie werden dann die nötigen Handwerkszeuge besitzen, um sich vor der verführerischen Aufregung derjenigen zu schützen, deren intensive Überzeugungen Sie in ihren Einflußbereich ziehen könnten.

Ich hoffe und vertraue darauf, daß Sie durch die Diskussionen und Erfahrungen der letzten fünf Übungen ein neues Verständnis und Respekt für die Komplexität, die Auswirkungen und die Bedeutung gewonnen haben, die zutage treten, wenn Sie Zugang zur Weisheit Ihrer eigenen Stimmen und auch der anderer Menschen gewinnen (und ebenso in deren Fallen tappen).

Ich möchte, daß Sie das Geschenk Ihrer Einsicht und Weisheit dazu verwenden, sich die vollen Auswirkungen dessen anzusehen, was es für Sie bedeutet, von den Einschränkungen des rationalen Denkens Ihrer linken Gehirnhälfte befreit zu sein. Nehmen Sie diese Veränderung vor; statt daß Ihr Leben durch das Bedürfnis angetrieben wird, Ihre vielen Probleme möglichst sofort zu lösen, wird dann nur noch *ein* Ziel Vorrang haben: Ihr Leben in so großer Fülle zu leben wie nur irgend möglich und darauf zu vertrauen, daß Ihnen Ihre Probleme schon präsent werden und sich ihre Lösung als Nebenprodukt der Bildung Ihres Charakters und Ihres spirituellen Wachstums ergeben wird.

6. STUNDE

Elf Fragen

Vierzehn
Das ist Ihre Chance

Außer dem reinen Intellekt gibt es in der Struktur eines jeden überlegenen menschlichen Wesens etwas Wundersames, das ohne Argumente erkennt ... ein intuitives Verständnis des vollkommenen Gleichgewichts, in Raum und Zeit, dieser ganzen Vielfältigkeit, dieser Freude der Narren und des unglaublichen Vorspiegelns und der allgemeinen Unruhe, die wir als die Welt bezeichnen.

Walt Whitman

Ich habe Ihnen versprochen, daß Sie bis Sonnenuntergang eine Lösung gefunden haben werden. Wenn Ihnen bisher noch kein Licht aufgegangen ist, dann können Sie das in dieser Stunde und bei dieser Übung erleben. Viele der Teilnehmer an meinen Workshops haben ein solches Erlebnis gehabt – auch Ihnen kann es zuteil werden.

Dafür gibt es natürlich eine Voraussetzung. Der *Solved by Sunset-Prozeß* funktioniert nur dann, wenn Sie die vier Hauptannahmen, mit denen wir während des ganzen Buches gearbeitet haben, teilen. Zur Auffrischung Ihres Gedächtnisses führe ich sie hier noch einmal an:

1. **Es gibt eine unsichtbare Ordnung im Universum.**

2. **Ihr höchstes Gut liegt in Ihrer harmonischen Anpassung an diese unsichtbare Ordnung.**

3. **Was immer Sie davon abhält, Ihre Übereinstimmung mit dem Universum zu erfahren, ist zufällig und kann überwunden werden.**

4. Kräfte jenseits Ihres Verstandes sind bereits an Ihrem Problemlösungsprozeß beteiligt.

Wenn Sie die Arbeit dieser Stunde beendet haben (und sicherheitshalber die nächste und letzte Übung auch noch berücksichtigen) und die Lösung, nach der Sie suchen, immer noch nicht gefunden haben, dann kann man das höchstwahrscheinlich damit erklären, daß Sie unbewußt Glaubenssätze hegen, die mit den Voraussetzungen, auf denen dieses Buch basiert, in Konflikt stehen. Doch die Situation ist deshalb nicht hoffnungslos. Tatsächlich ist es ein großes Geschenk, einen Weg gefunden zu haben, um die falschen Vorstellungen über das, was Sie dachten oder zu glauben wünschten, zu durchbrechen, um herauszufinden, an was Sie wirklich glauben. Indem Sie Ihre unbewußten Programmierungen an die Oberfläche bringen, werden Sie in die Lage versetzt zu entscheiden, welche Annahmen Sie behalten, welche Sie ablegen und welche Sie sich aneignen wollen. Die Glaubenssätze, die Sie beibehalten, werden dann das Wesen Ihres spirituellen Lebens bestimmen.

Nebenbei sei bemerkt, daß Sie darauf, ob Sie ein spiritueller Mensch sein wollen oder nicht, keinen Einfluß nehmen können. Wir alle haben spirituelle Überzeugungen. Spiritualität ist wortgeschichtlich aus der Wurzel von *spiritus* abgeleitet, was einfach heißt: »Lebensprinzip oder eine mit Leben erfüllende Kraft, von der traditionellerweise angenommen wird, daß sie den Lebewesen innewohnt«. Die Frage lautet nicht, ob Sie ein spirituelles Wesen sind – natürlich gibt es da eine mit Leben erfüllende Kraft in Ihnen. Die wirkliche Frage lautet eher, wie die spezifischen Glaubenssätze, denen Sie als spirituelles Wesen anhängen, Ihre Verbindung zu den unsichtbaren Kräften im Universum verstärken oder beeinträchtigen. Wenn Sie glauben, daß der Mensch im Grunde genommen ein Sünder ist, dann werden Sie sich zu den alten Denkmustern, bei denen Autorität von außen kommt, hingezogen fühlen. Wenn Sie dagegen glauben, daß die menschliche Natur im Grunde genommen gut ist, dann werden Sie für die Prozesse, die Sie heute durchgeführt haben, offen sein. Ist diese Welt so beschaffen, daß jeder für sich kämpft? Dann wird Ihr Leben einem Kriegsschauplatz gleichen. Oder ist der Mensch, wenn er seine durch Angst hervorgerufenen Widerstände abgelegt hat, ein von Natur aus liebevolles Wesen? Wenn

Sie Letzteres glauben, dann werden Sie wahrscheinlich einen Platz für gute Beziehungen und Teamarbeit in Ihrem Leben finden. Ob es Ihnen nun gefällt oder nicht, wir alle glauben an etwas. Doch wenn Ihre Sicht der Welt unbewußt ist, dann werden Sie nicht zum Vehikel, sondern zum Opfer dieser Anschauung. Durch Ehrlichkeit und Selbsteinschätzung können Sie sich Ihre unbewußten Annahmen ins Bewußtsein rufen. Sie können sich dafür entscheiden, Glaubenssätze, die Ihnen nicht mehr dienen, loszulassen und neue, gesündere in Ihr Bewußtsein einzugliedern.

Ralph Waldo Emerson behauptete, daß jeder Mensch eine grundsätzliche Entscheidung zu treffen habe; die Entscheidung zwischen Wahrheit und Ruhe. Derjenige, der die Ruhe wählt,

> »... wird das erste Glaubensbekenntnis akzeptieren, die erste Philosophie, die erste politische Partei, auf die er trifft, und das sind höchstwahrscheinlich diejenigen seines Vaters. Er bekommt Ruhe, materielle Güter und einen Ruf; aber er schließt die Tür zur Wahrheit zu. Derjenige, in dem die Liebe zur Wahrheit Vorrang hat, ... ergibt sich der Unbequemlichkeit der Spannung und der unvollkommenen Meinung, aber er ist ein Kandidat für die Wahrheit, was der andere nicht ist.«

Joseph Campbell, der sich in *The Power of Myth* (*Die Kraft der Mythen*) mit Bill Moyers unterhielt, verglich Glaubenssätze mit der Software von Computern. Sie programmieren Ihren Computer mit Ihren Glaubenssätzen, und der Computer antwortet entsprechend. Wenn Sie Ihre Ergebnisse nicht mögen, dann können Sie das Programm ändern. Selbst Joseph Campbell gefiel es, mit der Software herumzuspielen und neue Ideen, die ihm über den Weg liefen, hinzuzufügen sowie alte, aus denen er herausgewachsen war, hinauszuwerfen.

Wenn Sie den Verdacht hegen, daß Ihre Software eine Fehlerbeseitigung benötigen könnte, dann sollten Sie sich überlegen, ob Sie sich von dem Problem, das Sie heute ursprünglich lösen wollten, nicht eine Pause gönnen, und statt dessen bei der nächsten Übung daran arbeiten möchten, ein gesünderes und produktiveres Glaubenssystem anzunehmen. Wenn dies einmal installiert ist, dann können Sie die Übungen des heutigen Tages immer noch auf die Frage, die Sie ursprünglich lösen wollten, anwenden – und darüber hinaus auf jedes Problem, das in Zukunft auftauchen wird. Ich glaube, daß diese Übungen Ihnen dabei helfen werden, ein jedes Problem, auf das Sie treffen werden, zu lösen.

Ich kann das deshalb mit einer gewissen Sicherheit sagen, weil ich glaube, daß es eine größere Kraft gibt, die die Fäden für Sie in der Hand hält – ein größerer Plan, in dessen Rahmen Ihre Entwicklung stattfindet. Sie wären heute nicht mit Ihrem Problem, das Sie gedanklich beschäftigt, hier, wenn nicht bereits eine unendliche Zahl von Wundern geschehen wäre. Schauen Sie sich nur den Moment Ihrer Empfängnis an. Milliarden von Spermien sind unter Umständen viele, viele Male in einer feindlichen Umgebung freigesetzt worden und haben miteinander gewetteifert, um das Ziel der Befruchtung zu erreichen. Doch nur ein Spermium war erfolgreich. Diese unwahrscheinliche Häufung von Zufällen war nötig, um genau die Anordnung von körperlichen, emotionalen, intellektuellen und spirituellen Eigenschaften, die *Sie* ausmachen, zu erschaffen. Wenn ein anderes Spermium gewonnen hätte, wenn ein anderes Ei befruchtet worden wäre, dann wären Sie ein anderer Mensch. Und das ist nicht nur bei Ihnen und Ihrem Leben der Fall gewesen, sondern es trifft auf jeden Elternteil zu, der an Ihrer Geburt beteiligt war, und auch auf die Eltern, die zur Geburt Ihrer Eltern beigetragen haben usw. bis in die tiefsten Gründe der menschlichen Existenz zurück.

Sie halten einen deutlichen Beweis in Händen, daß auf lange Sicht die Handlungen der Natur, die das Leben fördern, erfolgreicher sind als diejenigen, die das Leben unterdrücken. Woher wissen Sie das? Weil Sie existieren. Das Ereignis Ihres Daseins und die Entstehung der Welt, in der Sie handeln, sind weder rational noch logisch begründbar. Ihre bloße Existenz birgt ein tiefes Geheimnis in sich. Sie und diejenigen, die vor Ihnen da waren, haben Kriege, die Pest und den Holocaust überlebt, damit Sie jetzt hier sitzen und in diesem Augenblick diese Worte lesen können. Sie sind der unmittelbarste Ausdruck dieses Geheimnisses, das sich in Raum und Zeit manifestiert.

Und nun möchte ich Sie fragen: Erscheint es nicht sinnvoll, daß diese unsichtbare Ordnung die tieferen Eigenschaften, die die stetige Weiterentwicklung des Lebens auf unserem Planeten sichert, unterstützt –

Eigenschaften wie Charakterstärke, Vertrauen, Akzeptanz und Liebe? Diese höhere Kraft kümmert sich vielleicht nicht darum, ob Sie das Haus, das Sie gerne hätten, auch kaufen können oder ob Sie zum Vorsitzenden des Unternehmens ernannt werden. Aber man kann darauf zählen, daß die unsichtbaren Kräfte jene Eigenschaften fördern werden, die die stetige Weiterentwicklung des Lebens auf unserem Planeten sichern. Wenn das, was Sie im Leben tun wollen, den Charakter bildet, Vertrauen einflößt, Akzeptanz fördert und mehr Liebe schafft, und wenn das im Einklang mit der Lösung Ihres Problems steht, dann ist es möglich, daß das Universum Sie dabei unterstützen wird, die gesuchte Lösung zu finden – oder Sie werden etwas noch Größeres finden, als Sie sich vorgestellt haben. Ihre Chancen stehen gut, weil der Antrieb, Ihr Problem zu lösen, in Wirklichkeit die unsichtbare Ordnung ist, die sich durch Sie manifestiert. Tao, Lebenskraft, das Universum, Gott, – wie auch immer Sie diese unsichtbaren Kräfte nennen wollen –, sie arbeiten lediglich darauf hin, Sie dabei zu unterstützen, zu Ihrem vollen spirituellen Potential als einem vom Leben angefeuerten Individuum zu erwachen. Ihre wahre Verantwortung besteht darin, Ihre Illusion, Kontrolle ausüben zu können, loszulassen und Ihrem intuitiven Geist zu vertrauen – ein Vertrauen, das Sie inspiriert. Geben Sie sich die Erlaubnis, ein Vehikel für die unsichtbaren Kräfte zu sein, und lassen Sie zu, daß sich Ihre Probleme als Nebenprodukt dieses Engagements lösen.

✸ Übung: Elf Fragen

Ich werde Ihnen im folgenden elf Fragen vorstellen. Nehmen Sie sich für jede so viel Zeit, wie Sie wollen oder brauchen. Fünf Minuten pro Frage sollten mehr als angemessen sein.

Im Gegensatz zu den vorherigen Schreibübungen werden Sie diesmal dazu aufgefordert, sich Ihrer linken Gehirnhälfte so voll und ganz zu bedienen, wie Sie es möchten. Doch machen Sie sich keine Gedanken darüber, ob die antwortende Stimme aus der linken oder rechten Gehirnhälfte kommt. Denken Sie statt dessen nur daran, wie Sie in diesem Moment des Prozesses das Ihren Möglichkeiten entsprechend Beste geben und darauf vertrauen können, daß die geeignetsten Kräfte und die am weitesten entwickelten Stimmen mit Ihnen zusammenarbeiten, um die Lösung, nach der Sie suchen, herbeizuführen. Natürlich können Sie Ihre Schlußfolgerungen auch immer dem Aufsichtsrat aus dem Prozeß der vorhergehenden Stunde vorlegen, wenn Sie das möchten.

Frage Nr. 1:

Welches Problem würden Sie am liebsten jetzt sofort lösen?

Das kann das Problem sein, an dem Sie heute den ganzen Tag gearbeitet haben, aber seien Sie nicht allzu überrascht, wenn plötzlich etwas Brandneues und für Sie Unverhofftes auftaucht. Es ist nicht notwendig, daß Sie sich damit abmühen, genau das richtige Problem zu finden. Was immer Ihnen einfällt, ist genau das Richtige. Es ist wichtig, daß Sie Ihre Probleme eines nach dem anderen untersuchen, wenn sie in Ihr Bewußtsein gelangen. Sie können immer wieder auf diese Übung zurückgreifen und sie noch einmal machen – und sich dann auf Ihr ursprüngliches Problem konzentrieren, wenn Sie es noch nicht bei der Beschäftigung mit der für Sie diesmal aufgetauchten Frage sozusagen nebenbei gelöst haben.

Frage Nr. 2:

Welches Ergebnis würden Sie dabei am liebsten erzielen?

Jetzt haben Sie endlich die Gelegenheit, um das zu bitten, was Sie sich wirklich wünschen. Sie müssen dabei weder rational noch praktisch, weder hingebungsvoll noch voller Akzeptanz sein. An diesem Punkt ist es wichtig, daß Sie bereit sind, in bezug auf Ihre Wünsche und Bedürfnisse wahrhaftig zu sein. Ob Ihre Ziele erreichbar sind oder nicht, sollte jetzt keine Rolle spielen.

Können Sie sich die Erlaubnis geben zu träumen? Ihre Sehnsucht ist ein heiliger Ort. Ehren und respektieren Sie Ihre Herzenswünsche, selbst wenn sie Unentschlossenheit, Rastlosigkeit, Zweifel und Angst nach sich ziehen. Die Wahrheit hinsichtlich dessen, was Sie wollen, ist genau das, worum es im Leben geht.

Nehmen Sie Ihren Ehrgeiz als Wegweiser, als Leitstern, der Ihrer Seele helfen soll, ihren Weg zu finden. Obwohl ich Sie vorher dazu aufgefordert habe, den mit der Zielsetzung verbundenen Streß und das Voranpreschen aufzugeben, müssen Sie sich dennoch Ziele setzen. Es ist nichts Falsches daran, Träume zu haben und ihnen nachzugehen. Sie haben ein Recht auf Ihre Wünsche und Sehnsüchte. Sie haben ein Recht um das zu bitten, was Sie wirklich wollen. Sie haben das Recht auf eine Beziehung zur unsichtbaren Ordnung, die Ihrem Leben Sinn verleiht. Denken Sie nur daran, sich Raum für das Wunder zu lassen, daß Sie das Gewünschte nicht bekommen könnten: Vielleicht bekommen Sie etwas noch viel Größeres, als Sie erwartet hatten. Lassen Sie nicht zu, daß Ihre Ziele die Möglichkeiten einengen.

Frage Nr. 3:

Wie haben Sie bisher versucht, diese Situation zu lösen?

Was wäre, wenn Sie Ihre Bemühungen unabhängig von den Ergebnissen als Handlungen eines Helden bzw. einer Heldin ansehen würden – und nicht als die eines Opfers? Sie sind mit Helden vertraut. Denken Sie an einen Action-Film aus dem Samstagsnachmittagsprogramm – an Jason oder Odysseus. Monströse Figuren, die ihre Köpfe zurückwerfen, wobei Feuer zwischen Zähnen aufflammt, mit Schwertern, die Gummihäute zerfetzen. Jetzt möchte ich Sie gerne etwas fragen. Wann sehen Sie Jason als Helden an? Nur im letzten Moment, wenn das Monster schnaubend am Boden liegt oder das Vlies sich in Sicherheit befindet? Natürlich nicht. Von dem Augenblick an, an dem der Vorspann auf dem Bildschirm erscheint, ist Jason ein Held. Auch wenn das Monster vorübergehend die Oberhand gewonnen hat, ist Jason immer noch der Held. Warum? Weil Sie darauf vertrauen, daß er am Ende siegen wird.

Lassen Sie mich Ihnen noch eine Frage stellen. Wann betrachten Sie sich selbst in Ihrem Leben als Held oder Heldin? Nur an dem Tag, an dem Sie endlich Ihren ersten Porsche bekommen? Oder bei dem Gespräch, in dem Ihnen Ihr Chef die erhoffte Beförderung mitteilt? Wenn Sie den Brief erhalten, in dem steht, daß Ihr Sohn für das College, das auf seiner Liste ganz oben stand, zugelassen worden ist? Aber was ist, wenn der Porsche seinen Geist aufgibt, Sie den neuen Job hassen oder Ihr Kind das College vorzeitig verläßt, um »sich selbst zu finden«? Können Sie in solchen Augenblicken die gleiche erweiterte Vorstellung von Heldentum auch auf Ihre eigene Person anwenden, so wie Sie es bei den klassischen Filmstars tun, die zu sehen Sie viel Geld bezahlen? Wie wäre es, wenn Sie sich selbst auch dann wertschätzen würden, wenn Sie nicht gerade mit dem goldenen Vlies in der erhobenen Hand auf einem Berg stünden? Wenn Sie sich auch dann wertschätzen würden, wenn Sie bereit sind, sich auf all die Medusen und Drachen, die sich in Ihr Leben drängen, einzulassen?

Frage Nr. 4:

Wie hat Ihre Vorgehensweise dazu beigetragen, daß es nicht geklappt hat?

Ihr größter Fehler hat Ihnen Ihr größtes Geschenk gebracht, nämlich das Ausschließen einer Möglichkeit, der Sie nie wieder werden nachgehen müssen. William James schreibt dazu folgendes:

> »Das Individuum ist in dem Maße, als es an der Verkehrtheit leidet und sie kritisiert, bewußt über sie hinaus und in zumindest möglicher Berührung mit etwas Höherem, wenn irgend etwas Höheres existiert. ... Ihm kommt zu Bewußtsein, daß dieser höhere Teil in Kontakt und Kontinuität mit einem MEHR derselben Qualität steht. Dieses ist im Universum außerhalb des Individuums wirksam. Und mit ihm kann das Individuum sich in wirksamer Berührung halten und in gewisser Weise bei ihm an Bord gehen und sich selber ret-

ten, wenn sein ganzes niedriges Wesen im Schiffbruch zu Stücken gegangen ist.«

Frage Nr. 5:

Welchen Nutzen oder welchen Vorteil haben Sie davon, daß diese Situation Teil Ihres Lebens ist?

Alles hat einen Nutzen, auch wenn es Ihnen jetzt schwerfallen mag, das zuzugeben. Haben Sie aufgrund dieses Problems Aufmerksamkeit erfahren oder Mitleid? Hat Sie das Problem irgendwohin geführt, in eine Therapie oder zu einem Workshop, hat es Ihnen Geschenke gekauft so wie dieses Buch? Was ist aufgrund der Frage, mit der Sie sich heute auseinandersetzen möchten, an Gutem auf Sie zugekommen?

Frage Nr. 6:

Auf welche andere, für Sie günstigere Weise könnten Sie den gleichen Nutzen erzielen?

Während dieser ganzen Zeit haben Sie langsam an Stärke gewonnen. Sie haben geduldig darauf gewartet, daß der Moment für Sie kommt, an dem Sie sich zeigen und einen besseren Weg für sich verlangen können, um den Ihnen zustehenden Respekt und die Ihnen zustehende Würde einzufordern. Bis heute haben Sie vielleicht gedacht, daß der Moment, um das einzufordern, erst dann kommen wird, wenn Sie vollkommen geworden sind: Sie haben so hart an Ihrer Vervollkommnung gearbeitet, Sie haben versucht, gut genug zu sein, um jene Stimmen zum Schweigen zu bringen, die Sie ausnutzen und schwächen wollten. Das *I Ging* lehrt folgendes:

> »Nur wenn man den Dingen, so wie sie sind, ins Auge zu schauen vermag, ohne jeden Selbstbetrug und Illusion, entwickelt sich aus den Ereignissen ein Licht, das den Weg zum Gelingen erkennen läßt.«

Frage Nr. 7:

Was können Sie an dieser Situation verändern?

Die Beantwortung dieser Frage erfordert Mut und Aufrichtigkeit. Sie werden sich durch das Wirrwarr der Fäden, durch die viele Ihrer Probleme verkompliziert werden, Ihren Weg suchen und herausfinden müssen, wo Sie etwas tun können und wo nicht. Vielleicht erscheint Ihnen das hoffnungslos. Aber es gibt immer etwas, das Sie an dem Problem, dem Sie sich gegenübersehen, ändern können. Wenn Sie die Umstände nicht verändern können, dann können Sie zumindest Ihre Einstellung der Situation gegenüber verändern. An diesem Punkt des Prozesses ist es vielleicht zuviel von Ihnen verlangt, sich die Frage zu stellen, was Sie tun können, um Ihr Problem zu lösen. Doch Sie können sich in jedem Fall ganz leicht fragen, was Sie tun können, um die bestmöglichen Voraussetzungen dafür zu schaffen, die von Ihnen angestrebte Lösung zu finden.

Frage Nr. 8:

Was müssen Sie an dieser Situation akzeptieren?

Sie können Einfluß auf Ihre äußere Welt nehmen, aber Sie können andere nicht dazu zwingen zu tun, was Sie wollen. Wenn der Fluchtweg Ihrer Illusionen abgeschnitten ist, dann sind Sie gezwungen, sich mit der Frage auseinanderzusetzen, wer *Sie* eigentlich sind – bar jeglicher falscher Hoffnungen und der Meinung anderer Leute. Sie fragen sich: Was kann ich jetzt, wo ich meiner Phantasien beraubt bin, noch erreichen? Lassen Sie Ihre Illusionen los, dann kommt vielleicht ein Moment, an dem Sie das Gefühl haben, daß jetzt das tragende Gerüst Ihres Lebens zusammenbricht. Lassen Sie es los. Vertrauen Sie darauf, daß die bescheidenste aller Lebensstrukturen, die auf solidem Grund gebaut ist, einer äußerst kunstvollen, die jedoch auf Sand gebaut ist, vorzuziehen ist. Wenn Sie zugeben können, ein wie großer Teil Ihres Fundaments auf dem wackligen Grund der Illusion aufgebaut war, dann werden Sie feststellen, daß Sie jetzt die Freiheit haben, in Ihrem Leben mehr Risiken einzugehen. Warum? Weil Sie erkennen, daß Sie im großen und ganzen weniger zu verlieren hatten, als Sie befürchtet haben.

Frage Nr. 9:

Wovor haben Sie bei dieser Situation am meisten Angst?

Das Wesen des Risikos ist seinem Kern nach die Angst vor dem Unbekannten. Normalerweise haben wir vor dem, was wir nicht kontrollieren können, Angst, da wir auf einer tieferen Ebene eigentlich Angst vor dem Versagen haben. In erster Linie war es diese Angst vor dem Mißerfolg, die uns überhaupt zu dem alten Denkmuster, Kontrolle ausüben zu wollen, geführt hat. Das bedeutet nicht, daß Sie nie wieder Angst verspüren werden. Es ist normal, menschlich und oft auch ganz angemessen, Angst zu haben, wenn man ein Risiko eingeht.

Es ist unerläßlich, daß Sie all Ihre Gefühle zulassen, besonders dann, wenn Sie sich in einer Übergangsphase befinden: Traurigkeit und Trauer über das, was vorübergeht, Inspiration angesichts neuer Möglichkeiten und eine süße Vorfreude, wenn Sie die neuen Seinswege, die sich in Ihrer Seele auftun, entdecken und für sie Raum schaffen. Sie setzen ein breiteres Spektrum Ihres menschlichen Potentials ein. Sie sind fester mit dem, was real ist, verankert, und es ist weniger wahrscheinlich, daß Sie am Rad der Lebensillusionen eingeschlafen sind.

Die Frage lautet nun nicht, wie Sie aufhören können, Angst zu haben. Es geht eher darum, wie Sie Ihre Angst als normalen und gesunden Teil eines breiter gefaßten Gefühlsspektrums, das ein vollständigeres Menschsein zuläßt, integrieren können.

Frage Nr. 10:

Wie lautet die Wahrheit im Hinblick auf diese Situation?

Wenn Sie die Wahrheit sagen, dann sollten Sie darauf achten, daß Sie auch die ganze Wahrheit sagen. Gehören Sie zu den Leuten, die im

Drama Ihres Lebens schwelgen, die im Sumpf Ihrer Gefühle waten und um sich schlagen? Wenn Sie die ganze Wahrheit sagen, dann müssen Sie bereit sein, das, was an Ihnen und an der Situation positiv ist, ebenso vollständig anzuerkennen wie die Aspekte, die Sie gerne verändern würden. Es ist manchmal verführerisch, sich im Morast des Selbstmitleids, das als Wachstum getarnt daherkommt, aufzulösen. Aber wenn Sie die ganze Wahrheit sagen, werden Sie erkennen, daß einige Dinge zwar auseinanderfallen, sich andere aber auch zusammenfügen werden.

Frage Nr. 11:

Welche Sache sind Sie gewillt zu verändern, um die gewünschte Lösung zu bekommen?

Wenn die Leidenschaft Ihrer inneren Notwendigkeit stärker wird als Ihre Ängste, dann finden Sie Zugang zu einem Selbst, das vollkommen offen dafür ist, die Art von Lösung zu bekommen, die Sie wirklich wünschen und verdienen. Die Person, die diesen Prozeß begonnen hat, ist nicht mehr dieselbe wie diejenige, die jetzt bei Frage 11 angelangt ist. Manchmal ist erforderlich, daß Sie bereit sind, etwas in der Welt zu unternehmen; manchmal ist es eine Unternehmung, die in Ihrem eigenen Herzen stattfinden wird. Sie können nicht mit Gewißheit voraussehen, was bei Ihrer Unternehmung herauskommen wird. Es gibt keine Garantien. Doch eines ist sicher. Wenn Sie anfangen zu handeln, dann setzen Sie Kräfte in Bewegung, die Sie letztlich mit der unsichtbaren Ordnung in Einklang bringen werden. Vertrauen Sie darauf, daß Sie sich genau zum richtigen Zeitpunkt am richtigen Ort befinden, um zum Wohle aller Betroffenen Ihr größtes Potential zu verwirklichen.

Elf Musterfragen

Frage Nr. 1:

Welches Problem würden Sie am liebsten jetzt sofort lösen?

Ich bin ärgerlich und wütend darüber, daß ich für die neue Führungsposition, die in meiner Firma eingerichtet wurde, nicht in Betracht gezogen worden bin. Ich bin für diese Stelle am besten qualifiziert, und ich weiß nicht, warum man nicht an mich gedacht hat.

Frage Nr. 2:

Welches Ergebnis würden Sie dabei am liebsten erzielen?

Ich möchte diese Stelle haben.

Frage Nr. 3:

Wie haben Sie bisher versucht, diese Situation zu lösen?

Ich habe versucht, hervorragende Arbeit zu leisten, damit man bei der Besetzung dieser Stelle an mich denkt.

Frage Nr. 4:

Wie hat Ihre Vorgehensweise dazu beigetragen, daß es nicht geklappt hat?

Ich denke ganz einfach, daß man mich übersehen hat, oder vielleicht denken die Verantwortlichen auch, daß ich die Stelle gar nicht haben will.

Frage Nr. 5:

Welchen Nutzen oder welchen Vorteil haben Sie davon, daß diese Situation Teil Ihres Lebens ist?

Ich habe vorher nicht gesehen, wie viel mir an dieser Stelle gelegen war.

Frage Nr. 6:

Auf welche andere, für Sie günstigere Weise könnten Sie den gleichen Nutzen erzielen?

Ich könnte mir mehr Zeit dafür nehmen, über meine Karriere nachzudenken und eine Strategie zu entwerfen, was ich wirklich möchte und wie ich es bekommen kann, statt die ganze Zeit zu arbeiten. Ich glaube, daß es auf eine Art auch sicher war, abzuwarten und nichts zu sagen. Auf diese Weise mußte ich nicht das Risiko auf mich nehmen, abgelehnt zu werden.

Frage Nr. 7:

Was können Sie an dieser Situation verändern?

Ich habe meinen Chef noch nicht wissen lassen, daß ich die Stelle haben will und daß ich glaube, den Aufgaben gewachsen zu sein. Ich kann die Situation so verändern, daß man mich in Betracht zieht. Das macht mir furchtbare Angst. Was ist, wenn er mich ablehnt?

Frage Nr. 8:

Was müssen Sie an dieser Situation akzeptieren?

Wenn ich das Risiko eingehe, heißt das nicht, daß er mir die Stelle geben wird. Ich muß akzeptieren, daß alles, was ich tun kann, alles ist, was ich tun kann; daß ich nicht kontrollieren kann, was er tut. Im Moment bin ich zu nervös wegen der ganzen Sache. Ich muß akzeptieren, daß ich es im Moment nicht schaffe, das Risiko einzugehen.

Frage Nr. 9:

Wovor haben Sie bei dieser Situation am meisten Angst?

Daß ich gefeuert werde.

Frage Nr. 10:

Wie lautet die Wahrheit im Hinblick auf diese Situation?

Sie würden mich niemals dafür feuern, daß ich mich selbst für die Stelle vorschlage. Ich habe gute Arbeit geleistet, und sie könnten durchaus denken, daß ich die Beförderung gar nicht haben will.

Frage Nr. 11:

Welche Sache sind Sie gewillt zu verändern, um die gewünschte Lösung zu bekommen?

Die Vorstellung, zum Chef zu gehen, macht mir zu große Angst. Aber ich könnte zu seinem Assistenten gehen, um bei ihm nachzufragen, ob sie bei der Besetzung der Stelle an mich gedacht haben. Ich möchte mir nicht wie ein Idiot vorkommen, aber es ist mir doch wichtiger, als ich gedacht hatte. Ich werde seinen Assistenten um Insider-Informationen bitten und mich dann entscheiden, ob ich weitermache oder nicht. Morgen früh gehe ich als erstes zu seinem Assistenten. Jetzt weiß ich, wie gerne ich die Stelle hätte. Ehrlich gesagt, wenn sich erweisen sollte, daß ich so schlecht mit der Situation umgegangen bin, wie ich meine, dann melde ich mich für eine Sitzung bei dem Berufsberater an, von dem mein Freund Paul mir ständig erzählt, um mir Rat zu holen, was ich als nächstes tun soll.

Fünfzehn
Welchen Wert hat ein Traum?

Es gibt mindestens zwei unter Ihnen, da bin ich mir sicher, die mir gerne ihr hartnäckigstes Problem zu Füßen legen würden – das Problem, das unter Garantie nicht bis Sonnenuntergang zu lösen ist.

Der erste von Ihnen fragt: Was ist mit einem Problem, das mit Geld zu tun hat? Es gibt nichts Realeres als Geld, sagen Sie.

Jetzt wird es bereits dunkel, und Sie beklagen sich bei mir, daß Sie vollkommen erschöpft sind.

Sie wollen Ihr Leben um jeden Preis verändern und scheuen auch nicht vor Risiken zurück. Es ist nur einfach so, daß Sie nicht die finanziellen, körperlichen und/oder emotionalen Ressourcen haben, um Ihr Problem zu lösen. Sie stecken fest!

Wer behauptet, sein Geist sei willig, aber sein Geldbeutel schwach, den frage ich hiermit: »Was würde passieren, wenn Sie plötzlich 100.000 DM und mehrere Jahre Zeit zur Verfügung hätten, die Sie ganz nach Ihrem Belieben verbringen könnten? Was würden Sie mit dieser Zeit und diesem Geld anfangen? Wäre das ausreichend, um Ihr Problem zu lösen und Sie weiterzubringen, an einen neuen Ort, der vielleicht dem ein wenig näherkommt, wonach Ihr Herz sich sehnt? Was würden Sie tun? Würden Sie Ihre eigene Beratungsgruppe gründen oder wieder zur Schule oder zur Universität gehen, um etwas Neues zu lernen? Würden Sie ein Praktikum machen, um sich den Weg zu einem neuen Beruf zu ebnen? Würden Sie die ganze Zeit dazu verwenden, um sich nach einem besseren Job umzusehen? Oder würden Sie in einen anderen Teil der Welt übersiedeln, um dort für einen Bruchteil Ihrer jetzigen Kosten leben zu können?

Das sind keine bloßen Hirngespinste, denn ich selbst bin jetzt an einer Universität inmitten von Leuten, die sich irgendwie die Zeit und das Geld aus den Rippen geschnitten haben, um etwas Neues zu beginnen, nämlich ein Studentenleben an der Theologischen Fakultät. Hier sind Menschen aller Altersgruppen versammelt, die aufgerufen worden sind, die Frage zu beantworten: »Welchen Wert haben eigentlich meine Träume?« Sie haben Teilzeitjobs angenommen, ihre persönlichen Ersparnisse zusammengekratzt, Stipendien bekommen, Darlehen oder Kredite auf ihr Haus aufgenommen, die zum großen Teil wieder zurückgezahlt werden müssen, sobald sie erst einmal ihren Abschluß gemacht haben. Eines ist jedoch sicher: Wahrscheinlich finden Sie nirgendwo eine ärmere, lebendigere und inspiriertere Gruppe als diese.

Natürlich wäre es Ihnen lieber, wenn Sie nicht Ihre Ersparnisse opfern, Ihren Lebensstandard zurückschrauben, sich verschulden oder Risiken in bezug auf Ihre Zukunft eingehen müßten. Was Sie jedoch in jedem Fall tun müssen, ist, sich die einfache und vielsagende Frage zu stellen: »*Welchen Wert haben meine Träume?*« Sind Sie bereit, Ihre Bequemlichkeit und Ihre Sicherheit aufs Spiel zu setzen, um sich für eine solche Übergangsphase zu engagieren? Natürlich gibt es mehr Anerkennung und Unterstützung für Darlehen bei Beginn eines Studiums an der Universität und für das bescheidene Leben eines Studenten, als Sie vielleicht für das Opfer bekämen, das Sie bringen müßten, um Ihren Träumen nachzugehen. Aber warum sollte jemand aus dem Berufs- oder Geschäftsleben, der einen wichtigen Neuanfang machen möchte, nicht ebensoviel Vertrauen in die eigene Zukunft aufbringen wie meine Mitstudentinnen und Mitstudenten?

Dazu möchte ich Ihnen einen Vorschlag machen. Stellen Sie sich zunächst einmal vor, wieviel Geld und Zeit Sie aufwenden müßten, um der Verwirklichung Ihres Traums näherzukommen. Sammeln Sie danach Ideen für eine mögliche Finanzierung Ihres Projekts. Entwickeln Sie einen Rückzahlungsplan, der dann beginnt, wenn Ihre Übergangsphase abgeschlossen ist und Ihre neue Einkommensquelle etwas für Sie abwirft.

Damit ist aber ein Risiko verbunden, werden Sie sagen. Aha! Sie haben Ihren Finger genau in die Wunde gelegt. Sie sind davon ausgegangen, daß Ihre Unfähigkeit, Ihr Problem bis Sonnenuntergang zu lösen, ein Finanzierungs- und Ressourcenproblem war. Das stimmt nicht. Ihr eigentliches Problem ist mangelndes Vertrauen.

Ich möchte Sie darauf aufmerksam machen, daß Sie in den letzten Jahrzehnten Vertrauen vollkommen mißverstanden haben.

Wie viele Male – in wie vielen Selbsthilfe-Büchern, von wie vielen Talkshow-Gästen und von wie vielen berühmten Vorbildern – haben Sie schon den Satz gehört: ›Wenn Sie Ihrem Herzen folgen, dann werden Ihre Träume wahr werden.‹ Das wird als »Vertrauen« angesehen. Sogar James Redfield, der in seinem Buch *Die Prophezeiungen von Celestine* etwas über Hingabe und Akzeptanz lehrt, ist der Meinung, daß Ihr Gemüse besser wachsen wird als das Ihrer Nachbarin, wenn Sie sich selbst mit dem universellen Fluß in Einklang bringen. Wie leicht ist es, das Vertrauen in die unsichtbare Ordnung, die durch uns hindurch wirkt, zu verlieren – egal, wie die Ergebnisse für uns oder andere zu einem bestimmten Moment aussehen mögen – und statt dessen einen eher mechanistischen, nützlichkeitsbetonten Handel mit dem Göttlichen abzuschließen. Einen Handel, der darin besteht, daß uns, wenn wir unsere Aufgabe tun und uns in Einklang mit dem Göttlichen bringen, all unsere Unternehmungen gelingen müßten. In Wirklichkeit geht es jedoch es bei Glauben und Vertrauen nicht darum, was Gott für uns tun kann. Viele von uns (ich eingeschlossen) verbringen Zeit damit, mit unserer inneren Weisheit Zwiegespräche zu halten, Illusionen loszulassen, mutig spirituelle Risiken einzugehen, uns selbst für Botschaften von anderen und unserer Umwelt zu öffnen und unseren Schmerz zu spüren. Berechtigt uns das jedoch dazu, mit ausgebreiteten Armen dazustehen, um unsere vermeintlich gerechte Belohnung in Empfang zu nehmen? So, als ob wir jemals spirituell genug werden könnten, um unser Leben so zu wenden, wie wir meinen, es haben zu wollen? Und dennoch, wenn ich Menschen sagen höre, daß sie »ihre eigene Realität erschaffen«, dann habe ich das dumpfe Gefühl, daß sie genau das meinen. Eine meiner Lieblingsgeschichten verdeutlicht, was ich damit sagen will.

Meine Freundin Denise hatte ihre Arme in dieser Art ausgestreckt, nur um dann begreifen zu müssen, wie leicht es ist, trotz allerbester Absichten im eigenen spirituellen Prozeß Fehler zu machen. Denise befand sich an einem Punkt in ihrem Leben, an dem sie nicht genau wußte, ob sie in der Gaststätte bleiben sollte, die sie 20 Jahre lang zusammen mit ihrem Ehemann Joe geführt hatte, oder ob sie ihrem Herzen ins Unbekannte folgen und sich ganztägig ihrer privaten Leidenschaft, dem Schreiben von Kochbüchern, widmen sollte. Joe war begeistert angesichts der Möglichkeiten, die sich für Denise auftaten. Wenn Denise allerdings den Gaststättenbetrieb verließe, dann würde das bedeuten, sich darauf verlassen zu müssen, daß Joe eine Zeitlang die volle Verantwortung für ihren Lebensunterhalt übernähme. Denise fühlte sich angesichts der Aussicht, Ihren Mann im Stich zu lassen, vollkommen zerrissen und zog sich in einen Wald zurück, um sich ganz auf sich selbst zu besinnen. Sie versprach, in ihrem Bemühen um Spiritualität vollkommen mutig, aufrichtig und sorgfältig vorzugehen. So brachte sie einen Großteil des Tages mit dem Versuch zu, die rationalen Prozesse ihrer linken Gehirnhälfte zu bekämpfen, um sich von ihrem intuitiven Wissen überfluten zu lassen. Sie konnte fühlen, wie die Lösung Ihres Problems darauf wartete, in Ihr Bewußtsein vorzudringen. In der fieberhaften Stimmung freudiger Erwartung, in der sie sich befand, schien alles, was ihr begegnete, bedeutsam zu sein. Sie hatte das Gefühl, daß sie sich kurz vor einem Durchbruch befand, aber dann begann sie, einen Juckreiz zu verspüren. Sie hatte, ohne es zu wissen, für ihren Rückzug jenen besonderen Ort gewählt, der sich inmitten eines dicken, grünen Teppichs von Giftefeu befand.

Als sich der unerträgliche Juckreiz auf ihrem gesamten Körper ausbreitete, wandte sie sich mit ihren Klagen an Gott.

»Gott«, fragte sie, »was habe ich falsch gemacht? Ich versuche, das zu tun, was richtig ist. Ich bringe alles, was ich habe, in diesen Prozeß ein. Warum habe ich das getan? Welche Lektion könnte für mich darin verborgen sein?«

Die Antwort kam freundlich, aber unmißverständlich.

»Ihr Menschen! Eure Vorstellung von eurem Platz im Universum ist so bombastisch. Hier gab es in der Tat eine Lektion zu lernen. Aber nicht für dich. Diese Lektion war für den Efeu bestimmt.«

Auch wenn wir noch so sehr versuchen, dafür zu sorgen, daß unsere Ziele Wirklichkeit werden, da gibt es immer noch dieses launische Ding, das wir positiv denkenden Menschen absolut nicht in Betracht ziehen wollen: das Schicksal. Wie auch immer Sie es nennen wollen – Bestimmung, Zufall, Lebenslektion, Karma; es ist ziemlich wahrscheinlich, daß das Schicksal von Zeit zu Zeit Ihr Leben Ihrer Kontrolle entreißen wird. Die amerikanischen Ureinwohner, die afrikanischen Eingeborenen und die australischen Aborigines-Kulturen kennen dieses Phänomen zur Genüge, bei dem es darum geht, daß betrügerische Götter die Menschheit durch Schalk und Unfug zum Erwachen und zur Erleuchtung zu führen beabsichtigen.

Wenn Sie also nicht auf eine Weise handeln können, die Ihnen mit Sicherheit das gibt, was Sie haben möchten, und wenn Sie *nicht* in Ihrem eigenen Interesse handeln können, was können Sie dann noch tun? Hingabe bedeutet nicht, daß Sie sich von diesen unvorhersagbaren Kräften bestimmen lassen sollen. Hingabe ist nicht dasselbe wie Resignation, sondern Hingabe bedeutet einfach nur, daß Sie das tun, was Sie tun *müssen.*

Als Denise von den Folgen des Giftefeus genesen war, erhielt sie schließlich die Lösung, die sie erhofft hatte. Nachdem sie den Teufelskreis durchbrochen hatte, unbedingt eine Lösung finden zu müssen, war es dann so, daß sie nichts anderes tat, als ihr Leben zu leben. Sie erkannte, daß ihr Ehrgeiz für die Gastronomie seit einer ganzen Weile schon abgeklungen war und sie sich bereits Möglichkeiten gesucht hatte, um an ihrem Kochbuch zu schreiben. Ihre Entscheidung war bereits gefallen. Diese Übergangssituation fand sie in einem populären Gesangstext wieder, der in ihrem Bewußtsein summte; die neue Realität kam in den Fehlern zum Vorschein, die sie aufgrund ihrer Geistesabwesenheit zum ersten Mal in ihrer Gastronomielaufbahn machte – und sie zeigte sich auch in den längeren Phasen, die sie am Computer verbrachte; die Realität hatte sich ihren Weg durch ihre unbewußten Tagträume gebahnt und durch die Hoffnungen, die sie nicht beachtet hatte. Als Denise sich schließlich dabei ertappte, daß sie nun ihren ganzen Tag mit dem Verfassen von Kochbüchern zubrachte, da war das die natürlichste Sache der Welt. Als sie aufhörte, zwanghaft die »Realität« kontrollieren zu wollen, erlaubte sie es den Kräften in ihrem Leben, sich um ihr wahres Selbst, zu dem sie sich bereits entwickelt hatte, neu zu formieren.

Warum war ihr nicht schon früher klar geworden, daß sie ihre Entscheidung bereits getroffen hatte? Weil sie wußte, daß es ein Risiko gab. Es handelte sich dabei um ein Risiko, von dem sie immer geglaubt hatte, daß sie bereit sei, es einzugehen – sobald sie sicher wußte, daß es sich schließlich für sie lohnen würde. Der springende Punkt an der Sache ist jedoch, daß es sich nicht um ein wirkliches Risiko handelt, wenn Sie absolut sicher wissen, daß es Sie nichts kosten wird. Wenn Sie genügend Mut haben, sich auf die Sehnsucht Ihres Herzens einzustimmen, dann werden Sie einen strengen Meister entdecken, der weitaus mehr von Ihnen fordert, als es die äußeren Umständen getan haben, denen Sie jemals erlaubt haben, über Ihr Leben zu bestimmen. Sie haben recht, wenn Sie zögern, bevor Sie über die Schwelle treten, um über die Ernsthaftigkeit nachzudenken, die mit vollkommener Lebendigkeit verbunden ist.

Stellen Sie sich selbst die Frage: Wenn ich das Risiko eingehe und das Schlimmste eintritt, bin ich dann bereit, mit den Konsequenzen und den sich daraus ergebenden Emotionen umzugehen? (Es ist übrigens auch wichtig, sich zu fragen, wie das bestmögliche Ergebnis aussehen könnte. Meiner Erfahrung nach stehen die Chancen gut, daß Ihr Schicksal Ihre eigenen Ergebnisse irgendwo in der Mitte ansiedeln wird. Die meisten Menschen bekommen nicht jedes Mal alles, worum sie bitten, aber es ist auch nicht so, daß sie nichts bekommen.)

Wenn jedoch das Allerschlimmste passierte, könnten Sie damit leben? Lohnt es sich, das Wagnis einzugehen? Wenn nicht, dann sollten Sie sich eine weniger extreme Herangehensweise suchen, bei der die möglichen negativen Folgen auf ein Maß beschränkt werden, das Sie bereit wären zu tragen. Es gibt einen einfachen Weg, um herauszufinden, ob Sie die richtige Entscheidung getroffen haben: Wenn Sie sich ein zu großes Ziel heraussuchen, dann werden Sie sich überwältigt fühlen. Suchen Sie sich ein zu kleines Ziel heraus, dann werden Sie sich langweilen. Suchen Sie sich etwas zwischen diesen beiden Extremen heraus, dann werden Sie etwas bekommen, das in der östlichen Philosophie als »Mittelweg« bezeichnet wird. Sobald Sie Ihre Grenzen angemessen definiert haben, sollten Sie Ihren Zielen alles geben, was Sie haben. Begreifen Sie, daß »alles« auch bedeutet, daß Sie sich die Zeit nehmen, um Ihre körperlichen, emotionalen und spirituellen Bedürfnisse während dieser Zeit zu stillen. Sie müssen bereit sein, Ihre Grenzen als Mensch anzuerkennen und einem verschmitzt lächelnden Universum Respekt zu zollen, das unter Umständen die eine oder andere Überraschung für Sie bereithält. Der Schlüssel zu dem Erfolgserlebnis, nach dem Sie in Ihrem Leben suchen, liegt darin zu lernen, die Herausforderungen anzunehmen, auf die Sie stolz sein können, sowie die Konsequenzen, die Sie bereit sind zu tragen.

Larry, ein Freund aus New York, gehört zu den Menschen, die bereit waren, ein solches Risiko einzugehen. Sein ganzes Leben lang hatte Larry davon geträumt, mit seiner Kunst seinen Lebensunterhalt zu bestreiten. Doch bis dahin bezahlte er seine Rechnungen durch sein Gehalt als Buchhalter. 25 Jahre lang war sein Leben zweigeteilt gewesen. Tagsüber trug er einen Anzug und war im Berufsleben aktiv. Abends und an den Wochenenden warf er sich in seine alten Jeans, schnappte sich seine Aquarellfarben und erforschte seine innere und äußere Welt auf der Leinwand.

»Wäre es nicht wunderbar, wenn ich Tag und Nacht malen könnte?« dachte er bei sich. Diese Perspektive brachte ihn dazu, voll freudiger Erregung einen Kredit auf sein Haus aufzunehmen, um diese wichtige Übergangsphase in seinem Leben zu finanzieren. Er wollte seinen Lebensstil einschränken und das Geld dazu verwenden, um ein Atelier mit angeschlossener Galerie zu eröffnen, in dem er den ganzen Tag lang malen und seine Arbeiten verkaufen konnte. In dieser Aufregung kündigte er seinen Job, fand und renovierte einen Lagerraum in einem aufstrebenden Stadtteil und machte sich endlich daran, die Leidenschaft seines Lebens zu seinem Broterwerb zu machen. Er wollte sich ein Jahr Zeit dafür lassen. Da er seinem Lebensglück folgte, würde das Geld sicher bald eintreffen.

Als sein Atelier schließlich bezugsfertig war, nahm Larry voller Eifer seine Pinsel in die Hand, stellte sich vor seine leere Leinwand und erstarrte. Er mußte zu seinem Kummer feststellen, daß ihm absolut nichts einfiel, was er malen könnte. Nachdem er 25 Jahre lang ununterbrochen kreativ gewesen war, setzte bei ihm eine Künstlerblockade ein. Lustlos wanderte er von seiner Staffelei zur Kaffeetasse und zu seinem Bett und fragte sich, warum sein Brunnen versiegt war. Als Tage zu Wochen und Wochen zu Monaten wurden, dachte Larry über die Rolle der Kunst in seinem Leben nach; darüber, was »das tun, was man liebt« eigentlich für ihn bedeutete.

Bald wurde ihm klar, bevor er den Versuch unternommen hatte, mit seiner Malerei Geld zu verdienen, war das Malen der einzige Ort gewesen, an dem er vollkommen frei sein konnte. Es war seine Version des Tagebuchschreibens, ein Ort des Selbstausdrucks und der spontanen Kreativität, der ihm geholfen hatte, seinem Leben einen Sinn zu geben. Die Tatsache, ob andere Menschen seine Kunst mochten oder eine Meinung dazu hatten, war immer zweitrangig gewesen. In seinem Herzen wollte er sich überhaupt nicht damit auseinandersetzen, ob anderen Menschen seine Arbeit gefiel oder nicht, geschweige denn, ob sie bereit waren, dafür zu bezahlen.

Als ihm bewußt wurde, daß er jetzt mit seiner Kunst sein Geld verdienen mußte, war er gezwungen, der Tatsache ins Auge zu sehen, daß die weitaus größte Zahl der professionellen Künstler in der Lage war, Kompromisse einzugehen, zu denen er einfach nicht bereit war. Am ersten Tag, als er die Türen seiner Galerie öffnete und die Massen, die er sich in seiner Phantasie ausgemalt hatte, nicht bei ihm einströmten, wurde ihm das sehr deutlich. Es dämmerte ihm, daß er, sollte er Erfolg haben, nicht seine Tage mit dem Malen an sich verbringen würde, so wie er sich das vorgestellt hatte. Statt dessen müßte er einen sehr großen Teil seiner Zeit für die Vermarktung seiner Kunst aufwenden, sich mit Mäzenen kurzschließen, mit ihnen über die Farben in ihren Wohnzimmern sprechen und so fort. Was also tat Larry?

Nachdem er sein Gewissen eingehend untersucht hatte, wurde ihm klar, daß er nicht bereit war, seine Gemälde zu einer Ware zu machen. Da er aber bereits in eine Kunstgalerie investiert hatte, wollte er seine unternehmerischen Fähigkeiten dazu nutzen, um sie ans Laufen zu bringen – und zwar indem er die Kunst anderer Menschen verkaufte.

Durch diesen Schritt gelang es ihm, sich auf leichtere Weise einen Zugang zur Welt der Kunst, der er gerne angehören wollte, zu verschaffen, als wenn er seine Tätigkeit als Buchhalter in einem Unternehmen fortgesetzt hätte. Wenn er nicht der eine Künstler von Hunderttausenden sein konnte, dessen nicht auf Kompromissen beruhende Arbeiten eine so große Nachfrage erzielten, um damit sein Leben zu finanzieren, dann wollte er wenigstens mit den Begrenzungen des Lebens Frieden schließen und dabei seine mit Farbe bekleckstEN Jeans tragen. Unterdessen kehrte sein innerer Schaffensdrang zurück, und seine Kunst begann wieder aufzublühen – nach der Geschäftszeit!

Mehrere Jahre nach diesen Ereignissen traf ich Larry, der vollkommen aufgeregt war, zufällig wieder. Anscheinend hatte er kurze Zeit nach der erfolgreichen Eröffnung der Galerie einige seiner eigenen Bilder in eine unauffällige Ecke gehängt. Nach zwei Jahren hatte er jetzt gerade sein erstes Bild für 100 DM an jemand anderen als ein Familienmitglied oder einen Freund verkauft. Larry strahlte vor Glück.

Seien Sie wachsam gegenüber jenem Teil in Ihnen, der sogleich jede negative Möglichkeit vorwegnehmen möchte. Natürlich würden Sie gerne einen festen Standpunkt beziehen und dann das Gefühl haben, das alles genauso ausgeht, wie Sie es sich vorstellen. Das Leben wird sich jedoch von Zeit zu Zeit aus Ihrer Kontrolle lösen. Können Sie den Mut aufbringen, das zu tun, wonach Ihr Herz verlangt – und bereit sein, die Konsequenzen dafür zu tragen? Das wird leichter sein, wenn Sie begreifen, daß Sie zwar einerseits nur ein Mensch sind und daher die Verpflichtung haben, sich darauf einzulassen, nicht all die schlimmen Dinge kontrollieren zu können, die Ihnen passieren; aber andererseits ist ebenso wahr, daß Sie auch all die guten Dinge, die Ihnen passieren, nicht kontrollieren können. Wenn Sie die Illusion aufgeben, die Kontrolle über die äußere Realität haben zu können, dann geben Sie nicht nur zu, daß Sie hilflos sind, Probleme zu verhindern, sondern Sie müssen ehrlicherweise gleichzeitig zugeben, daß Sie ebensowenig verhindern können, daß Lösungen auf Sie zukommen.

Wenn Sie bereit sind, das zu tun, was als nächstes ansteht, dann werden Sie nie in eine Sackgasse geraten. Was zunächst wie ein Mißerfolg aussah, wie Larrys Künstlerblockade etwa, kann ebensogut ein Sprungbrett zu etwas sein, das wesentlich erfüllender ist, als Sie gehofft hatten. Sie sind nicht in der Lage, Ihre Ergebnisse zu beurteilen. Solange Sie leben, befinden Sie sich immer mitten in Ihrer Lebensgeschichte.

Sie wissen nicht, wie das Ende aussehen wird. Es ist durchaus möglich, daß der Zeitplan, der in Wirklichkeit der bestmögliche für das Wachstum Ihrer Persönlichkeit und Ihrer Seele ist, nicht der gleiche Zeitplan ist, den Ihr Ego gerne hätte. Bekräftigen Sie Ihre Bereitschaft, mit dem, was auftauchen mag, umzugehen, und vertrauen Sie gleichzeitig auch darauf, daß derselbe Prozeß, der Sie so weit gebracht hat, Ihnen auch auf die andere Seite helfen wird – vielleicht sogar noch in der nächsten und letzten Stunde vor Sonnenuntergang.

An diesem entscheidenden Punkt sollten Sie noch eine andere Möglichkeit bedenken. Was wäre, wenn Sie Ihre Antwort bereits bekommen hätten und Sie es nur einfach nicht wüßten? Vielleicht hat sich Ihre selektive Wahrnehmung, Ihre Ungeduld oder Ihre offensichtliche Neigung zu träumen der Erkenntnis, die Wahrheit gefunden zu haben, in den Weg gestellt. Wenn Sie sich genau an dem Punkt befinden, an dem wirkliche Transformation möglich ist, dann haben Sie noch einmal die Gelegenheit, sich zu überlegen, ob Sie wirklich davon überzeugt sind, daß das Universum Sie in Ihrem Wachstum unterstützt. Erforderlich ist hier nicht, daß Sie Ihre Realität erschaffen, sondern daß Sie den Sprung wagen und in einem Bereich Vertrauen entwickeln, der sich Ihrer Kontrolle entzieht. Ich weiß, daß Ihnen das viel abverlangt. Aber, anders gesagt, welchen Wert hat Ihr Traum nun wirklich für Sie?

Sechzehn
Ein Problem, auf das Sie stolz sein können

Das vorhergehende Kapitel habe ich damit begonnen, daß es mindestens zwei unter Ihnen gibt, die mir gerne ihr hartnäckigstes Problem zu Füßen legen würden; dasjenige Problem, das auf keinen Fall bis Sonnenuntergang zu lösen ist. Gerade eben habe ich den ersten von Ihnen angesprochen, denjenigen, dessen hartnäckiges Problem nicht so sehr auf einen Mangel an Ressourcen, an Glück oder Möglichkeiten zurückzuführen ist als auf einen Mangel an Vertrauen. Ich glaube an Sie, und ich vertraue darauf, daß Sie vielleicht noch heute abend bis Sonnenuntergang Ihren Durchbruch erzielen werden.

Aber es gibt noch jemand anderen, den zweiten unter Ihnen, der mich aufgefordert hat, ihm dabei zu helfen, sein hartnäckigstes Problem zu lösen. Sie wissen genau, wer Sie sind. Denn Sie sind jemand, dem viel von dem Material in diesem Buch bekannt ist – und trotzdem werden Sie Ihr Problem nicht los.

Sie sind jemand, der sich erlaubt hat, an einer größeren Bandbreite des menschlichen Potentials teilzuhaben, jemand, der sich nicht damit zufrieden gibt, sich oberflächlichen Zerstreuungen in dem Bemühen hinzugeben, nur das hellere, freundlichere Spektrum der Emotionen zu erforschen, nur Gefühle wie Glück, Zufriedenheit und Freude willkommen zu heißen.

Aber Ihre Sehnsucht ist so groß geworden, daß Sie Ihr Herz aufgebrochen hat. Denn Sie haben Mitgefühl mit dem Leiden der anderen, mit ihrem vergeudeten Potential, mit einer Welt, die allzu oft von Habgier, Ignoranz und dem Bösen regiert wird. Sie sind Ihren Emotionen und Ihrer Seele in das viel reicher ausgestattete Gebiet der Empathie und des Mitgefühls gefolgt. Sie haben es sich selbst erlaubt, tiefe Liebe zu empfinden, wider jegliche Hoffnung zu hoffen und vollkommene Trauer zu spüren. Selbst wenn Sie sich eine Lösung wünschen mögen, so haben Sie doch gleichzeitig die Ahnung, daß das Problem, das Sie heute zur Sprache gebracht haben, nicht allein Ihres ist. Es ist ein Problem, das zu unserer gesamten Generation gehört – und bereits zu allen Zeiten bestand. Ich kann verstehen, warum Sie versuchen, den Schmerz des vollkommenen Lebendigseins zu lindern, aber ich kann Ihnen keine Erleichterung versprechen. Es ist zu wichtig für unsere Gesellschaft, jemanden wie Sie zu haben; jemanden, der für etwas einsteht, das größer ist als er selbst, und der bereit ist, die Konsequenzen zu tragen.

Aber selbst für Sie steht die Möglichkeit einer Lösung offen. Sie wird ohne Mühe und auf natürliche Weise auf Sie zukommen, wenn Ihre Seele groß genug geworden ist, um alles zu umfassen. Widerstehen Sie der Neigung, übereilt eine Antwort finden zu wollen, um so zu einer oberflächlichen Lösung zu kommen. Sie sind stark genug, um alles zu umarmen.

Kurz nachdem Dan und ich die Entscheidung getroffen hatten, die Zahl unserer Arbeitsstunden zu verringern und eine gesündere Beziehung zum Erfolg in unserem Leben anzustreben, sprang eine Reihe von Kunden und Arbeitgebern ab, weil sie glaubten, sich auf einem sinkenden Schiff zu befinden. Sie begriffen nicht, daß etwas Heldenhaftes dabei war, daß wir unsere eigenen Bedürfnisse und Wünsche wieder mit ins Spiel brachten und es der Firma und unserem Leben erlaubten, sich um dieses neue, höhere Zentrum herum neu zu formieren. Denn das würde für uns alle schließlich von Nutzen sein.

Vor kurzem stieß ich, als ich den Schlafsack meiner Tochter suchte, auf mein Tagebuch aus jener Lebensphase. Unter die Anfälle schlechter Laune, die Berichte von überfluteten Kellern und von Babies, deren Windeln gewechselt werden mußten, mischten sich die Keime der Philosophie, die weiterhin in meinem Leben gedeihten und mich daran erinnerten, daß Wachstum am ehesten im Schlamm seine Wurzeln ausfährt. Kurz nach meinem 37. Geburtstag, in dem Moment, als es für die ganze Welt so aussah, als ob unser Unternehmen auseinandergebrochen sei, kam ich nach Hause und schrieb in mein Tagebuch:

> Geister – Erscheinungen der Person, die ich früher einmal war, der Angestellten und der Kunden, mit denen ich mich einmal umgeben habe – schleichen in unseren halbleeren Büros herum. Die Büro-

räume wären groß genug für 30 von uns, aber nur fünf Personen klappern herum. Irgend etwas bricht zusammen und stirbt. Ich fühle, daß es sich zum Guten wendet, aber ich habe keine Antworten. Keine einfachen Lösungen, nur Dans Arm um mich herum und Jody und Grant, die mich lieben. Auch ich liebe sie auf eine Art, die ich nie für möglich gehalten hätte. Die liebevolle Unterstützung der wenigen Mitarbeiter, die uns geblieben sind. Ein Kaleidoskop von Schmerzen und Veränderungen – mit welchem Ziel? Ich möchte die Listen und Zahlen und Berechnungen herauskramen und die Realität zu etwas organisieren, das funktionieren wird. Aber das kommt später – viel später. Jetzt ist die Zeit für mich gekommen, um loszulassen und einfach zu sein. Meditieren, schreiben; lieben und geliebt werden. Ich habe Fähigkeiten, die ich dazu einsetzen möchte, um Kunden zu dienen. Ich vertraue darauf, daß es ein Bedürfnis für das geben wird, was wir tun. Soviel weiß ich. Aber wen sollte ich anstellen? Können wir uns mehr Angestellte leisten? Wie groß sollten wir sein? NEIN, schreibe ich auf. Genug! Genug des linearen Denkens. Genug damit, wissen zu müssen, was wir tun sollen.
Was für ein Riesenschritt für mich – verantwortlich zu funktionieren, ohne die Antwort zu kennen. Loszulassen und mich selbst bei meiner Entwicklung zu beobachten. Hingabe. Ich kann mit dem anfangen, was meine Seele möchte, das ich tue. Soll ich den Kunden gehen lassen, der uns zwar noch treu geblieben ist, der aber unverhältnismäßige Forderungen stellt? Auch wenn wir den Gewinn brauchen? Ist das unverantwortlich? Ich versuche immer noch, eine Antwort zu erzwingen, anstatt mit jedem Moment zu fließen. Jetzt ist gerade ein schöner Moment, so traurig und so voll. Ich kämpfe darum, frei zu sein, und es tut weh ... ich habe Angst, daß sich durch jeden vorüberziehenden Moment mein Leben noch mehr auflöst. Wie tief unten liegt der tiefste Punkt? Zumindest weiß ich, daß ich lebendig und wach sein werde, um zu beobachten, wenn er erreicht ist.

Unter den Angestellten, die uns verließen, gab es mehrere, die über unsere Transformation schlechte Dinge zu berichten wußten. Eigentlich würde ich hier gerne erzählen, daß sie auch bei ihren nachfolgenden Anstellungen schlechte Erfahrungen gemacht haben und schließlich gezwungen waren, das Licht zu sehen und öffentlich die Überlegenheit unserer Herangehensweise anzuerkennen. Doch die Wahrheit ist, daß einige von ihnen eine Konkurrenz-Agentur gründeten und einen Teil unserer Kunden mitnahmen. Nach dem letzten Bericht waren sie mit ihrem Ansatz, ihre Firma nach dem alten Paradigma zu führen, erfolgreich und bedauerten nichts. So schrecklich es sich anfühlt, wenn guten Menschen schlimme Dinge passieren, so ist es doch fast noch schlimmer, wenn es so aussieht, als ob »bösen« Menschen gute Dinge passieren. Wenn dieses Universum wirklich wohlgeordnet und liebevoll ist, wie läßt sich das dann überhaupt rechtfertigen? Nach der westlichen Glaubensauffassung werden wir durch die Vorstellung getröstet, daß ihnen ihr Urteil sicher ist – und sie auf ewig in der Hölle schmachten werden. In der östlichen, indischen Tradition begegnen wir dem Karma, der Vorstellung, daß wir für unsere bösen Taten im nächsten Leben bezahlen müssen. In der konfuzianischen Philosophie werden »unterlegene« Menschen als Sumpfpflanzen dargestellt, die sich über Nacht zu voller Pracht entfalten und hoch aufschießen, doch am nächsten Tag bereits verwelkt sind. Das Gute wächst dagegen wie eine winzige Eichel langsam und stetig; es schickt seine Wurzeln tief in die Erde und triumphiert am Ende. Meine Lieblingserklärung basiert auf einer Samurai-Legende, die mir mein Karatemeister erzählt hat.

> Ein Samurai hat seinen spirituellen Meister aufgesucht.
> »Zeige mir das Tor zum Himmel und die Tür zur Hölle«, bat er.
> »Du dummer Samurai. Jemandem, der so schwer von Begriff ist wie du, kann ich das nicht zeigen.« Woraufhin der Samurai sein Schwert zog und drohte, den Meister zu töten.
> »Das ist die Tür zur Hölle«, erklärte der Meister geduldig. Der Samurai wurde erleuchtet und legte sein Schwert weg.
> »Und das ist das Tor zum Himmel.«

Trotz der schmerzhaften Überläufe erreichte die PR-Agentur *Orsborn Group Public Relations* nach kurzer Zeit wieder ihr früheres Bruttoeinkommen, das um die 800.000 DM beträgt, und zwar mit jenem treuen Stamm an Mitarbeitern, der die Arbeit weiterführte, die früher von fast

20 Angestellten getan worden war. Als wir den Mut hatten, Dinge zu tun wie den Hotelkunden zu verabschieden, der während des Golfkrieges überzogene Forderungen an uns gestellt hat, wurde uns unsere Lebenskraft zurückgegeben. Als wir von dem Embarcadero Center gefeuert wurden, erschöpften wir uns weder in nutzlosem Widerstand, noch zerfleischten wir uns mit Selbstvorwürfen. Unsere vitale Energie stand uns zur Verfügung, um eine neue Zukunft aufzubauen, statt weiterhin auf unsere sich schnell, aber nichtsdestoweniger schmerzhaft auflösende Vergangenheit zu starren.

Wir waren frei von Kunden, die uns ausbeuten wollten, und von Angestellten, die gegen uns arbeiteten. Was übrigblieb, war ein Stamm von neugierigen Mitarbeitern, die die Freuden und die Möglichkeiten engagierter Teamarbeit entdecken wollten. Man verschwendete keine Zeit damit, in der Kaffeepause über andere zu lästern, es folgte keine Besprechung nach der anderen, nur weil wir Angst davor hatten, die Verantwortung für eine Handlung zu übernehmen und ein Wagnis einzugehen. Wir waren kreativ, lebendig, voller Freude und Leidenschaft. Und noch erstaunlicher war die Tatsache, daß unser Gewinn bei stark verringerten Kosten in die Höhe schnellte. Und das schafften wir mit einer 40-Stundenwoche oder sogar mit noch weniger Arbeitsstunden, so daß wir Zeit hatten, um in der Freizeit unseren Hobbies nachzugehen, Zeit für Beziehungen, für Verpflichtungen, für andere und für unser eigenes, über alle Maßen bereichertes Leben.

Unser Erfolg war ein Nebenprodukt, das sichtbar wurde als Ergebnis des Wachstums und des Geistes, durch die unsere Beziehungen geprägt waren, und infolge unseres persönlichen Wachstums. So schmerzhaft der Prozeß auch war, der Kampf hatte sich gelohnt.

Ich habe selbst in Zeiten, die eine solch große Herausforderung darstellen wie die, von denen ich Ihnen gerade berichtet habe, Lösungen gefunden, die weit über das von mir für möglich Gehaltene hinausgingen. Die Lösung, die ich gefunden habe – und die auch für Sie möglich ist, egal, welcher Situation Sie sich gerade in Ihrem Leben gegenübersehen –, ist ein Gefühl des bittersüßen Akzeptierens, ein ruhiges, melancholisches Wissen, das jeglichem Leben Bedeutung verleiht. Ich erlebe die emotionale Färbung der Spiritualität als eine frei schwebende Sehnsucht nach Erfüllung. Es ist eine Sehnsucht, die ich noch mehr schätzen gelernt habe als das, was ich früher »Glück« nannte. Denn als meine Hauptabsicht darin bestand, glücklich zu sein, habe ich viel von meiner Lebensenergie dazu benutzt, um mich vor drohendem Unbehagen oder innerem Tumult zu schützen. In meinen engsten Beziehungen habe ich Grenzen gesetzt, weil ich wußte, daß dort das Potential für Schmerz vorhanden war. Ich habe hart dafür gearbeitet, um Dinge zu bekommen, die meinen Komfort vergrößern sollten – ein besseres Haus, ein größerer Kunde, ein schöneres Auto. Aber da mich diese Dinge glücklich machten, hing mein Glück von Kräften außerhalb meiner Person ab. Das, was von außen auf mich zukam, konnte mir auch wieder weggenommen werden. Ich lebte in einem Zustand ständiger Sorge. Nur als meine Liebe zum Leben und mein Vertrauen in die Zukunft über meine Angst vor dem Schmerz hinauswuchsen, konnte ich einen Zustand finden, in dem ich eine Lösung hatte, auf die Verlaß war – unabhängig von dem Problem, dem ich mich zur jeweiligen Zeit gerade gegenübersah. Sie können sich nicht von den Umständen in Ihrem Leben abhängig machen, um die Erfüllung zu bekommen, die Sie sich wünschen. Die Erfahrung der Erfüllung muß zuerst kommen. Das ist eine Lösung, die nicht erzwungen oder vorgetäuscht werden kann.

Für jemanden wie Sie, der all diese Jahre nach der wahren Lösung gesucht hat, ist das eine Herausforderung, denn Sie sind bereits zu weise und zu aufrichtig, um wegzuwischen, was andere ignorieren, erklären oder einfach vermeiden. Vielleicht haben Sie sich gefragt, ob es keine bessere Antwort gibt – etwas, das Sie tun, haben oder sein könnten –, damit es für Sie, diejenigen, die Ihnen am Herzen liegen, und die Welt leichter wird. Am Ende dieses Kapitels werden Sie sicher wissen, ob Sie noch etwas mehr tun können. Wenn Sie bereits genug tun, dann können Sie jetzt die Lösung dadurch finden, daß Sie sich so, wie Sie schon sind, auch in der Gesellschaft anderer, die Ihre Sehnsucht teilen, offen zeigen.

Wir, die wir den Schmerz spüren, sind diejenigen, die die Wahrheit sagen. Die Generation, deren Vermächtnis Auschwitz, die Atombombe, die Ermordung von Martin Luther King Jr. und John F. Kennedy ebenso wie Vietnam und die Tragödie in Oklahoma ist. Wir leben in einer Welt, die sich in politischer und gesellschaftlicher, spiritueller und umweltpolitischer Hinsicht in einer Krise befindet. In einer so aus dem

Gleichgewicht geratenen Welt sind es vielleicht die Aufgewühltesten und Gequältesten unter uns, die den vitalsten Geist haben. Im Laufe der Jahre haben wir gelernt, daß Geld und äußerer Erfolg allein – auch wenn sie uns eine ziemlich gute Imitation kurzfristiger Erfüllung vorspiegeln können – uns nicht wirklich vor dem Schmerz des Lebendigseins schützen können. In noch jüngerer Zeit haben wir eine noch weitaus härtere Lektion gemeistert, nämlich diejenige, daß unsere spirituellen Bemühungen, mit Gott Geschäfte machen zu wollen, damit er uns das gibt, was wir haben möchten, ebenfalls zum Scheitern verurteilt sind.

Durch unser spirituelles Leben können wir Trost erfahren, wir können Einsichten und Weisheit erwerben, wir können ein uns innewohnendes moralisches Empfinden entwickeln, wir können das Vertrauen und die Hoffnung aufbringen, daß letzten Endes das Gute und die Ordnung siegen werden. Wir müssen uns jedoch auch mit der Tatsache konfrontieren, daß wir alle Teil einer Schöpfung sind, die es der menschlichen, tierischen und den Naturkräften allgemein durchaus erlauben kann, bisweilen launisch und grausam zu sein. Es gibt Leid. Es gibt Schmerz. Es gibt das Böse. Und die Entwicklung unseres spirituellen Lebens nur als Quelle für Wohlbehagen und Schutz anzusehen oder um Macht und Kontrolle auszuüben, – mit anderen Worten Vertrauen als Schutzmauer gegen den Schmerz und die Zweifel zu benutzen, die zwangsläufig auftauchen, wenn man sich ernsthaft für ein lebendiges Universum öffnet –, das ist gefährlich.

Als Jüdin, die im selben Jahr wie der Staat Israel geboren wurde und die Verwandte durch den Holocaust verloren hat, die ich nie kennenlernen konnte, fühle ich jeden Tag und in jedem Moment, wie wichtig es für jeden für uns ist, nicht nur unsere guten Seiten und unsere Moral an vorderster Stelle im Bewußtsein zu behalten, sondern auch unsere Schatten. Schließlich waren es doch wohlmeinende Leute, die die Duschen entwarfen, und die Buchhalter, die die Rechnungen für das Zyanid bezahlten; sie waren Menschen, die keine Probleme verursachen wollten, die ein so glückliches Leben wollten, wie es unter den gegebenen Umständen eben möglich war. Es waren Menschen, die zur Kirche gingen und die an den sportlichen Aktivitäten und den Schulstunden ihrer Kinder teilhatten.

In uns allen ist das Potential vorhanden, unsere dunkleren Impulse zu ignorieren, sie zu legitimieren oder zu verdrängen, um mit unserem »gewöhnlichen Leben« fortzufahren. Ironischerweise ist es jedoch so: Wenn man nicht bereit ist, der unbequemen Wahrheit über sich selbst und das Universum ins Auge zu sehen, gibt man das eigene moralische Unbehagen an andere weiter, die einem statt dessen Trost und oberflächliche Lösungen anbieten. Gleichermaßen gefährlich ist der Versuch, sich einzig und allein auf die Aktivitäten der linken Gehirnhälfte zu verlassen und vor sich selbst den Zugang zu seinem vorhandenen und funktionierenden intuitiven, kreativen und spirituellen Potential zu leugnen. Aus Gewohnheit erlauben Sie es Ihren Impulsen, an denen Sie unbewußt festhalten, den Ton anzugeben. Diejenigen von Ihnen, die ihre Beziehung zur Spiritualität als Weg aufgefaßt haben, um Unbehagen zu vermeiden oder zu verringern, sollten die Möglichkeit in Betracht ziehen, daß die Anforderungen, die wahres Vertrauen an Sie stellt, zwangsläufig zu Auseinandersetzungen führen werden. Sie werden sich durch Ihre Arroganz hindurchkämpfen, um zur Bescheidenheit zu gelangen; Sie werden sich durch Ihre Gewandtheit hindurchkämpfen, um zu Ihren tieferen Sehnsüchten zu gelangen; Sie werden sich durch Ihre Rationalisierungen und Vermeidungsstrategien hindurchkämpfen, um dem Geheimnis einer göttlichen Macht zu begegnen, die Katastrophen zuläßt; Sie werden sich durch Ihre Illusion von Behagen und Kontrolle hindurchkämpfen, um Ihren eigenen Schmerz ebenso zu spüren wie denjenigen anderer.

Im Schützengraben, wo Sie ringen werden, wie es Jakob am Jabbok-Fluß tat, sind Sie aufgerufen, mit Gott und mit Ihrer eigenen Menschlichkeit zu kämpfen. Sie müssen sich der Möglichkeit öffnen, daß wir alle im Moment noch ganz am Anfang stehen und nicht mit Riesenschritten vorangehen können, da uns das Vermächtnis unserer Generation dazu zwingt zu begreifen, was wirklich von uns gefordert wird, nämlich tiefer und tiefer zu gehen.

Diejenigen, die sich aufgerufen fühlen, der Menschheit in diesen schwierigen Zeiten zu dienen, müssen bereit sein, alles auf sich zu nehmen. In seinem Buch *Cloud of Smoke, Pillar of Fire* (*Rauchwolke, Feuersäule*) schreibt Rabbi Irving Greenberg:

»Nach Auschwitz bedeutet Glauben, daß es Zeiten gibt, in denen der Glauben überwunden wird ... wir haben uns jetzt angewöhnt, von Momenten des ›Glaubens‹ zu sprechen ... unterbrochen von den Zeiten, in denen die Flammen und der Rauch der brennnenden Kinder den Glauben auslöschen, auch wenn er noch weiter flackert ... Der Unterschied zwischen dem Skeptiker und dem Gläubigen ist die Häufigkeit des Glaubens, nicht jedoch die Sicherheit der Position.«

Gibt es vor diesem Hintergrund und angesichts dieser Umstände gar nichts, was Sie tun könnten, damit solche Fragen wirklich gelöst werden könnten, um deren Lösung sich nicht nur unsere Generation bemühen sollte, sondern auch zukünftige?

Wir schreien nach innerem Frieden, aber vielleicht ist für uns die Zeit gekommen, um der dunkleren Wahrheit ins Auge zu sehen, nämlich daß uns spirituelle Reife oft gegen unseren Willen an berechtigte Wut heranführt, die von unserer Bereitschaft zu vergeben besänftigt wird. Wenn wir vom Geist unserer Seelen bewegt werden, dann müssen wir bereit sein, einen Standpunkt einzunehmen, wessen Geistes Kind wir sind. Meine Lieblingsromanschriftstellerin, Pearl S. Buck, spricht in ihrem Buch *Voice in the House* (*Stimme im Haus*) direkt zu Ihnen:

»Gegen die Tyrannei des unterlegenen Menschen hat der überlegene Mensch ebenfalls das Recht, frei zu sein ... Denn die Hoffnung der Menschheit besteht darin, daß gute Menschen den Schmerz fühlen und etwas gegen das, was unterlegen ist, unternehmen.«

Sie müssen bereit sein, sich für Ihre Bereitschaft, sich auf den Kampf einzulassen, wertzuschätzen – egal, wie das Ergebnis aussieht. Sie müssen sich mit der Tatsache auseinandersetzen, daß Sie vielleicht nicht in der Lage sein werden, aus eigenen Kräften die Welt zu retten, aber trotzdem bereit sein, Ihr Scherflein an gesundem Menschenverstand und moralischem Anstand beizutragen, wo immer Sie können.

Daran wird mich meine Freundin Donna Paz in jedem Fall erinnern, wenn ich meine Frustration über fehlgeschlagene Versuche, die Welt zu ändern, zum Ausdruck bringe, doch es ist zumindest immer die Möglichkeit vorhanden, ein »kleineres Gutes« zu vollbringen. Vielleicht haben Sie keinen bedeutsamen Beruf, der es Ihnen erlaubt, die Art von Beitrag zu leisten, den Sie eigentlich leisten möchten. Aber Sie können einen Job annehmen, mit dem Sie Ihren Lebensunterhalt verdienen und dabei Ihre Lebenskraft ausreichend schützen und bewahren können, um sich positiv für andere Aspekte Ihres Lebens einzusetzen. Vielleicht finden Sie ein Problem, auf das Sie stolz sein können – ein Problem, das Ihnen soviel wert ist, daß Sie Ihr Leben damit verbringen möchten und sogar noch mehr.

Unabhängig vom Ergebnis können Sie sich selbst und der Welt das bittersüße Akzeptieren schenken, in dem Bewußtsein, daß Ihr bester Coup darin liegen wird, daß Sie sich in jedem Moment stärker selbst verwirklichen. Das schließt Freude ebenso ein wie Verzweiflung; Momente von Genialität ebenso wie solche des Versagens; Klarheit ebenso wie Verwirrung. Sich all diesem zu überlassen, in der Lage und bereit zu sein, alles gleichzeitig zu umarmen, darin liegt die Lösung, nach der Sie suchen.

Wie wird der eigene Geist groß genug, um alles zu umfassen?

Joseph Campbell gibt dazu folgenden Rat: »Wenn die Welt auseinanderzubrechen scheint, dann halten Sie sich an Ihren eigenen Weg; halten Sie an Ihren Idealen fest, und finden Sie verwandte Seelen. Das ist die Regel des Lebens.«

Sie können damit beginnen, sich voll auf der Ebene für Ihr Leben zu engagieren, auf der es sich Ihnen gerade zeigt. Wenn Ihr Leben chaotisch ist, dann beschäftigen Sie sich mit diesem Chaos: Wenn Sie allzu fasziniert davon sind, was für einen schlimmen Charakter Sie haben, dann durchbrechen Sie das Karussell des negativen Feedbacks, indem Sie sich nicht mehr so stark auf sich selbst konzentrieren, sondern darüber nachdenken, was Sie für jemand anderen tun könnten.

In demselben, kürzlich wiedergefundenen Tagebuch befand sich eine von mir selbst verfaßte Anrufung, die ich mit »Mein gewöhnliches Selbst ist genug« betitelt hatte.

Mein gewöhnliches Selbst ist genug.
Wenn ich meine gewöhnlichen Gefühle zum Ausdruck bringe, hat das Auswirkungen auf andere.

Wenn ich mich einer Sache nicht gewachsen fühle, kann ich um Hilfe bitten.
Wenn ich Angst habe, kann ich verletzlich sein.
Wenn ich Fehler mache, kann ich sie wiedergutmachen und weitergehen.
Ich kann das tun, was getan werden muß, und mich dabei entspannt und nicht unter Druck gesetzt fühlen.
Wenn ich mein gewöhnliches Selbst bin, bin ich mit meiner Aufmerksamkeit nicht bei mir, sondern bei anderen.
Ich kann zuhören.
Ich kann mich kümmern.
Ich bin genug, egal welche Möglichkeiten ich habe oder vielleicht verpaßt habe.
Mein gewöhnliches Selbst ist genug.

Am 30. September 1987, nach einer besonders schmerzhaften Phase des Selbstmitleids, hatte ich eine seltene, kostbare Erfahrung in bezug darauf, wie sich Gewöhnlichkeit anfühlt.

»Gestern bin ich aufgewacht und habe mich wie Staub gefühlt. Mein Schreiben war Staub. Mein Ehrgeiz, die Welt verändern zu wollen, war Staub. Meine Weisheit war Staub. Da ich Staub war, beobachtete ich, wie mein Leben mit all den tagtäglichen Katastrophen vorbeizog, die mich normalerweise beuteln. Da ich mich im Grunde genommen bereits nirgendwo befand, leistete ich den Dingen keinen Widerstand. Als der Wagen anfing zu rauchen, stellten ihn Dan und ich einfach auf Leerlauf und ließen uns zu einer Tankstelle rollen. Wir gaben unsere Pläne auf, zum Abendessen nach San Francisco fahren zu wollen, und nahmen die Gelegenheit wahr, um uns in der Nachbarschaft der Tankstelle umzuschauen, während wir darauf warteten, daß der Wagen repariert wurde. Auf diese Weise gelangten wir zufälligerweise zu einer der vielleicht besten Pizzerien im gesamten Marin County.

Wie auch immer, an jenem Morgen wachte ich auf und wußte, ohne daß es irgendeinen Grund dafür gab, gar nicht wohin vor lauter Liebe. Ich erinnere mich an bestimmte Augenblicke: Dan, der die

Ziellinie im Dipsea-Rennen durchläuft, während Schweiß von seinem graumelierten Haar herunterrinnt. Grant, der sein erstes richtiges Musikstück auf dem Klavier für seine Großeltern spielt, Mutter und ich, die sich an den Händen halten. Jody, die sich in meinem Schoß vergraben hat. Die ganze Zeit über ging ich sehr vorsichtig mit diesem Glück um. Ich dankte Gott, während ich mir gleichzeitig Sorgen darüber machte, daß ich mich irgendwie in der Art von Belohnungs- und Bestrafungsdenken verfangen würde, das mir Probleme verursacht. Dann erinnerte ich mich an den Rat einer Freundin.

Sie sagte: ›Wenn gute Dinge passieren, dann interpretiere sie so, daß das Universum dich dafür anerkennt, wie wunderbar du bist. Wenn schlimme Dinge passieren, dann nimm sie als unglückliche Zufälle, die nichts damit zu tun haben, wer du bist oder was du getan hast‹. Und so habe ich schließlich das Geheimnis des Lebens herausgefunden: Wenn ich Liebe in meinem Herzen habe, dann können die Dinge so gut laufen wie nur möglich. Wenn sie es nicht tun und ich von Liebe erfüllt bin, was macht's dann?«

Der jüdische Schriftsteller A. J. Heschel erzählt die Geschichte eines chassidischen Lehrers, der sich hinsetzte, um einen Band des Talmud zu studieren. Einen Tag später bemerkten seine Schüler, daß er immer noch über der ersten Seite saß. Sie vermuteten, daß er bei einer besonders schwierigen Passage steckengeblieben war, und ließen ihn in Ruhe. Nachdem jedoch mehrere Tage vergangen waren und sie bemerkten, daß der Rabbi immer noch bei derselben Seite war, sprachen sie mit ihm, um herauszufinden, warum er seine Studien nicht fortgesetzt hatte.

Der Rabbi entgegnete: »Aber ich fühle mich so gut hier. Warum sollte ich woanders hingehen?«

Als einer der chinesischen Kaiser den Zen-Meister Bidhidharma fragte, was Erleuchtung sei, lautete seine Antwort: »Viel Raum, nichts Heiliges.«

Ihr gewöhnliches Selbst ist genug. Die Lösung wird kommen, wenn Sie Ihre Illusionen loslassen – insbesondere diejenige, die Ihnen sagt, wie spirituell Sie sind und wie großartig Ihre Beiträge sein werden. Selbst das lassen Sie los.

Lassen Sie die Reaktionen Ihrer linken Gehirnhälfte los: Lassen Sie die Dinge geschehen, probieren, arbeiten, finden Sie Dinge heraus, bemühen Sie sich, bewahren Sie, schützen Sie – kontrollieren Sie. Sie tun das, indem Sie sich entspannen. Lassen Sie Ihre rechte Gehirnhälfte zu Wort kommen, finden Sie einen Weg, um durch den Beton Ihrer geschäftigen Gedanken und Handlungen hindurchzuwachsen. Wenn Sie dieses Gleichgewicht finden, dann werden Sie absolut gewöhnlich werden. Sie werden sich nicht sehr darum bemühen müssen, in die unsichtbare Ordnung des Universums hineinzupassen. Sie tun es bereits.

7. Stunde bis zum Sonnenuntergang

Offen für Neues

Siebzehn
Ein Ritual zum Abschluß

Rückblickend werden Ihnen eines Tages
die Jahre des Kampfes als die schönsten erscheinen.

Sigmund Freud

Im Laufe des Tages haben Sie sich die Gelegenheit gegeben, Ihr Problem zu lösen und neue Wege zu erforschen, um mit Ihren Fragen und Ihrem Problemlösungsprozeß insgesamt anders umgehen zu können. Hoffentlich fühlen Sie sich durch die Dinge, die Sie auf diesem Wege über sich gelernt haben, bereichert.

Sie haben dadurch etwas hinzugewonnen, das Ihnen dabei helfen wird, bessere Entscheidungen hinsichtlich der Probleme und Fragen zu treffen, mit denen Sie konfrontiert sind; und das gilt nicht nur für heute, sondern Ihr ganzes Leben lang. Das ist von größter Wichtigkeit, da sich Ihr Leben aus all den Entscheidungen, die Sie bisher getroffen haben, zusammensetzt: Entscheidungen darüber, mit welchen Menschen Sie es in Ihrem Leben zu tun haben und wie Ihre Beziehung zu ihnen aussieht, welcher Arbeit Sie nachgehen, wofür Sie sich engagieren, Entscheidungen in bezug auf Ihre Gesundheit, Ihre spirituellen, moralischen und emotionalen Herausforderungen. Die Qualität dieser Entscheidungen hängt von der Qualität der Informationen ab, die Ihnen zur Verfügung stehen. Durch die Erfahrungen, die Sie heute bei der Erforschung Ihrer rechten Gehirnhälfte machen konnten, haben Sie eine erweiterte Palette an Möglichkeiten und neuen Ressourcen an die Hand bekommen. Diese können Sie zu Rate ziehen, wenn Sie mit Problemen oder Fragen konfrontiert werden, die sich den Lösungsstrategien der linken Gehirnhälfte, auf die Sie sich in der Vergangenheit gestützt haben, widersetzt haben.

Unabhängig davon, wie Sie sich hinsichtlich des Problems fühlen, das Sie heute ursprünglich lösen wollten, ist es wichtig, hier anzumerken, daß Ihr heutiges Wachstum nicht möglich gewesen wäre, wenn Sie nicht das bestimmte Problem gehabt hätten, das Sie gerade beschäftigt.

Jetzt ist eine gute Gelegenheit, um sich einen Moment Pause zu gönnen und einerseits über den Prozeß, den Sie in Richtung Lösung gemacht haben, und andererseits über Ihre momentanen Gefühle hinsichtlich des Problems oder des Themas nachzudenken, das Sie dazu gebracht hat, an diesem Ein-Tages-Prozeß teilzunehmen. Sie werden jetzt in Kürze den ersten Teil eines vierteiligen Prozesses beginnen, der den Kern der Arbeit der letzten Stunde darstellt, nämlich die Aufgabe, die Sache abzuschließen.

✸ Übung: Abschlussritual

Zu Anfang möchte ich Sie bitten, sich noch einmal das durchzulesen, was Sie als Antwort zur Übung der ersten Stunde des Tages, »Definieren Sie Ihre Ziele«, aufgeschrieben haben. Kommt es Ihnen nicht so vor, als ob Sie diese Übung bereits vor langer Zeit gemacht hätten? Welche Gefühle hegen Sie gegenüber der Person, die dieses Dokument aufgeschrieben hat? Haben Sie das Gefühl, jetzt an diesem Punkt einige der Antworten, nach denen Sie suchen, gefunden zu haben? Haben Sie alles erreicht oder etwas von dem, was Sie sich vorgenommen hatten? Was wissen Sie jetzt, was Sie damals noch nicht wußten? Nehmen Sie sich jetzt Zeit, um über die Geschenke, die Ihnen dieser Tag gebracht hat, ebenso nachzudenken wie über Fragen und Sehnsüchte, die unbeantwortet bzw. unerfüllt geblieben sind. Nehmen Sie sich, wenn Sie damit fertig sind, einige Minuten, um noch einmal den ganzen Tag vor Ihrem inneren Auge ablaufen zu lassen. Lesen Sie sich alles, was Sie in den vorherigen Übungen geschrieben haben, noch einmal durch. Erinnern Sie sich an Ihre Erfahrungen, prüfen Sie, wie Sie sich in bezug auf sich selbst, auf Ihr Problem und diesen Prozeß gefühlt haben und wie Ihre Gefühle dazu jetzt aussehen. Kehren Sie wieder zu dieser Seite zurück, wenn Sie das getan haben, und dann werden wir gemeinsam weitermachen.

Ich habe bereits an früherer Stelle in diesem Buch darüber gesprochen, daß Menschen, die vollkommen lebendig sind, die Freiheit besitzen, eine vollständigere Palette der Möglichkeiten des Lebens zu genießen: Verzweiflung und Freude, Mißerfolg und Erfolg, Wille und Hingabe, Tod und Wiedergeburt. Bei der Betrachtung Ihrer Vergangenheit könnten Sie versucht sein, darüber ein Urteil fällen zu wollen, woher Sie kommen, welche Entscheidungen Sie getroffen haben und welche Einstellung Sie früher hatten und zum jetzigen Zeitpunkt zu den heutigen Fragen haben. Der Prozeß des Wachstums bringt schon von seinem Wesen her Schaffen und Zerstörung mit sich. Die Natur gibt uns das Geschenk der Erweiterung, so daß wir den gesamten Lebenszyklus umarmen können. So, und jetzt möchte ich Sie darum bitten, noch einmal Ihren Stift zur Hand zu nehmen und einen Brief an das Problem, das Sie für den heutigen Tag mitgebracht haben, zu schreiben. Ich möchte, daß Sie die Rolle anerkennen, die dieses Thema in Ihrem Leben früher und bis zum gegenwärtigen Augenblick für Sie gespielt hat – den Schmerz, den es verursacht hat –, und den Nutzen, den es gehabt hat, sowie den Beitrag, den es für Ihr Wachstum leistet. Insbesondere möchte ich Sie jedoch bitten, Ihrem Problem zu vergeben. Wegen dieses Problems ist Ihr Geist vielleicht sehr weit abgeschweift, in Beurteilung, Angst oder Verwirrung hinein, aber die unsichtbare Ordnung war selbst in diesen Zuständen anwesend. Sie war die ganze Zeit bei Ihnen. Wohin hätten Sie gehen können, um ihr zu entgehen? Sie war während dieses ganzen Tages bei Ihnen und wird bis zur Lösung Ihres Problems bei Ihnen bleiben.

Sie sind schon seit sehr, sehr langer Zeit auf dieser Reise. Manchmal hatten Sie das Gefühl, nicht mehr weitermachen zu können – aber Sie haben immer weitergemacht. Und Sie haben so viel aus Ihren Erfahrungen gelernt. Sie haben gelernt, wie stark Sie sind; wie einfallsreich Sie sind und wie groß Ihre Fähigkeit ist, aus den Dingen, die Ihnen passieren, zu lernen und wieder weiterzugehen. Sie haben etwas über Ihre Fähigkeit zu lieben gelernt und darüber, Grenzen zu setzen. Sie haben gelernt, wie Sie ein Risiko eingehen und wie Sie sich schützen können. Sie haben gelernt, Fehler zu machen und über Enttäuschungen hinwegzukommen. Sie haben gelernt, wann Sie handeln und wann Sie akzeptieren müssen. Und Sie haben Mitgefühl erworben. Diese Dinge hätten

Sie auf andere Weise nicht erlernen können. Nichts ist verschwendet. Es gibt keine verpäßten Möglichkeiten. Sie sind genau dort, wo Sie jetzt gerade sein müssen.

Es ist wahr, daß Sie mit Ihrer Sehnsucht manchmal eine Weile allein sind. Aber schauen Sie doch, wie Augenblicke der Lösung sanft kommen und gehen, wie sie eine Zeitlang mit Ihnen gehen, sich dann verabschieden und Ihren Weg erneut kreuzen. Sehnen Sie sich nach einer sinnvollen Ausdrucksmöglichkeit, nach einem Weg, wie Sie durch Ihre Arbeit und Ihr Leben einen Beitrag leisten können? Auf dem Weg gibt es bei jedem Schritt Möglichkeiten im Überfluß. Manchmal wird es leicht sein zu erkennen, was Sie tun sollten; manchmal führt der Weg zurück in den Nebel und die Dunkelheit. Aber Sie haben die rauhen Wegstrecken schon einmal durchquert. Sie werden wieder auf der anderen Seite auftauchen. Und erinnern Sie sich noch daran, wie aufregend das ist? Jedesmal, wenn sich der Nebel lichtet, erkennen Sie, daß sich Ihre Fähigkeit zu leben erweitert hat, selbst wenn Sie tief abgetaucht waren.

Vergeben Sie also Ihrem Problem. Vergeben Sie ihm jetzt sofort. Bringen Sie alles, was Sie haben, alles, was Sie fühlen, all Ihre Ziele, all Ihre Sehnsüchte in den Prozeß mit ein. Wenn Sie Ihren Brief beendet haben, kommen Sie wieder zu dieser Seite zurück.

Albert Einstein hat einmal geschrieben, *»daß es nur zwei Wege gibt, wie man sein Leben leben kann. Einer ist, so zu leben, als ob nichts ein Wunder wäre. Der andere ist, so zu leben, als ob alles ein Wunder wäre.«*

So, und jetzt möchte ich Sie darum bitten, Ihre aktive Rolle an diesem Tag des *Solved by Sunset-Prozesses* zu vervollständigen. Es folgt zwar noch einiges, doch dies ist die letzte Aufgabe an diesem Tag, bei der Ihr persönliches Selbst angesprochen wird. Dieser Prozeß läßt Sie ganz werden – entweder total voll oder total leer.

Sie werden bald eine Entscheidung treffen müssen. Welchen Weg Sie auch immer wählen, er ist der richtige für Sie. Es gibt keinen richtigen oder falschen Weg. Sie können lediglich auf Ihr inneres Wissen hören und das tun, was Sie tun müssen. Wie auch immer Sie sich entscheiden,

Ihr persönliches Ritual wird die Arbeit Ihres Tages vervollständigen; es wird eine Umgebung schaffen, in der die bewußte Ausrichtung auf die unsichtbare Ordnung am wahrscheinlichsten eintreten wird.

Hier nun Ihre erste Möglichkeit. Sie können Ihren Brief und Ihr Problem in der Obhut der unsichtbaren Ordnung lassen. Wenn Sie sich dafür entscheiden, den Brief loszulassen, dann verwenden Sie die Methode, die sich für Sie am natürlichsten anfühlt. Sie können ihn im Kamin den Flammen überantworten, ihn ins Meer werfen, ihn in die Rinde eines Ihrer Lieblingsbäume stecken – oder Sie können irgendeine andere Methode des Loslassens anwenden, die Ihnen jetzt in den Sinn kommt. Hören Sie mit dem Prozeß nicht eher auf, bis Ihr Herz Ihnen sagt, daß Sie fertig sind. Machen Sie dann mit dem nächsten Kapitel in diesem Buch weiter.

Eine andere Möglichkeit besteht darin, dem Brief eine besondere Wertschätzung zukommen zu lassen und ihm einen besonderen Platz in Ihrem Leben zu geben, als Erinnerung daran, woher Sie gekommen sind und wohin Sie gehen werden. Rollen Sie ihn zusammen, oder legen Sie ihn an einen auffälligen Ort, wo er Sie an die Erfahrungen, die Sie heute gemacht haben, erinnern wird. Wenn Sie damit fertig sind, gehen Sie zur nächsten und letzten Übung in diesem Buch über.

Achtzehn
Heilig

Im Buch Jesaja bezieht sich der Prophet auf die Seraphim: mystische Wesen bzw. Engel, deren Aufgabe in der himmlischen Ordnung darin besteht, Gottes Herrlichkeit zu preisen. »Heilig, heilig, heilig» rufen sie in ständiger Bewunderung des Göttlichen aus. In seiner ursprünglichen Bedeutung weist das Wort *Seraphim* eine Verbindung zu dem Begriff für »Flamme« auf. Das rührt daher, daß die Gotteserfahrung der Seraphim so intensiv ist, daß sie es nur bis zum ersten »heilig« schaffen, bevor sie aufgrund ihrer intensiven Hingabe verbrennen.

Wie Sie sich erinnern können, lehrt uns William James, daß es zwei Möglichkeiten gibt, mit Ärger, Sorge, Angst, Verzweiflung usw. umzugehen und so mit der unsichtbaren Ordnung des Universums in größeren Einklang zu kommen. »Die eine besteht darin, daß ein gegenteiliges Gefühl übermächtig über uns hereinbricht, und die andere Möglichkeit ist, sich vollständig mit den unsichtbaren Kräften des Universums in Einklang zu bringen.« Heute haben Sie einen großen Teil Ihrer Zeit damit verbracht, sich auf den Kampf einzulassen. Mittlerweile sind Sie sicherlich sowohl intellektuell als auch emotional erschöpft. Jetzt, im letzten Stadium des siebenstündigen Prozesses, werden Sie einen anderen Gang einlegen. Sie sind bereit, die unsichtbare Ordnung dazu einzuladen, übermächtig über Sie hereinzubrechen. Als Vorbereitung darauf möchte ich Sie gerne daran erinnern, wie sich William James hinsichtlich der Lösung seiner Probleme fühlte. Er bezeichnete die Befreiung von seinen Problemen als »ein alltäglicheres Glück«. Er sprach von einem Zustand, in dem wir nicht mehr nach einer Fluchtmöglichkeit, sondern nach mehr Leben suchen.

Wie erreichen Sie diesen Zustand? Wie Sie wissen, können Sie ihn nicht willentlich herbeiführen. Sie können nur die Umgebung erschaffen, in der eine solche Erfahrung stattfinden kann. Sie können sich nur dafür bereit machen zu empfangen. Darum geht es bei der letzten Übung.

Sie erinnern sich vielleicht an die Beschreibung der fünf Stadien aus der vierten und fünften Stunde, die man beim Durchqueren der Leere durchläuft. Sicherlich wissen Sie noch, daß ich die Stadien zwar numeriert habe, sie jedoch nicht linear aufeinander folgen. Jedes Stadium beinhaltet auch die anderen Stadien, und in einer bestimmten Phase können alle gleichzeitig erlebt werden. Die Stadien sind folgende:

1. Die Bereitschaft, seine eigenen Abgründe zu erforschen

Sie haben gezeigt, daß Sie dazu fähig sind, indem Sie den Prozeß des heutigen Tages trotz der Durchquerung von sehr schwierigem und anstrengendem Terrain durchgehalten haben. Das hätten Sie nicht tun können, wenn Sie nicht bereit gewesen wären, sich als Möglichkeit vor Augen zu halten: daß es bei Ihren Problemen, die zu Schmerz, Unentschlossenheit und Verletzbarkeit geführt haben, nicht darum ging, daß etwas an Ihnen falsch ist, sondern darum, daß etwas richtig ist. Ihre kognitiven Strukturen haben sich tatsächlich nach einer reiferen Anordnung gesehnt. Heute haben Sie die Fähigkeiten Ihrer rechten Gehirnhälfte, Ihre Gefühle und Ihre Spiritualität eingesetzt, um mit der unsichtbaren Ordnung in Berührung zu kommen. Das drückt sich einerseits dadurch aus, daß Sie zu tiefer liegendem Material vorgedrungen sind, und andererseits durch eine reichere Verbundenheit mit einem liebevollen, wenn auch geheimnisvollen Universum. Indem Sie bereit waren, so viel wie möglich von sich selbst in den heutigen *Solved by Sunset-Prozeß* einzubringen, haben Sie bewiesen, daß Sie bereit sind, sich auf eine Auseinandersetzung einzulassen, derer Sie würdig sind.

2. Bedingungslose Hingabe

Sie sind jedes Mal den nächsten Schritt gegangen, wenn Sie dem Drang widerstanden haben, Ihren Schmerz wegzuschieben, und bereitwillig in ihn hineingesprungen sind. Ihre Bereitschaft, eine größere Bandbreite innerer Möglichkeiten vollständiger zu erleben, ist gewachsen, indem Sie darauf vertrauten, daß Sie durch das Loslassen alter Strukturen Raum für etwas Besseres schaffen können.

3. Seine Rechte einfordern

Sie haben gelernt, daß Sie das Recht auf eine Beziehung zur unsichtbaren Ordnung des Universums haben, die Ihrem Leben einen Sinn verleiht. Sie haben das Recht, um das, was Sie von Gott wollen, zu bitten – die großen Fragen zu stellen und die großen Gefühle zu spüren. Ihr Vertrauen ist so groß, daß Sie jetzt erkennen, daß selbst Ihre dunkleren Gefühle vom Göttlichen akzeptiert werden. Sie können Ihren Zorn über die Ungerechtigkeit des Universums zum Ausdruck bringen – über Ihr eigenes Menschsein und die Grausamkeiten der Schöpfung. Wenn Sie leiden und den Schmerz der anderen fühlen, dann bringen Sie in Ihre Beschwerden das Wissen ein, daß Sie ein Recht auf solche Gefühle haben. Sie lassen Ihr Herz aufbrechen und öffnen Ihren Mitmenschen und den unsichtbaren Kräften damit die Möglichkeit, Ihnen Liebe und Unterstützung zufließen zu lassen.

4. Wandlung

Sie sind so offen wie nie zuvor für einen möglichen Wandel. Ein Wandel stellt sich in dem Augenblick ein, wenn Sie bereit sind, sich voll auf Ihr Leben einzulassen, egal, wie sich Ihr Leben Ihnen gerade zeigt. Sie lassen Ihre aus der linken Gehirnhälfte kommenden Versuche los, zu kontrollieren und zu manipulieren, um die Dinge geschehen zu lassen; Sie versuchen, arbeiten und stellen sich Dinge vor, Sie bemühen sich, bewahren und schützen – und werden vollkommen normal. In diesem Stadium stellen sich Lösungen spontan ein, wenn Sie Ihre Illusionen loslassen – und die Wünsche und Erwartungen, insbesondere diejenige, die Ihnen sagt, wie spirituell Sie sind, wie weit Sie schon gekommen sind und wie bedeutend Ihr Beitrag sein wird. Sie begreifen, daß Sie keine außergewöhnlichen Dinge tun müssen, um in die unsichtbare Ordnung des Universums hineinzupassen. Denn das tun Sie bereits.

5. Auftauchen

Erfrischt und belebt tauchen Sie spontan aus der Dunkelheit auf, in dem Begehren aus einer neuen, erweiterten Perspektive an Ihrem Leben in seiner ganzen Fülle teilzuhaben. Von höchstem Vertrauen inspiriert, haben Sie ein Gespür dafür, daß das Universum durch Sie hindurch auf ein höheres Ziel hinarbeitet, häufig auf mysteriöse Weise und jenseits Ihres Verständnisses oder Ihrer Kontrolle. Sie haben dieses Gefühl im Bauch, daß Sie ein vollständiges Wissen darüber besitzen, daß Sie, so wie Sie sind, egal, woher Sie kommen und in welchen Lebensumständen Sie sich gerade befinden, sich zur richtigen Zeit am richtigen Ort aufhalten, um genau das tun, was Sie tun müssen. Spontan lassen Sie sich auf die unsichtbare Ordnung des Universums ein, in dem Vertrauen, daß in jedem Moment Ihres Lebens Kräfte in Ihrem Interesse aktiv sind.

Alle diese Stadien kommen in der letzten Übung unserer siebten Stunde zusammen, der kraftvollsten Übung, die ich Ihnen heute zeigen werde. Es geht dabei um eine Übung, bei der das Umschalten des Denkens von Ihrer analytischen linken Gehirnhälfte auf die inneren Ressourcen Ihrer spirituellen, intuitiven rechten Gehirnhälfte vervollständigt wird. Es ist der wirkungsvollste Weg, dem ich bisher begegnet bin, um von den linken Kanälen Ihres Gehirns auf die rechten umzuschalten.

Man nennt es beten.

Es handelt sich jedoch nicht um die Art von Gebet, an die Sie höchstwahrscheinlich gewöhnt sind – an flehende oder engagierte Worte. Es sind noch nicht einmal Worte des Dankes. Das Gebet, auf das ich Sie bitte, sich einzulassen, verfolgt nur ein einziges Ziel: Es soll Ihr Herz für die Bereitschaft zu empfangen öffnen.

Das Gebet, das ich Sie lehren werde, enthält Elemente des Zentrierenden Gebets, einer Methode, die von Vater Thomas Keating, einem

Zisterzienser-Mönch, Priester und Abt entwickelt wurde und die ich mit rituellen Elementen kombiniert habe, die ich aus der Tradition der Ureinwohner Nordamerikas, des Zen und der jüdisch-christlichen Tradition gewonnen habe.

Es fängt damit an, daß Sie sich ein heiliges Wort oder einen heiligen Satz aussuchen – es kann jedes Wort oder jeder Satz sein, der für Sie das Erleben einer Macht ausdrückt, die größer ist als Sie selbst. Es kann »das liebende Universum«, »Frieden«, »Gott« oder jedes andere Wort oder jeder andere Satz sein, der Sie an Ihre Bereitschaft erinnert, sich auf die Gegenwart des Göttlichen einzulassen.

Keating schreibt dazu folgendes:

> »Das Wort ist deshalb heilig, weil es das Symbol Ihrer Absicht enthält, sich für das Geheimnis von Gottes Gegenwart jenseits von Gedanken, Bildern oder Gefühlen zu öffnen. Es wird nicht aufgrund seines Inhalts, sondern aufgrund seiner Absicht ausgesucht. Es ist nur ein Hinweis, der die Richtung Ihrer inneren Bewegung hin zur Gegenwart Gottes lenkt.«

Nachdem Sie in Gedanken Ihr heiliges Wort gewählt haben, suchen Sie sich den bestmöglichen Platz, um dieses Ritual zur Entfaltung zu bringen. Wenn möglich, sollten Sie sich einen Platz mit Blick auf den Horizont suchen, so daß Sie von dort aus die untergehende Sonne beobachten können. Wenn die Sonne bereits untergegangen ist oder wenn Ihre Situation es nicht zuläßt, daß Sie den Sonnenuntergang unmittelbar erleben können – vielleicht befinden Sie sich in einem Raum ohne Fenster, oder das Wetter ist nicht besonders einladend –, dann setzen Sie sich vor die verglimmende Asche in Ihrem Kamin oder zünden eine Kerze an.

Der nächste Schritt dieses Gebets sieht so aus, daß Sie einen Kreis um sich herumziehen. Wenn Sie sich im Freien befinden, dann können Sie mit einem Stock einen Kreis in den Boden zeichnen oder einen Kreis aus Steinen errichten. Im Haus können Sie einen Kreis mit Ihren Lieblingsbüchern oder mit heiligen Gegenständen gestalten. Wahlweise können Sie sich auch einfach einen Lichtkreis um sich herum vorstellen.

Wenn Sie mit Ihrem Kreis fertig sind, dann stellen Sie sich vor, daß Sie in seiner Mitte sitzen und Ihre Augen und Ihren Geist entspannen.

Lassen Sie Ihren Blick weich werden und verschwimmen, denken Sie an nichts Besonderes. Was dann? Einfach folgendes: Sie warten. Wenn Sie anfangen, nervös zu werden oder Wünsche oder Erwartungen in sich aufwallen fühlen, dann wiederholen Sie Ihr heiliges Wort, um sich daran zu erinnern, Ihre Gedanken oder Gefühle loszulassen und zur Stille zurückzukehren. Wenn Ihr Geist oder Ihre Gefühle abdriften, dann sprechen Sie Ihr heiliges Wort, um sich sanft zurückzubringen.

Das *I Ging* beschreibt den Zustand, in den Sie dann eintreten, folgendermaßen:

> »So gilt es für den, zu warten in ruhig starker Geduld. Die Zeit wird sich schon erfüllen. Man braucht nicht zu fürchten, daß ein starker Wille sich nicht durchsetzt. Doch gilt es, seine Kraft nicht voreilig auszugeben und etwas erzwingen zu wollen, das noch nicht an der Zeit ist.«

Wie lange warten Sie? Und auf was genau warten Sie? Die Antwort lautet: Sie werden wissen, worauf Sie warten, wenn Sie sich bewußt werden, daß Sie es bereits bekommen haben; und Sie werden die Bereitschaft in sich finden, so lange zu warten, wie es dauern wird.

Bis Sonnenuntergang und danach

Neunzehn
Ihr einfaches Selbst ist genug

In einer klassischen Zen-Parabel heißt es,
daß sich ein Novize seinem Meister Joshu näherte.
»Ich bitte dich darum, mir etwas zu sagen. Worin liegt der Schüssel
zu umfassendem Verständnis? Das Geheimnis der Erleuchtung?«
Joshu wandte sich ihm zu.
»Hast du bereits zu Abend gegessen?«
»Ja, das habe ich«, antwortete der junge Mönch.
Joshu antwortete: »Dann wasche jetzt deinen Teller ab.«

Im Jahre 1938 fand Barbara Ueland, die Autorin des Buches *If you Want to Write: A Book About Art, Independence, and Spirit* (*Wenn Sie schreiben möchten: Ein Buch über Kunst, Unabhängigkeit und die Seele*), heraus, daß ihre größte Kreativität, ihre Durchbrüche, die Lösung auf ihre Fragen und Probleme ihr im Zuge ihrer langen, bedächtigen, acht oder zehn Kilometer langen Spaziergänge kamen, die sie tagtäglich in der Nähe ihres Hauses unternahm.

Frau Ueland schreibt: »Nur auf Spaziergängen, die ein wenig zu lang sind, fallen einem neue Ideen ein«.

»Kluge, energiegeladene, ehrgeizige Leute, die Dinge gerne sofort tun, sagen so oft ›Ich bin nicht kreativ‹. Sie sind es, doch sie sollten müßig, schlapp und die meiste Zeit allein sein, so faul wie Männer, die an einem Deich angeln und die ruhig schauen und nachdenken und nicht die ganze Zeit über irgend etwas wollen. In dem ruhigen Schauen und Nachdenken liegt die Vorstellungskraft; so läßt man Ideen hinein. Willens zu sein, bedeutet, etwas zu tun, das Sie bereits kennen, etwas, das Ihnen jemand anderes gesagt hat; dabei gibt es kein neues, phantasievolles Verstehen. Und bald wird Ihre Seele furchtbar steril und trocken, weil Sie so schnell, flott und effizient dabei sind, ein Ding nach dem anderen zu erledigen, daß Sie keine Zeit dafür haben, Ihre Ideen kommen, sich entwickeln und sanft scheinen zu lassen.«

Wenn Barbara Ueland spazierengeht, dann saugt sie den Himmel, den See und die sie umgebenden Bäume in sich auf, ihr Nacken und ihr Kinn sind locker, und während sie so geht, wiederholt sie still das Mantra: »Es gibt nichts, um dessentwillen ich mich beeilen muß ... Ich bin frei.«

Diese Art von Freiheit wollte Joshu seinen Novizen lehren, ebenso wie die anderen Lehrer, denen wir gemeinsam im Laufe des Tages begegnet sind, angefangen mit William James bis hin zu Einstein, vom Heiligen Augustinus zum tibetischen Eremiten Milarepa. Heute haben Sie einen Geschmack von der Art von Freiheit bekommen, die Barbara Ueland beschreibt. Sie haben es einen Tag lang geschafft, dem beharrlichen Geschwätz des Bewußtseins der linken Gehirnhälfte, dem »Laß' es jetzt sofort passieren«, zu entfliehen, um in dem Luxus von noch nicht vollständig ausformulierten Ideen zu schwelgen, in Träumen, die sich danach sehnen, Ausdruck zu finden, in der göttlichen Gegenwart, die darauf wartet, daß Sie sie empfangen.

Ich habe dieses Buch mit einem Zitat von Havelock Ellis begonnen: *»Es ist das Unendliche, nach dem wir hungern, und wir reiten erfreut auf jeder kleinen Welle, die uns ihm näherzubringen verspricht.«*

Ich vertraue darauf, daß Sie nach der heutigen Erfahrung die Grundüberzeugung, auf der dieses Buch basiert, besser verstehen werden; nämlich diejenige, daß die Lösung Ihrer Probleme und Fragen ein Nebenprodukt Ihrer Bereitschaft sein wird, sich auf das Leben in seiner ganzen Fülle einzulassen. Was immer Sie davon abhält, Ihre Übereinstimmung mit dem Universum zu erfahren, – dem Platz, an dem Lösungen spontan eintreten –, es ist zufällig und kann überwunden werden. Sie haben jetzt für sich selbst erkannt, daß ungesunde Lebenshaltung, Härte und Ignoranz korrigierbare Probleme sind. Durchbrüche, Einsichten und Weisheit sind keine Ausnahmeerscheinungen, sondern eher Ihr natürlicher Zustand: eine Erfahrung, die Sie genau in dem Augenblick machen können, in dem Sie verstehen, daß Ihr einfaches Selbst genug ist.

Sie haben bereits Ihre Fähigkeit unter Beweis gestellt, eine Umgebung zu erschaffen, in der sich der Prozeß der harmonischen Anpassung an die unsichtbare Ordnung höchstwahrscheinlich vollziehen kann. Das haben Sie getan, als Sie ein bestimmtes Problem bzw. eine bestimmte Frage lösen mußten. Die Herausforderung, vor die ich Sie jedoch stellen werde, lautet: Sind Sie bereit, jeden Tag Ihres Lebens auf diese Weise zu verbringen?

Wenn Sie sich bemühen, über alle Hindernisse hinwegzuschweben, und so wie in der Vergangenheit bekunden, daß Ihnen nichts in den Weg kommen wird, dann werden Sie spröde und defensiv. Sie werden sich vielleicht versehentlich gegen das Universum stellen und wegen Ihrer arroganten Haltung Ihre Widerstände eher verstärken als abbauen. Eine produktivere Einstellung besteht darin zu bekunden, daß Sie all das tun werden, was getan werden muß, um erfolgreich zu sein, in dem Verständnis, daß sich Ihnen viele Dinge in den Weg stellen werden. Das *I Ging* lehrt Sie, wie Sie das tun können. Sie müssen ständig wachsam sein, um Ihr Leben in Ordnung zu bringen und Ihr Herz daraufhin prüfen, »ob es irgendeinen geheimen Widerstand gegen Gottes Willen hegt«.

Anstatt gegen Ihr Problem vorzugehen, als ob es ein Feind wäre, den Sie erobern müssen, sollten Sie sich vom Wasser inspirieren lassen. Das *I Ging* erläutert, inwiefern uns das Wasser als Beispiel dienen kann:

> »Es fließt immer weiter und füllt alle Stellen, durch die es fließt, eben nur aus, es scheut vor keiner gefährlichen Stelle, vor keinem Sturz zurück und verliert durch nichts seine wesentliche eigene Art. Es bleibt sich in allen Verhältnissen selber treu.«

Können Sie vor Gott bekunden, daß Sie bereit sind, das Ihnen Bestmögliche zu tun, um eine Lösung zu erreichen, in dem Verständnis, daß das »Bestmögliche« das Wohlbefinden und die Sorge für Ihre Seele einschließt? Können Sie darauf vertrauen, daß ihre Seele siegen wird, auch wenn Sie akzeptieren müssen, daß Ihnen viele Dinge in den Weg kommen können? Der Schlüssel liegt nicht darin, daß Sie sich darum bemühen, einen gewissen Perfektionismus zu erreichen, sondern es geht darum, so sehr zu wachsen, daß Sie all das, was passiert, umarmen können, einschließlich des Unvollkommenen. Kreativität ist ein organischer, am Leben orientierter Prozeß, und der Prozeß des Neuschaffens gestattet nicht nur periodisch auftretende Anfälle von Chaos und Unsicherheit, sondern erfordert sie sogar. Sie lassen sich Möglichkeiten durch den Kopf gehen, gehen Risiken ein und trennen die Spreu vom Weizen. Das Denken der rechten Gehirnhälfte ist, wenn es als Tor zu einem Leben in Fülle verstanden wird und nicht als Schutz davor, eher chaotisch. Sie müssen immer bereit sein, sich mit den Themen, die auftauchen, auseinanderzusetzen und Ihre besten Denkansätze und Lösungen, Ihre wahrsten Einsichten und selbst Ihre größten Hoffnungen einer Prüfung zu unterziehen.

Wenn Sie Ihre inneren Ressourcen erschöpft haben, (was Sie bisweilen tun werden,) dann bleibt Ihnen immer noch eine Möglichkeit übrig: die Stärke, einfach zu sein.

Katagir Roshi, ein Zen-Mönch aus unserer Zeit, teilte mit seinen Schülern einmal ein Erlebnis, wie groß eine solche Herausforderung sein kann.

»Während des letzten *Sesshin*, während wir saßen, ertappte ich mich dabei, wie ich dachte: ›Ist das alles, was ich mit meinem Leben tun werde: einfach nur sitzen?‹ Dann verstand ich. Das war ein weiterer Gedanke.«

Das Schicksal liebt die Leere und die Einfachheit, und es eilt mit Licht und Liebe in die Leere hinein. Wenn Sie Zweifel haben, dann unternehmen Sie einfach ein wenig zu viel in Richtung auf das Einfache hin, und Sie werden ins Schwarze treffen.

Wahrscheinlich werden Sie sich nicht jedesmal, wenn Sie ein Problem haben, einen ganzen Tag Ihres Lebens, Ihrem Alltag freinehmen können, um einen Prozeß wie denjenigen durchzuführen, an dem Sie heute teilgenommen haben. Sie haben vielleicht weder die Möglichkeit noch die Bereitschaft, Ihre alltäglichen Verpflichtungen und Aufgaben beiseite zu stellen, um das Leben eines Mönchs oder Mystikers zu führen.

Gibt es dann trotzdem noch einen Weg, auf dem Sie sich wieder mit der tieferen Erfahrungsebene, die Sie heute erlebt haben, verbinden können, wenn das Bedürfnis und die Gelegenheit dazu auftauchen? Einen Weg, um die Gedankenprozesse Ihrer linken Gehirnhälfte zu umgehen und das intuitive Wissen der rechten Gehirnhälfte auftauchen zu lassen?

Ja, es gibt ihn. Hier ist die letzte Übung, die ich Ihnen heute vorstellen möchte. Sie besteht darin, daß Sie sich selbst eine einfache Frage stellen:

Was ist möglich?

Was ist *möglich?* Wieviel können Sie geben, wieviel können Sie erreichen, bevor Sie sich eine Pause gönnen müssen, um wieder aufzutanken? Welche Kompromisse können Sie eingehen – welche werden Ihrer Seele Schaden zufügen? Was ist *möglich*, vorausgesetzt, daß Sie zwar die Verantwortung haben, jedoch gleichzeitig Kräfte am Werke sind, die größer als Sie selbst in Ihrem Leben und im Universum sind? Was ist *möglich*: Was können Sie verändern – was müssen Sie akzeptieren?

Und dann auch, was ist *möglich* – wenn Sie aufhören, Ihren Geist mit geschäftigen, unwichtigen Gedanken zu bombardieren und Ihre Lebensenergie freisetzen, um zu schaffen statt zu schützen. Was ist *möglich*, wenn Sie Ihre alten Systeme und Strukturen, die nicht mehr für Sie funktionieren, loslassen und Ihr Leben befreien, um seine neue Größe und Form zu entdecken? Was ist *möglich* – wenn Sie Ihre höchsten Ziele anrufen, bereit sind, Opfer zu bringen und den Preis zu bezahlen, den das Leben fordert, um vollkommen lebendig zu sein? Was ist *möglich* – wenn Ihr Herz so voll ist, daß die Liebe und Dankbarkeit, die Sie fühlen, über Ihre eigenen Grenzen hinausfließen, um auf spontane und mühelose Weise das Leben anderer Menschen zu erhellen? Was ist *möglich* – wenn Ihre Seele schneller wächst als Ihre Angst und Sie in sich den Mut finden, um einen Schritt aus dem Status quo heraus- und ins Unbekannte hineinzuwagen?

Ich stelle mir eine Gesellschaft von Männern und Frauen vor, die sich der kreativen Dissonanzen bewußt sind, die entstehen, wenn wir das Erreichte mit dem vergleichen, was möglich ist – Menschen, die sich auf einer inneren Reise zu einem Ort befinden, an dem moralische Werte einen höheren Stellenwert haben als das Streben nach Bequemlichkeit. Ich stelle mir eine Gesellschaft von Menschen vor, die Zeit für ihre Beziehungen haben – Zeit, um sich auszuruhen und Spaß zu haben; Menschen, die aufrichtiges Interesse an anderen haben. Ich stelle mir eine Gesellschaft von Individuen vor, die bereit sind, sich mit der Unvollkommenheit des Menschseins auseinanderzusetzen, und die dennoch an das Potential der menschlichen Gemeinschaft glauben, besser zu sein, als sie es bisher gezeigt hat. Und ich stelle mir eine Zeit vor, in der Menschen aller Glaubensrichtungen zusammen an einer ganzheitlichen, transzendenten Erfahrung des Göttlichen teilhaben, einer Einheit, die groß genug ist, um uns alle zu umfassen.

Hier, in der mystischen Erfahrung, haben wir als Gleichgesinnte Anteil an der unsichtbaren Ordnung des Universums. Das ist die letztliche Freiheit – und sie kann für Sie und für jeden von uns Wirklichkeit werden. Wenn Sie das einmal erfahren haben, werden Sie von Grund auf verwandelt sein.

Vielleicht können Sie sich daran erinnern, daß ich zu Beginn des Tages William James zu der Frage des menschlichen Potentials zitiert habe: »Es gibt höher und tiefer gesteckte Grenzen für die Möglichkeiten in jedem einzelnen Leben«. Nur wenn wir bereit sind, »die obere Grenze zu berühren und in unserem höchsten Energiezentrum zu leben«, können wir darauf hoffen, das spirituelle Potential unseres Lebens zu erfüllen. Sie müssen bereit sein, das Spiel des Lebens von einem Ort aus zu spielen, an dem die Erfüllung Ihres spirituellen Potentials möglich ist, oder das Leben wird Ihnen seicht und hoffnungslos erscheinen.

Ich hoffe und vertraue darauf, daß das ursprüngliche Problem, das Sie zum heutigen Tag mitgebracht hatten, im Laufe der vielen Prozesse, an denen Sie teilgenommen haben, gelöst worden ist. Sie sollten über all das, was Sie erreicht haben, erfreut sein. Aber ich hoffe auch, daß Sie auf dem Weg noch etwas Wertvolleres mitbekommen haben: einen Blick in die mysteriösen und göttlichen Gesetze des Universums.

In der Schöpfungsgeschichte deutete die untergehende Sonne nicht das Ende des gerade vorübergehenden Tages an, sondern den Beginn des neuen Tages. Wenn die Sonne über dem Problem, das Sie mitgebracht haben, untergeht, dann lassen Sie sie das, was Sie in Ihrem Leben nicht mehr brauchen oder haben wollen, mitnehmen. Was ist die stärkste Überzeugung, die Sie in diesen Prozeß gebracht haben und von der Sie jetzt erkennen, daß Sie über sie hinausgewachsen sind? Wessen Meinung darüber, wie Sie mit Ihrem Leben zurechtkommen, brauchen Sie nicht mehr oder wollen Sie jetzt nicht mehr haben? Mit welchen Glaubenssätzen sind Sie aufgewachsen, die Sie nicht mit in die Zukunft nehmen müssen? Was würde es für Sie bedeuten, diese Dinge loszulassen? Es ist vollkommen in Ordnung, wenn Sie jetzt eine bittersüße Traurigkeit verspüren: Die Glaubenssätze, die die Sonne jetzt mitnimmt, haben Sie lange Zeit begleitet. Aber wenn die letzten Sonnenstrahlen in der Nacht versinken, dann fragen Sie sich: *Was könnte für mich jetzt anders sein?*

So wie Sie nicht mehr dieselbe Person sind, die sich zu Beginn des Tages hingesetzt hat, um den *Solved by Sunset-Prozeß* durchzuführen, genausowenig werden Sie so zum Leben und zur Welt zurückkehren, wie Sie sie verlassen haben. Das Universum befindet sich in einem Zustand ständiger Veränderung. Sie können nie wissen, was Ihnen passieren wird – nicht einmal von diesem Moment bis zum nächsten. Erinnern Sie sich noch an den Regenmacher, von dem ich Ihnen heute bereits erzählt habe? Während er noch mit der Kontemplation beschäftigt war, wie er seine inneren Widerstände gegenüber der Harmonie mit der unsichtbaren Ordnung überwinden konnte, und noch bevor er mit der Zeremonie des Regenmachens begonnen hatte, fing es bereits an zu regnen. So groß war die Kraft seines Einsatzes, daß die Lösung seines inneren Prozesses eine Veränderung des Klimas mit sich brachte.

In Kürze werden Sie wieder in Ihren Alltag zurückkehren – doch Sie werden mit neuen Einsichten, neuem Wissen und neuen Fähigkeiten zurückkehren. Sie sollten wissen, daß Sie, ungeachtet der Ergebnisse, die Sie heute erzielt oder auch nicht erzielt haben, genau das getan haben, was in Ihrem Leben jetzt gerade anstand. Wenn Sie Ihre innere Welt kultivieren, dann pflanzen Sie Samen, die bereits in ihrer eigenen Vitalität und Energie heranwachsen. In jedem Augenblick können Sie sich eines neuen Ziels, einer unerwarteten Einsicht oder eines Durchbruchs bewußt werden.

Lassen Sie die untergehende Sonne Ihre Widerstände, Ihre Zweifel, Ihr eigensinniges Bemühen, weiterhin die Kontrolle auszuüben, mitnehmen. Aber erlauben sie ihr auch, dasjenige bei Ihnen zurückzulassen, von dem Sie erkennen, daß Sie nicht mehr bereit sind, es aufzugeben: Ihr Recht auf eine Beziehung zum Universum, die Ihrer Existenz einen Sinn gibt; das Heldentum, das mit einem Leben in Fülle einhergeht; und vor allem die Möglichkeit von Wundern.

Seien Sie auf Überraschungen gefaßt.

Der *Solved by Sunset-Prozeß*: Eine Zusammenfassung

Die vier Hauptannahmen

EINS:
Es gibt eine unsichtbare Ordnung im Universum.

ZWEI:
Ihr höchstes Gut liegt in Ihrer harmonischen Anpassung an diese unsichtbare Ordnung.

DREI:
Was immer Sie davon abhält, Ihre Übereinstimmung mit dem Universum zu erfahren, ist zufällig und kann überwunden werden.

VIER:
Kräfte jenseits unseres Verstandes sind bereits jetzt am Prozeß der Problemlösung beteiligt.

1. Stunde: Definieren Sie Ihre Ziele

Was haben Sie sich für heute vorgenommen? Welches Problem oder welche Frage liegt Ihnen am Herzen, und was hoffen Sie wirklich zu erreichen? Ich möchte, daß Sie während der nächsten zehn Minuten ohne Unterbrechung schreiben und den Stift dabei nicht aus der Hand legen. Schreiben Sie, so schnell Sie nur können. Schreiben Sie alles auf, was Ihnen in den Sinn kommt. Sie sollten Ihre Gedanken nicht führen, sondern ihnen folgen.

2. Stunde:
Freier Fall mit Netz

Während dieser zweiten Stunde besteht Ihre Aufgabe darin, Ihre Gefühle eine Stunde lang vollständig zu erleben. Legen Sie Musik auf, die Gefühle in Ihnen auslöst. Wenn Sie einen Kamin haben, dann zünden Sie ein Feuer darin an. Schließen Sie die Tür hinter sich ab, so daß Sie vollkommen ungestört sind. Lassen Sie sich so tief in Ihre Gefühle hineinsinken, wie Sie nur können. Sie sollten weder schreiben noch lesen, sondern sich ganz Ihren Gefühlen überlassen. Wenn Sie befürchten, sich darin zu verlieren, dann stellen Sie sich einen Wecker, der Sie daran erinnert, wann die Stunde Ihres Tiefgangs vorbei ist.

3. Stunde:
Ihr Problem in den richtigen Zusammenhang stellen

Beantworten Sie die folgenden Fragen, um die Bedeutungsfäden, die Ihrem persönlichen Mythos zugrunde liegen, aufzudecken und zu sehen, ob Sie die Wurzeln Ihres gegenwärtigen Problems in den Lösungen erkennen können, die Sie in der Vergangenheit dafür gefunden haben.

1. **Was ist Ihre früheste glückliche Erinnerung?**
2. **Wodurch wurde dieses Glück unterbrochen?**
3. **Wie sah Ihre Lösung aus?**
4. **Welche positiven Auswirkungen hatte Ihre Lösung?**
5. **Welchen Preis mußten Sie für diese Lösung bezahlen?**
6. **Wie beeinflußt die Sache, die Sie vor so langer Zeit geopfert haben, Sie heute noch? In welcher Beziehung steht sie zu dem Problem, das Sie heute lösen wollen?**

Nachdem Sie diese sechs Fragen beantwortet haben, schreiben Sie den Mythos, der in Ihrem Leben wirkt, auf. Fangen Sie jeden dieser fünf wichtigen Absätze mit den folgenden Worten an:

1. **Es war einmal ein glückliches Kind, das … hieß**
2. **Dann passierte etwas überaus Schreckliches …**
3. **Das tapfere kleine Kind wußte, was es zu tun hatte …**
4. **Und sie lebten glücklich bis in alle Ewigkeit …**
5. **Die Moral von der Geschichte ist …**

Fragen Sie sich selbst: Läßt sich Ihr gegenwärtiges Problem anhand der Moral des Mythos, den Sie gerade aufgeschrieben haben, lösen? Wenn nicht, dann versuchen Sie, sich ein neues Ende für Ihre Geschichte auszudenken. Sie können den gleichen Anfang und den gleichen Aufbau wie in dem vorherigen Mythos, also die Teile 1 und 2, verwenden. Für die Teile 3 bis 5 sollten Sie jedoch neue Varianten ausprobieren, bis Ihr Held oder Ihre Heldin das Ergebnis erzielt, das er bzw. sie wirklich verdient: ein Ergebnis, das für Sie zum gegenwärtigen Zeitpunkt funktioniert.

4. Stunde: Vom Blitz getroffen

Stellen Sie sich während dieser Stunde vier spezifische Fragen hinsichtlich des Problems, das Sie bis Sonnenuntergang gerne lösen würden. Die Fragen lauten folgendermaßen:

1. **Wie lautet die Wahrheit im Hinblick auf das Problem oder das Thema, mit dem ich in meinem Leben gerade konfrontiert bin?**
2. **Wie sieht das Hindernis aus, das der Problemlösung bis heute abend zum Sonnenuntergang im Weg steht?**
3. **Was sollte ich tun?**
4. **Welches Ergebnis kann ich erwarten?**

Suchen Sie sich unter den folgenden vier Werkzeugen diejenigen aus, die Sie bei diesem Prozeß zu Ihrer Unterstützung verwenden möchten. Sie können sie einzeln und in beliebiger Kombination verwenden. Es geht um folgende Werkzeuge:

1. Weissagungswerkzeuge, die der intuitiven Entscheidungsfindung dienen. Dabei sollten Sie zwei Bedingungen beachten. Die erste ist, daß Sie keine Interpretationsanweisungen zu Hilfe nehmen, die Ihnen die Bedeutung der Symbole erklären. Statt dessen sollten Sie sich einfach nur fragen, was jede Karte oder jedes Symbol für Sie bedeutet. Die zweite Bedingung lautet, daß Sie eine gezogene Karte oder ein geworfenes Bild, das Sie als unpassend empfinden, wieder zurücklegen, um es noch einmal zu probieren. Sie können jedoch auch auf diese Möglichkeit verzichten.
2. Nehmen Sie eines Ihrer Lieblingsbücher zur Hand, wie z. B. die Bibel oder ein anderes beliebtes spirituelles Werk; formulieren Sie in Gedanken eine Frage, öffnen Sie es aufs Geratewohl, und fangen Sie an, darin zu lesen.
3. Nehmen Sie Ihre Frage auf einen Spaziergang in der Natur mit. Während Sie so laufen, seien Sie aufmerksam gegenüber Dingen in Ihrer Umgebung, die für Sie persönlich Bedeutung haben könnten.
4. Nehmen Sie Ihre Frage in eine Meditation mit geschlossenen Augen mit oder vielleicht sogar in einen tiefen Schlaf, in dem Sie um einen Traum bitten. (Vergessen Sie nicht, Ihren Wecker zu stellen, damit er Sie am Ende der Stunde wieder aufweckt.) Wenn Sie einen Traum haben, schreiben Sie alle Bilder, die Ihnen unmittelbar nach dem Aufwachen kommen, auf. Wenn Sie sich für die geführte Visualisierung entscheiden, schließen Sie Ihre Augen, und stellen Sie sich ein weises Wesen vor, das Ihnen ein Geschenk bringt. Wenn Sie das Geschenk bekommen, stellen Sie sich vor, wie Sie es öffnen und sehen, was es ist. Erlauben Sie sich, überrascht zu sein.

5. Stunde:
Dialog mit Ihren inneren Stimmen

Bringen Sie das Problem, das Sie gerne bis Sonnenuntergang lösen würden, vor Ihren inneren Aufsichtsrat, und bitten Sie darum, Einigkeit zu erreichen, was für Sie am besten funktionieren wird. Wenn Sie bereits eine Lösung für Ihr Problem haben, bitten Sie das entsprechende Aufsichtsratsmitglied, zuerst zu sprechen. Wenn Sie noch keine Lösung haben, wird der Kritiker der Sprecher sein, der den Anstoß gibt. Schreiben Sie all Ihre Fragen und die Kommentare auf:

Die erste Stimme soll uns bitte sagen: Welche Position hast du hinsichtlich des Problems, das ich bis zum Sonnenuntergang heute abend lösen will? Hast du eine zufriedenstellende Lösung im Sinn? Wenn ja, wie lautet sie? Wenn nein, was steht ihr im Wege?

Was hat der Kritiker dazu zu sagen?

Was hat die nährende Stimme dazu zu sagen?

Was hat das innere Kind dazu zu sagen?

Gibt es noch jemand anderen, der jetzt seine Meinung über die vorhergehenden Sprecher oder über meine Rolle als Aufsichtsratsvorsitzender zum Ausdruck bringen möchte?

Es ist Zeit, daß wir etwas von unserem besonderen Berater, dem Höheren Selbst, hören. Höheres Selbst, nachdem Du alle diese Stimmen gehört hast, wie lautet deine Meinung? Wenn du mir vorher ein Zeichen, ein Symbol oder ein Traumbild geschickt hast, das ich nicht richtig verstanden habe, ist jetzt die Zeit gekommen, um mir seine eigentliche Bedeutung zu enthüllen. Was bedeutet es? Welche Führung versuchst du mir zu geben?

Wenn eine Übereinkunft erzielt worden ist, dann danken Sie allen Aufsichtsratsmitgliedern, und bringen Sie diese Sitzung zum Abschluß. Wenn nicht, sollten Sie jetzt die Möglichkeit für eine Diskussion geben. Wenn Sie fertig sind, beenden Sie die Diskussion mit dem folgenden Satz: Liebe Aufsichtsratsmitglieder, verehrtes Höheres Selbst, ich möchte euch für eure Zeit und eure Bemühungen in dieser Angelegenheit danken. Die Sitzung ist beendet.

6. Stunde: Elf Fragen

1. **Welche Frage würden Sie am liebsten jetzt sofort lösen?**
2. **Welches Ergebnis würden Sie dabei am liebsten erzielen?**
3. **Wie haben Sie bisher versucht, diese Situation zu lösen?**

4. **Wie hat Ihre Vorgehensweise dazu beigetragen, daß es nicht geklappt hat?**
5. **Welchen Nutzen oder welchen Vorteil haben Sie davon, daß diese Situation Teil Ihres Lebens ist?**
6. **Auf welche andere, für Sie günstigere Weise könnten Sie den gleichen Nutzen erzielen?**
7. **Was können Sie an dieser Situation verändern?**
8. **Was müssen Sie an dieser Situation akzeptieren?**
9. **Wovor haben Sie bei dieser Situation am meisten Angst?**
10. **Wie lautet die Wahrheit im Hinblick auf diese Situation?**
11. **Welche Sache sind Sie gewillt zu verändern, um die gewünschte Lösung zu bekommen?**

7. Stunde bis zum Sonnenuntergang: Offen für Neues

1. Lesen Sie das, was Sie heute im Verlauf des Tages aufgeschrieben haben, durch, um sich an Ihre Erfahrungen zu erinnern und zu überprüfen, wie Sie sich hinsichtlich Ihres Problems, in bezug auf sich selbst und die vorangehende Übung gefühlt haben und auch, wie Sie sich im Moment damit fühlen.
2. Schreiben Sie einen Brief an Ihr Problem, in dem Sie die Rolle, die es in Ihrem Leben gespielt hat, anerkennen. Vergeben Sie Ihrem Problem, und sehen Sie, wie die geheimnisvolle Wirkungsweise der unsichtbaren Ordnung des Universums darin am Werk ist.
3. Lassen Sie den Brief los, indem Sie ihn in Ihrem Kamin in Flammen aufgehen lassen, oder lassen Sie ihn auf eine beliebige andere Art, die Ihnen in den Sinn kommt, los. Sie können den Brief auch wertschätzen, indem Sie ihm einen besonderen Platz in Ihrem Leben geben – als Erinnerung daran, woher Sie gekommen sind und wohin Sie gehen werden.
4. Öffnen Sie Ihr Herz, um Neues zu empfangen, indem Sie ein Gebet sprechen, das Sie in Ihre Mitte führt. Beginnen Sie damit, sich ein heiliges Wort auszusuchen – irgendein Wort, das für Sie Ausdruck Ihrer Erfahrung einer existierenden größeren Macht ist. Nachdem

Sie dieses heilige Wort gefunden haben, suchen Sie sich einen Platz, an dem sich dieses Gebetsritual entfalten kann. Suchen Sie sich nach Möglichkeit einen Platz, von dem aus Sie den Sonnenuntergang betrachten können. Der Schritt besteht darin, daß Sie einen Kreis um sich herum ziehen. Wenn Sie sich im Freien befinden, können Sie mit einem Stöckchen einen Kreis auf den Boden ziehen oder sich einen Kreis aus Steinen bauen. Drinnen können Sie Ihre Lieblingsbücher oder heilige Gegenstände benutzen. Sie können sich aber auch einfach einen Lichtkreis um sich herum vorstellen. Wenn Sie Ihren Kreis beendet haben, setzen Sie sich in seine Mitte und entspannen Ihren Blick und Ihren Geist. Schauen Sie nichts Bestimmtes an, und denken Sie an nichts Bestimmtes. Was dann? Einfach das: Warten Sie. Wenn Sie anfangen, nervös zu werden, Sie Verlangen spüren oder fühlen, wie Erwartung in Ihnen aufsteigt, wiederholen Sie das heilige Wort, um sich daran zu erinnern, Ihre Gedanken und Gefühle loszulassen und zur Stille zurückzukehren. Wie lange warten Sie, und auf was genau warten Sie? Sie werden wissen, worauf Sie warten, wenn Sie sich dessen bewußt werden, es bereits bekommen zu haben – und Sie werden dazu bereit-sein, so lange zu warten, wie notwendig ist.

Anmerkung der Autorin

Mitglieder von Overachiever's Anonymous (Anomyme Erfolgsmenschen) haben mit Hilfe von Fallbeispielen und Anekdoten zu den in diesem Buch dargelegten Prinzipien beigetragen. Auf Nachfrage habe ich dem Wunsch nach Anonymität Rechnung getragen, indem ich die Namen einzelner Personen und Firmen abgeändert und Details frei erfunden habe.

Literaturverzeichnis

Anthony, Carol K.: *Handbuch zum klassischen I Ging*. München: Diederichs, 1989.

Batson, Daniel C.; Patricia Schoenrade und Larry W. Ventis: *Religion and the Individual: A Social-Psychological Perspective*. New York: Oxford University Press, 1993.

Borysenko, Joan: *Feuer in der Seele. Spiritueller Optimismus als Weg zu innerer Heilung*. Freiburg: Hermann Bauer Verlag, 1996.

Bregman, Lucy: *The Rediscovery of Inner Experience*. Chicago: Nelson-Hall Publishing, 1982.

Byrnes, Joseph F.: *The Psychology of Religion*. New York: Free Press, 1984.

Campbell, Joseph: (im Gespräch mit Michael Toms) *An Open Life*. Burdett, N.Y.: Larson Publications, 1988.

Carroll, Robert P.: *When Prophecy Failed: Cognitive Dissonance in the Prophetic Traditions of the Old Testament*. New York: Seabury Press, 1979.

Chödrön, Pema: *Beginne, wo du bist. Eine Anleitung zum mitfühlenden Leben*. Braunschweig: Aurum, 1995.

Eliade, Mircea / Couliano, Joan P.: *Handbuch der Religionen*. Frankfurt am Main: Suhrkamp, 1994.

Feinstein, David, und Stanley Krippner: *Personal Mythology*. New York: Tarcher, 1988.

James, William: *Die Vielfalt religiöser Erfahrung*. Olten: Walter-Verlag, 1979.

Jung, Carl Gustav / von Franz, Marie-Louise: *Der Mensch und seine Symbole*. Olten: Walter-Verlag, 1987.

Keen, Sam / Fox, Anne Valley: *Telling Your Story*. Garden City, New York: Doubleday, 1973.

Lindbergh, Anne Morrow: *Muscheln in meiner Hand*. München: Piper, 1996.

Marrs, Donald: *Executive in Passage*. Los Angeles: Barrington Sky Publishing, 1990.

May, Rollo: *The Cry for Myth*. New York: W.W. Norton, 1991.

Phillips, Dorothy Berkley: *The Choice is Always Ours*. New York: R.B. Smith, 1948.

Sawyer, F.A.: *Prophecy and the Prophets of the Old Testament*. New York: Oxford University Press, 1987.

Stone, Hal, und Sidra: *Du bist richtig. Mit der Voice-Dialog-Methode den inneren Kritiker zum Freund gewinnen*. München: Heyne, 1996.
Telushkin, Rabbi Joseph: *Jewish Wisdom*. New York: William Morrow, 1994.
Toppel, Edward Allen: *Zen an der Börse. Erkenntnisse eines Börsenmaklers*. München: Knaur, 1994.
Ueland, Brenda: *If You Want to Write: A Book About Art, Independence and Spirit*. Saint Paul, Minnesota: Graywolf Press, 1987.
Ward, James: *Thus Says the Lord*. Nashville: Abington Press, 1991.
Weiner, Herbert: 9 *and 1/2 Mystics: The Kabbala Today*. Vorwort von Elie Wiesel. New York: Collier Books, 1969 (Ausgabe von 1992 bei Macmillan Publishing Co.).
Wilhelm, Richard: *I Ging*. München: Diederichs, 1994.

Verlag Hermann Bauer · Freiburg im Breisgau

esotera
Das Magazin für Neues Denken und Handeln
Tauchen Sie ein in die Welt des neuen Wissens.
esotera befaßt sich nicht mit der Welt des Scheins, sondern mit der des Seins und Bewußtseins. esotera beschreibt die inneren Zusammenhänge, dringt zum Kern und Wesen der Dinge vor. esotera ist die ebenso lehrreiche wie lebendige Auseinandersetzung mit den geistig-spirituellen Phänomenen unserer Welt: esotera berichtet zwölfmal im Jahr über esoterische Lebenshilfen, ganzheitliche Gesundheit, Psi, Urwissen, spirituelle Kreativität und vieles mehr.
esotera
esotera
Zeichen einer Zeitenwende
esotera
Technologien des Heiligen
kompetent
kritisch
informativ
faszinierend
anschaulich
lebendig
esotera erscheint monatlich.
Sie erhalten ein Probeheft kostenlos bei Ihrem Buchhändler oder direkt vom
Verlag Hermann Bauer KG, Kronenstraße 2, 79100 Freiburg

Verlag Hermann Bauer · Freiburg im Breisgau

Verlag Hermann Bauer · Freiburg im Breisgau

Joan Grant

Augen des Horus
Roman

456 Seiten, gebunden; ISBN 3-7626-0514-9

Dies ist die außergewöhnliche Geschichte des jungen Ra-ab in der Zeit der XI. Dynastie. Das ägyptische Reich steht an einem Wendepunkt. Ra-ab, Sohn und Nachfolger des Fürsten der Antilopenprovinz, wird in den Kampf des Lichtes gegen die Mächte der Finsternis hineingezogen. In der geheimen Bruderschaft *Augen des Horus*, die den Anbruch des Neuen Morgens für Ägypten vorbereitet, erhält er seine Aufgabe. Mit der schönen Meri verbindet ihn seit langem eine tiefe Liebe, die nun ihre Erfüllung findet.

Lassen Sie sich entführen in die Welt des Alten Ägypten, mit seinen Palästen und Tempeln, dem Leben am Hofe und in den Dörfern; zu großen Festen und Gärten der Ruhe voll duftender Blüten. Sie erfahren von magischen Zeremonien und Bräuchen, von Kampf und Heilkunst, Einbalsamierung und Bestattung. Erleben Sie Pracht und Schrecken des Alten Ägypten, erleben Sie den Sieg des Lichtes über die dunkle Herrschaft der Furcht.

Augen des Horus hat alles, was einen großen Roman ausmacht: Spannung, Abenteuer, Liebe, Phantasie, Erzählkraft und ein Thema von zeitloser Gültigkeit. Fesselnd bis zum Schluß!

Verlag Hermann Bauer · Freiburg im Breisgau

Verlag Hermann Bauer · Freiburg im Breisgau

Ingeborg M. Lüdeling

Steine, Bäume, Menschenträume

224 Seiten, 17 Abb., gebunden
ISBN 3-7626-0546-7

Das Buch von Ingeborg Lüdeling *Steine, Bäume, Menschenträume* macht uns sensibel für das Raunen der Natur und die lebendigen Naturwesenheiten. In einer einfachen, poetischen Sprache erzählt Ingeborg M. Lüdeling von außergewöhnlichen Freundschaften zu Bäumen und tiefen Begegnungen mit Steinen, Naturgeistern und den Elementen.

Die auch für den Neuling in der Esoterik geeigneten Meditations-, Selbstheilungs- und Aufladungsübungen machen den Leser vertraut mit Bäumen und Steinen, mit Aurasehen, Selbstschutz, Traumerleben und dem eigenen Bewußtwerdungsprozeß.

So ist das Buch ein Wegweiser für ein erfülltes, bewußtes Leben. Ideal für alle, die ein Gespür für die Weisheit der Erde entwickeln und der Liebe in ihrem Leben wieder Raum geben wollen. Ein Buch für spirituell Suchende, die bereits wissen, daß Veränderungen im äußeren Leben erst dann möglich sind, wenn wir uns selbst ändern.

Verlag Hermann Bauer · Freiburg im Breisgau